"神话学文库"编委会

主 编

叶舒宪

编 委

（以姓氏笔画为序）

马昌仪　王孝廉　王明珂　王宪昭

户晓辉　邓　微　田兆元　冯晓立

吕　微　刘东风　齐　红　纪　盛

苏永前　李永平　李继凯　杨庆存

杨利慧　陈岗龙　陈建宪　顾　锋

徐新建　高有鹏　高莉芬　唐启翠

萧　兵　彭兆荣　朝戈金　谭　佳

"神话学文库" 学术支持

上海交通大学文学人类学研究中心

上海交通大学神话学研究院

中国社会科学院比较文学研究中心

陕西师范大学人文社会科学高等研究院

上海市社会科学创新研究基地——中华创世神话研究

"十二五""十三五"国家重点图书出版规划项目

第五届、第八届中华优秀出版物奖获奖作品

神话学文库

叶舒宪主编

陈器文◎著

SACRED BLACK TORTOISE:
MYTHS, LEGENDS AND BELIEF

玄武神话、传说与信仰

陕西师范大学出版总社

图书代号　　SK23N1173

图书在版编目（CIP）数据

玄武神话、传说与信仰 / 陈器文著. —西安：陕西
师范大学出版总社有限公司，2023.10
（神话学文库 / 叶舒宪主编）
ISBN 978 – 7 – 5695 – 3725 – 3

Ⅰ.①玄…　Ⅱ.①陈…　Ⅲ.①图腾崇拜—研究—
中国　Ⅳ.①B933

中国国家版本馆 CIP 数据核字（2023）第 127217 号

玄武神话、传说与信仰
XUANWU SHENHUA、CHUANSHUO YU XINYANG

陈器文　著

出 版 人	刘东风	
责任编辑	邓　微	
责任校对	雷亚妮	
出版发行	陕西师范大学出版总社	
	（西安市长安南路 199 号　邮编 710062）	
网　　址	http://www.snupg.com	
印　　刷	中煤地西安地图制印有限公司	
开　　本	720 mm × 1020 mm　1/16	
印　　张	15.5	
插　　页	4	
字　　数	236 千	
版　　次	2023 年 10 月第 1 版	
印　　次	2023 年 10 月第 1 次印刷	
书　　号	ISBN 978 – 7 – 5695 – 3725 – 3	
定　　价	96.00 元	

读者购书、书店添货或发现印刷装订问题，请与本公司营销部联系、调换。
电话：(029)85307864　85303635　传真：(029)85303879

"神话学文库"总序

叶舒宪

神话是文学和文化的源头,也是人类群体的梦。

神话学是研究神话的新兴边缘学科,近一个世纪以来,获得了长足发展,并与哲学、文学、美学、民俗学、文化人类学、宗教学、心理学、精神分析、文化创意产业等领域形成了密切的互动关系。当代思想家中精研神话学知识的学者,如詹姆斯·乔治·弗雷泽、爱德华·泰勒、西格蒙德·弗洛伊德、卡尔·古斯塔夫·荣格、恩斯特·卡西尔、克劳德·列维-斯特劳斯、罗兰·巴特、约瑟夫·坎贝尔等,都对 20 世纪以来的世界人文学术产生了巨大影响,其研究著述给现代读者带来了深刻的启迪。

进入 21 世纪,自然资源逐渐枯竭,环境危机日益加剧,人类生活和思想正面临前所未有的大转型。在全球知识精英寻求转变发展方式的探索中,对文化资本的认识和开发正在形成一种国际新潮流。作为文化资本的神话思维和神话题材,成为当今的学术研究和文化产业共同关注的热点。经过《指环王》《哈利·波特》《达·芬奇密码》《纳尼亚传奇》《阿凡达》等一系列新神话作品的"洗礼",越来越多的当代作家、编剧和导演意识到神话原型的巨大文化号召力和影响力。我们从学术上给这一方兴未艾的创作潮流起名叫"新神话主义",将其思想背景概括为全球"文化寻根运动"。目前,"新神话主义"和"文化寻根运动"已经成为当代生活中不可缺少的内容,影响到文学艺术、影视、动漫、网络游戏、主题公园、品牌策划、物语营销等各个方面。现代人终于重新发现:在前现代乃至原始时代所产生的神话,原来就是人类生存不可或缺的文化之根和精神本源,是人之所以为人的独特遗产。

可以预期的是，神话在未来社会中还将发挥日益明显的积极作用。大体上讲，在学术价值之外，神话有两大方面的社会作用：

一是让精神紧张、心灵困顿的现代人重新体验灵性的召唤和幻想飞扬的奇妙乐趣；二是为符号经济时代的到来提供深层的文化资本矿藏。

前一方面的作用，可由约瑟夫·坎贝尔一部书的名字精辟概括——"我们赖以生存的神话"（Myths to live by）；后一方面的作用，可以套用布迪厄的一个书名，称为"文化炼金术"。

在21世纪迎接神话复兴大潮，首先需要了解世界范围神话学的发展及优秀成果，参悟神话资源在新的知识经济浪潮中所起到的重要符号催化剂作用。在这方面，现行的教育体制和教学内容并没有提供及时的系统知识。本着建设和发展中国神话学的初衷，以及引进神话学著述，拓展中国神话研究视野和领域，传承学术精品，积累丰富的文化成果之目标，上海交通大学文学人类学研究中心、中国社会科学院比较文学研究中心、中国民间文艺家协会神话学专业委员会（简称"中国神话学会"）、中国比较文学学会，与陕西师范大学出版总社达成合作意向，共同编辑出版"神话学文库"。

本文库内容包括：译介国际著名神话学研究成果（包括修订再版者）；推出中国神话学研究的新成果。尤其注重具有跨学科视角的前沿性神话学探索，希望给过去一个世纪中大体局限在民间文学范畴的中国神话研究带来变革和拓展，鼓励将神话作为思想资源和文化的原型编码，促进研究格局的转变，即从寻找和界定"中国神话"，到重新认识和解读"神话中国"的学术范式转变。同时让文献记载之外的材料，如考古文物的图像叙事和民间活态神话传承等，发挥重要作用。

本文库的编辑出版得到编委会同人的鼎力协助，也得到上述机构的大力支持，谨在此鸣谢。

是为序。

神的历史也是人的需求史（序）

　　20 世纪中后期以来，随着田野考古学的蓬勃发展与视觉信息的普遍化，物像、图像、影像相关论述源源而出，提倡四重证据研究法的神话学者叶舒宪指出：从上个世纪迄今，中国神话研究乃至文化研究的新动向，颇有从书写文本到图像文本、从文字叙事到图像叙事的转移现象。本书曾于 2001 年出版，今有机会收入中国神话学会与陕西师范大学出版总社合力筹划多年的"神话学文库"，以简体再版，除了修订全书文字，调整并加强第一章有关玄武原始形象的论述之外，主要参考较诸文本文献更具论证力与审美功能的图像与物像，增写第二章以探讨龟蛇双首的历时性流变与其审美图式的意义，新旧版前后十年之间，亦可以借此观察神话研究势不可遏的新思潮。

　　探讨玄武神事迹，是研究神话发展律则中一个生动多面相的例子。推原玄武崇拜，起于原始方位及星辰信仰，秦汉时期跻身四灵之一后，即以吉祥灵兽的姿态，遍见于旗帜、画像石、墓碑石刻、文刻、器皿、符篆、宗教图像、玩饰、绘画，乃至于成为邮票图案等一系列人类意识的表现符号，在世代及族群之间传播。然而早期神灵，具有超自然的性质，未必有人形化、人格化的机会，四灵中的青龙、白虎、赤凤始终止于泛泛的灵性力量，维持其神圣的单纯，未能从原始崇拜的动物形象演化为宗教信仰的对象。同属四灵的玄武，却机缘奇特，以丰沛的动能变化发展，成为独尊一方的护国神、家喻户晓的驱邪神，不仅被南北各地乡民视为大父母，且深入影响彝、瑶等少数民族，全台湾奉祀玄天上帝的庙宇则有四百余座之多。

　　为探索玄武信仰发展的内在动力，本书论述主要就"玄武信仰的源起与演变"、"玄武原始形象与其审美造型"、"玄武信仰与周桃故事的互染"及"周桃斗法故事的艺文演出及其流变"等几个方面作历时性的追踪。有关神话／宗教的发展与源起的论述，本文主要采用有"人的哲学家"之称的卡西勒（Ernst Cassirer，1874—1945）与以"万物有灵说"著名的人类学家爱德华·泰勒（Edward Burnett Tylor，1832—1917）之说，他们以动态的概念，寻求神之诞生的规律，探索人们形构神意象的集体走向。此一集体走向的概括性论述，可以具体而微地作为某个神明发迹史的检验，民俗信仰学者刘枝万曾以台湾神庙最多的王爷信仰为例，指出从原始素朴的灵魂崇拜演化到万能之神，台湾的王爷信仰历经六个阶段的演进，这六个阶段与卡西勒的三阶段及泰勒的五阶段说，在源起与归趋上基本是近似的。王爷原是散播瘟疫的"疫鬼本身"，后逐渐演化成为禳灾造福的万能神，神格由凶恶转而为吉瑞，虽是比较少见的特例，然而这从玄武龟蛇相互吐信变为龟蛇口嘴互衔的曼荼罗（梵文 Mandala）图形，不祥的意味逐渐淡化，终而成为道、佛的护法大神，获得了另一例证。可知神明信仰的演化历程，往往因时、地及风土人情的不同，在发展阶段上有着不可避免的差异，却总是朝着人类集体的心理需求演进。

自然崇拜是一切崇拜之源，随着自然神话往文化神话发展，玄武不再是星辰、方位或动物等大自然的灵异力量，而往宗教、政治乃至道德英雄的位格移动。它一方面被宗教体系吸收，备受道教的推波，朝仪式化、方术化演进，成为道教的司命大神；另一方面则在帝王权力的操作之下，不但确立了其威仪赫赫的武神形象，也成为有求必应、神迹遍行的万能神；更因缘巧合地在一出婚俗的戏曲剧目中崭露头角，有机会跃出宗教的藩篱，在民间故事中存身、播扬。

就叙述形态学的论点而言，所有的文体形式，莫不取源于神话，浸渐而有民间故事、传说，乃至今日的小说，这是叙事文学发展的必经过程。时至今日，圣王神话也许难有新的文本，但盘踞八百余里、庙寺不绝于途的武当山岳，却可能是玄武新传说的"梦工厂"。然而除了玄武出身传及相关的风物传说之外，就民间故事的传播系统而言，最值得观察的是随真武神形象的蜕变及地位的抬升，叙述婚俗仪式的桃花女故事，也随之展开了阶段性的演变。玄武与桃花女原本是各自独立的传说，首度在北杂剧舞台上接触，牵强拼凑之迹明显。待杂剧本事改写为章回小说，以叙事的嵌入法，将整个周公与桃花女斗法嵌入玄天上帝出身传说中。"龟蛇交"的奇异造型提供了"斗法"故事的灵感来源，使周、桃的缠斗有了一个神话性架构，周公、桃花女与玄天上帝，成为阴阳斗法故事的铁三角，周、桃原身既是蛇与龟，也可以是门槛精与桃精、金童与玉女、刀与刀鞘、袁天罡与侯娘、鬼谷子与陶花乃至俊男与美女，在戏曲、传说故事、通俗小说、笑话、童话、说唱文学、傀儡戏、电视剧以及现代诗等不同的文类媒体中被改写与重组。玄天上帝与桃花女传说的互染，时而遮蔽了"周桃斗法故事"作为婚俗推原的根本主题，原本属于"择日禁忌"的婚俗仪式源起故事，在玄武介入后，已转换为道化剧中最流行的封神、度化故事类型，这一走向，原属民间故事踵事增华、追求玄奇的常态，看来偶然，却与时代背景、民俗信仰乃至政治作用大有关系，足征民间文艺与宗教信仰间的微妙互动。在这些纷沓的民间文艺中，玄武神表现出更可亲的人性素质，但同时也反映了民众对礼俗禁忌的虔信、笃行等情愫，已日见减弱，转向趣味性的追求。

心理幻觉是神话意象发生的一个心理动因，神话意象既不属于概念，诠释与保存的方法又十分杂沓，因而在整体的历史发展过程中，神话意象的解构、变异的现象就更为明显。回溯玄武原形，把闪烁不定的星光幻化为龟或龟蛇之形，将原始空间的直觉感受加以具象化，更进而人形化、人格化，每次形象的变化，都是一次神话力量的发挥，也是原有意义的失落与遗忘。本书追索玄武意象的变化，辅之以80余帧图片，试图提供看图说故事的效果。从最早独体的玄龟、龙龟，到龟蛇合体形象的出现，背后的文化因素是独体动物龟的灵力低落，顺势添上昂首吐信的蛇躯以配应四灵的整体视觉意象，以蜿蜒的姿态加强其巫术功能。从西汉到隋、唐、明各朝代，玄武除了以其狰狞可畏的造型，展现其崇仰、力动的意味之外，显然另有强调"深其爪、出其目、作其鳞"之帝王美学的企图，一旦新的"人神同形同性"意识形成，玄武完全人格化之后，具有图腾意味的龟蛇玄武就弱化成为一种装饰状态。人形玄武以元版《搜神广记》绘图本披发仗剑的造型为定本，构图质俚，然而从龟蛇合体到人神同体，本书所录道教黑衣玄武（第一章图 1-15）、佛陀石刻玄武（第二章图 2-43）与武当山金殿的真武大帝（第三章图 3-2）等图像，都是人神同形同性的代表作，同样是营造神秘与美，显现出崇仰意味之外的灵感光华，达到神意象的圆满境界。从神兽玄武到神人玄武，经历了一次完整的神话意象变化周期，直到玄武脚下的龟与蛇又人形化为桃花女与周公、陶花与鬼谷子或某女与某男等，则可看作民间故事互染或裂解现象另一回合的新开始。

　　本书论述所采用的方法，除前述大家之说之外，神话、宗教及民间文学研究中重要的论述诸如列维·布留尔（Lucien Levy-Bruhl, 1857—1939）的互渗说，弗雷泽（J. G. Frazer, 1854—1941）的禁忌说，马林诺夫斯基（Bronislaw Malinowski, 1884—1942）的文化功能说，卡尔·荣格（Carl Gustav Jung, 1875—1961）的原型理论，民间故事的类型（Type）概念及母题（Motif）结构等等，也参酌运用。本题研究获得的认知是：神话不可以被狭义地视为文学的文本，而需回溯人类肇始的基源状态，我们对各类神话构造追溯得越远，我们就越能逼近原始的神话思维与形式，在神话里找到熟悉的人性与复杂有趣的精神现象，了解神话既是人类冲创现实的一股提升力量，也是人类理性永远无法击溃的幽暗势力，既建立了许多伦理秩序，又搅乱了许多逻辑规范。《圣经》上说，神照着自己的形象造人；人们说，人照着自己的需求造神。追溯神明及神明崇拜的历史，并不缺乏心理意象和文史素材，相反的，是意象和素材太丰富了，遍及各类文化事项，在不同的历史阶段，以它多变的面貌伫立在人类的舞台上。

陈器文

2012 年 8 月修订

目　录

第一章　从神龟灵兽到道教大神的嬗变过程

一、原始方位信仰与星宿崇拜 / 004

二、神龟信仰与玄武原始形象 / 010

三、合体兽与龟蛇玄武 / 016

四、以四灵信仰开显的玄武神 / 026

第二章　玄武龟蛇双首勾环图像探赜

一、人兽母题与兽面纹 / 037

二、龟蛇双首图像的审美意义 / 046

三、龟蛇双首图像的文化主题 / 054

四、预成图式的潜存与完成 / 063

第三章　圣王神话与神迹——玄帝开显的历史过程

一、战壕里的宗教 / 069

二、圣王神话与玄帝开显 / 073

三、明太祖、成祖隆祀真武神 / 082

四、郑成功与天关地轴传说 / 091

第四章　民间祭祀的文化过程

一、玄武信仰与民俗 / 098

二、玄武神的职能 / 111

三、玄武信仰的性别意涵与神格 / 129

第五章　民俗信仰与民间传说的互染

　　一、除魔降妖宗教故事群 / 135

　　二、真武神与桃花女传说的互染 / 140

　　三、玄天上帝出身新传说 / 151

　　四、真武神与地方风物传说 / 154

第六章　周桃斗法故事的原始主题

　　一、多层文化经验整合的类型剧 / 158

　　二、周桃斗法故事中的煞神与禳解仪式 / 166

　　三、《桃花女》的表层与底层象征 / 173

　　四、戒刀、门限的意象与宗族意识 / 178

　　五、三煞说与祖灵崇拜、长生思想 / 182

第七章　周桃斗法的俗曲说唱与地方戏

　　一、周桃斗法故事的俗曲说唱 / 185

　　二、周桃斗法的地方戏及傀儡戏 / 192

第八章　周桃斗法的地方传说

　　一、周桃斗法故事流传时、地及内容梗概 / 203

　　二、周桃斗法故事群的趣味特征 / 214

　　三、结语——玄武神与周桃斗法故事的离合 / 218

参考文献 / 220

第一章 从神龟灵兽到道教大神的嬗变过程

玄武神事迹，是中国变形神话中一个生动多面相的例子，也是民间信仰经验一次完整的演化生成。玄武的形象、名称、来历、神阶、归属与神能，在各朝各代屡有变异。就表相来看，玄武由位阶不高的灵兽升格为神，像是漫无边际的狂思乱想，但是寻根索本，却可发现它是沿着创造性规律日益壮大的，在混乱而矛盾的演变史中，展现出源源不绝的文化动能。它既是古代神话中的玄龟，又是星辰崇拜及方位信仰中的北极星及北方七宿，是行军布伍时以披发仗剑的形象现身的护国神、道教信奉的玄天上帝，也是通俗小说中的荡魔真君；它威仪赫赫足以捉妖驱邪，却也是宁馨小儿的守护神。在行业观念成熟时被奉为算卦、屠宰业的行业神及乩童的保护神，更因历史上的因缘际会，与妈祖荣列台湾海域的航海神。玄武事迹，不仅是中国神灵史中最富幻想的代表，也是道教与民间信仰混染现象的典型事例。

当我们探讨"神的历史"时，实际上正是叙述"人如何在历史中因应自己的需要而形构神"①的概念。以民间信仰常见的现象为例：台中市南区热闹繁华之地奉祀关帝爷的"醒修宫"，受四方民众祈祷求告，庙柱上红底髹漆写着"汉封侯宋封王明封大帝，儒称圣释称佛道称天尊"的楹联——三国时期，关羽败走麦城为孙权所杀，蜀汉后主刘禅追谥为壮缪侯（260），自汉季到隋三四百年间，关羽默而无闻。隋文帝（581—604

---

① 凯伦·阿姆斯特朗（Karen Armstrong）:《神的历史》（*A History of God*），台北：立绪文化事业有限公司，1996年，第19页。

在位）时发生玉泉山显灵事件[①]，此后关羽即步步高升，并受三教推崇——"醒修宫"短短的两句联语说明了一个真相：神（关帝爷）的概念是随着人在历史中的思维变迁而建构的，只要人们愿意，神不会死，每一代每一阶层的人都会创造适合他们自己的神意象。

卡西勒（Ernst Cassirer，1874—1945）以动态的概念，寻找神明诞生的律则。他将宗教观念的演化分成三个主要阶段，最早毋宁说是一种单纯的主客观世界的感应，把这种感应经验客观化、形象化，即是卡西勒所称的"瞬间神"（momentary deities），这可能是人们感受到宗教情境的最初层次；第二个阶段是多神时期的"职能神"（functional gods）；最后达到一神概念而形成"人格神"（personal gods），就是神格发展的完满阶段了。所谓"瞬间神"，是指一种方生方灭的心理内容，内心有所希冀、恐惧，经外在物象刺激后身心瞬间充满灵感的状态。卡西勒以人类经验中最富神秘感的生育现象举例，因为受孕与婴儿诞生时间相隔较长，所以初民时期的妇女相信，婴儿的灵魂进入妇女体内，就是妇女感觉到腹内有胎儿之时。怀孕这种使人觉得玄妙的经历，容易与某些一闪而逝的景象混同，像是鱼跳跃出水面、蝴蝶破茧而出、白云快速移动时留下明暗的影子、流星一闪而过或异梦等等。瞬间神不会在不同时间、不同地点对不同的人反复显现，它只有在此时此地，只有在某个人的某种独特的经历瞬间存在。随着心智与文化的发展，人类对于这种只能消极被动地接受的倏忽而来、倏忽而逝的神助并不满足，企图依照自己的需求，在春生、夏长、秋收、冬藏等有秩序的周期中，产生保护这些周期活动的"职能神"。这些职能神各自在能力范畴内发挥功能，如日神、雨神、火神、水神、方位神等自然神，以及主管特殊时期与需求的神，如婚姻神、谷神、渔猎神、战神、冥神及各种行业神等。职能神是宗教意识发

[①] 饶宗颐：《关圣与盐》，见李福清：《关公传说与三国演义》，台北：汉忠文化事业股份有限公司，1997年，第359—362页。该文认为关公起家与其家乡解县之盐池经济有关。

展必经的阶段，经过这个阶段，代表宗教意识最高境界的"人格神"概念才会产生。卡西勒认为，语言的衍化（或称为"患病"的语言）是人格神产生的必要条件，如果神的名讳始终沿袭它原有的意义，那么这位神祇也就被限制在它原有的领域中，如果它的名讳因语音、语意的讹变丧失了原义，或丧失了与活的语言的联系，而和人的名字一样成为专称，就有机会加入人格内涵，像人一样有血有肉地存在，像人一样可以参与各项活动而非专职的单项活动，这就是人格神的来历了。[①]我们回看玄武神的演变过程，不仅"玄武"一词从一开始就是专有名词，方便于人格化，从它的最初含义到隐喻含义之间多元分歧的解释，以及同神异名形成的扩散效应，确实可以印证语言衍化对人格神产生的意内及意外效果。

与卡西勒所持的神祇演化三阶段说不同，倡议"万物有灵说"的英国人类学者爱德华·泰勒（Edward Burnett Tylor，1832—1917）认为，从蒙昧的信仰转化为文明的信仰，约略历经精灵崇拜、祖先崇拜、自然崇拜、各类功能神崇拜及至上神崇拜等阶段[②]。无论是卡西勒重点式的三阶段说，还是泰勒较详细的五阶段说，它们都有共同的结论："世界各民族最高级的神都是人类自身的反映"[③]，是人类对自身理想人格的投射。由原始的瞬间神或精灵说，到最后的人格神或至上神，不仅是人们形构神意象的集体走向，有时也会具体而微地应验在某个神明的发迹史上。然而，在探究人类的"信仰"现象之际，学者不得不承认：追溯神祇的历史、神祇在许多初民社会中出现和发展的过程，是一个不可企及的目标，因为神灵崇拜的历史，实际上也是人类心灵的感应史、人类心灵的告解

---

① 卡西勒（Ernst Cassirer）：《语言与神话》（Language and Myth），于晓译，台北：久大文化股份有限公司，1990年，第18—23页。有关神祇概念的演化，卡西勒多采用乌西诺（Usener）的论点。

② 爱德华·泰勒（Edward Burentt Tylor）：《原始文化》（Primitive Culture），连树声译，上海：上海文艺出版社，1992年，第14至17章。

③ 爱德华·泰勒（Edward Burentt Tylor）：《原始文化》（Primitive Culture），连树声译，上海：上海文艺出版社，1992年，第688页。

史，必然有其隐晦而无解的另一面。

一、原始方位信仰与星宿崇拜

（一）方位标志与旌旗

推原玄天上帝信仰，始自星辰崇拜和北方七宿所标志的空间感受。

卡西勒认为，对光的感受与方位意识，是人类智慧中两种最根本的能力；所有创世纪的神话，无非都是有关光明诞生的故事，我们以"混沌开窍"来形容宇宙洪荒、人心蒙昧时代的消失。从语言现象中可以发现，空间取向的语言如前、后、上、下等字眼，通常是取自人对自己身体位置的直觉，人的身体及耳目是所有空间划分都要加以参考、转换的参照系，所以内在、外在、主观、客观等界限并不是固定不变的，而是相互比照成为相对的另一方。这正是庄子（前369？—前286？）所说的"知东西之相反而不可以相无"[①]的意思。只有在这种交互比照中，每一个方位才显现出它与众不同的意义，而人对神话/宗教的神圣感情，就是来自对特定空间的感受。当一个特定的方向跟其他的方向有了不同，当一个特定区域在整体空间中特别凸显时，神圣化就开始了。每一种空间的感受，都和昼与夜、光明与黑暗、出生与死亡、圣与俗，乃至流浪与故乡的比照有关。卡西勒以具体的例子来说明这个现象，他认为：东、南、西、北不是经验世界中意义相同的基本方位，每一个方位、每一个位置都有它特殊的情感与记忆，右与左、上与下、前与后都不可以互换。这种空间感受不仅关系着人的自我界定，也都内含着一种神话生命，人们对方位所投射的情感，使每一特殊空间都获得神圣或恶魔的，友善或

[①] 郭庆藩编：《庄子集释·秋水》，台北：木铎出版社，1988年，第577页。

仇视的，高尚或卑劣的"性格"，日出的东方是生命的希望，日落的西方则充满了死亡的恐惧。[①]

事实上，利用空间来模仿本质上并非空间性的东西，使不同领域的事物发生交流及转换，是人类心智成长极重大的一步。借助这个空间架构，可以同化原本不相同的事物，使这些事物彼此可以比较，可以相同，也可以分别成为类或群，使个体或社会的，无论精神或物质间的各种关系，都变得比较明朗，根据空间方位与分界线，纷杂的种类可以各就各位，各得其所。卡西勒说：

> 我们对各类神话构造追溯得越远，我们就越逼近真正原始的神话形式和构造，举例说：各种人类等级、职业、制度都归入东、南、西、北此一基本图式，战争和勇士属于北，狩猎和猎人属于西，医药和农业属于南，巫术和宗教属于东。这些分类初看起来可能奇异古怪，但这并不是偶然的比附，而是表达一种十分明澈的直觉和典型的见解。一种特别的色彩、一周中特别的一天、祈祷的顺序、城镇的结构、季节性的祭祀……总而言之，整个宗教仪礼制度都归溯到某些基本的空间区别、空间投影。[②]

在汉代及稍后时期的文献记录中可以看出，中国的方位意识与世界各民族一样，有一套类似的象征系统，结构配套十分有规律，把整个混沌空间划分成东、南、西、北四个区块，形成一套神圣秩序，并据此牵合天上与人间的神秘关系，寻找有关成败、贵贱或生死的预兆，解释特定人物的命运与遇合。

玄武成为四灵成员之一并以龟蛇合体为造型，是在古天文学与五行观念形成之后的西汉时期。早期曾以龟、龟龙或龟蛇之名出现在天文星

① 卡西勒（Ernst Cassirer）：《神话思维》（*Mythical Thought*），黄龙保、周振选译，北京：中国社会科学出版社，1992年，第110—111页。

② 卡西勒（Ernst Cassirer）：《神话思维》（*Mythical Thought*），黄龙保、周振选译，北京：中国社会科学出版社，1992年，第110—111页。

象及方位标志的经籍中，或被画在称为"旐"的旗帜上，成为天空二十八星宿中北方七宿的象征符号。但一者因古籍中对二十八星宿分列四象的叙述分歧，二者因涉及的古籍本身成书年代多有异说，举凡"玄武"二字的本义寓意，有关玄武形象是独体龟或怪异的龟蛇合体，以及对玄武神兽崇拜的起源等问题上，都有许多争议。

就古籍成书时代之先后按图索骥，先是《诗经》中的《大雅·桑柔》及《小雅·出车》篇，分别提到旐、旗、旂等令旗之名：

　　　　四牡骙骙，旟旐有翩。乱生不夷，靡国不泯。(《大雅·桑柔》)[①]

《小雅·出车》一诗述写周宣王 (前 827—前 781) 时名将南仲征伐猃狁，得胜而归：

　　　　设此旐矣，建彼旄矣，彼旟旐斯，胡不旆旆。(《小雅·出车》) (第二章节录)

　　　　出车彭彭，旗旐央央，天子命我，城彼朔方。(《小雅·出车》) (第三章节录)[②]

《桑柔》与《出车》二诗反映出周王朝部署军营，都是以画上龟、交龙、朱雀、虎与熊等猛兽的令旗为指挥。[③]

据春秋战国时期成书的《周礼》："司常掌九旗之物名，各有属以待国事。日月为常，交龙为旗，通帛为旃，杂帛为物 (杂色旗)，熊虎为旗，鸟隼为旟，龟蛇为旐，全羽为旞，析羽为旌。"[④]司常掌九旗，九旗中有旗、旃、旟、旐四种旗帜分别以交龙、熊虎、鸟隼、龟蛇等动物为图案，交龙为"旗"，旗是画有两龙蟠结的旗帜，"旗"原指画有虎与熊的旗[⑤]，

---

①屈万里：《诗经诠释》，台北：联经出版事业股份有限公司，1983 年，第 521 页。

②屈万里：《诗经诠释》，台北：联经出版事业股份有限公司，1983 年，第 298 页。全诗共六章。

③王世祯：《中国神话》，台北：星光出版社，1982 年。第 45—50 页。

④陈成国点校：《周礼·仪礼·礼记》之《春官·司常》，长沙：岳麓书社，1989 年，第 73 页。

⑤郑玄注：《周礼正义·冬官》，《百部丛书集成》本，台北：艺文印书馆，1967 年，第 16 页。

后来泛指旗帜；鸟隼为"旟"，旟是画有鸟隼的旗；龟蛇为"旐"，是画有龟与蛇图样的旗帜（图1-1）；值得注意的是"熊虎为旗"的"熊虎"，一般解释都是"熊与虎"两种动物，并无疑义，则"龟蛇为旐"中的"龟蛇"也应解释为"龟与蛇"两种而非一种动物。又《周礼·冬官·考工记》："龙旗九旒，以象大火也。鸟旟七旒，以象鹑火也。熊旗六旒，以象伐也。龟蛇四旒，以象营室也。"[1] "旒"或作"游"，同"斿"，指旌旗的飘带。不同动物图样的旗帜，饰以不同数目的飘带来代表不同官阶与身份。《周礼·冬官》较《周礼·春官》晚出[2]，系齐国官书《考工记》补入，"龟蛇"还是连称，"熊虎之旗"却只剩下"熊旗"。《周礼》中的《春官》与《冬官》两篇

图 1-1 旐旗
王圻、王思义编集：《三才图会》，上海：上海古籍出版社，1988年。

留下有关"四象"的最早记录，但"四象"并不止四种动物，且"四象"所代表的方位概念并不明确，也未采用"玄武"一词称旐，但"龟蛇为旐""龟蛇四旒"之说，却为玄武的造型留下了初模与疑团。

"旐"之本义："兆也。龟知气兆之吉凶，建之于后，察度事宜之形兆也。"[3]即以龟纹示兆，这是龟卜文化中对龟之神性的形容，与四灵中玄武的神性并不完全符合。换句话说，《诗经》中《桑柔》及《出车》篇提到"旐"，其原始图样有可能是龟形，字书多释为"旗之绘龟蛇者"，明

　　[1]《博雅》：天子十二旒至地，诸侯九旒至轸，大夫七旒至轵，士三旒至肩。以"旒"之多寡长短象征位阶。龟蛇四旒，位于龙、鸟、熊之下。
　　[2]《周礼·冬官·考工记》作者不详。据传西汉时《周官》有《天官》《地官》《春官》《夏官》《秋官》各篇，缺《冬官》篇，河间献王刘德取齐国官书《考工记》补入，《考工记》得以跻身儒家经典流传至今。刘歆校书改《周官》为《周礼》，学者推论本书内容或成于春秋战国。
　　[3]刘熙：《释名》，北京：中华书局，1985年，第114页。

朝人所绘《三才图会》的旐旗亦绘龟蛇之形①，然而这些记录所反映的却可能是汉代及其以后的人对"旐"字的理解与诠释。

（二）北方七宿信仰与北宫玄武

高悬寰宇的北方七宿，最初究竟如何形象化成为龟或龟蛇的模样？前言《周礼·冬官·考工记》说"龟蛇四旐，以象营室"②，把北方七宿中的室宿、壁宿连接成四方形，看做是龟壳；又室宿、壁宿之北有螣蛇星，螣蛇加龟形合起来就是龟蛇。继之，汉司马迁《史记·天官书》的说法是："北宫玄武虚、危；危为盖屋也，虚为哭泣事。"③后世学者解释这段文字说：七宿中的危宿有三颗星，三颗星连起来像屋顶，再与虚宿的两颗星连接起来，这五边形就是龟壳。以此推论玄武的原始形象是龟形。虚、危二宿大致上相当于今日所说的宝瓶座与白羊座，天空繁星点点，如何连接，连接后星群像什么，有很大的想象空间。不论《周礼·冬官》和《史记·天官书》二说是以二星宿加螣蛇星，还是将五颗星连成五边形如龟壳，恐怕都不是实际观察而有的原始想象，而是民间先有龟蛇之说后，再将天上星宿加以附会，所谓解释常在发生之后，经过这样一番人云亦云的解释，北宫七宿形状如龟蛇已成为汉中叶之后的共识。

"玄武"一词原是天空中二十八个恒星星宿中北方七宿的总称④。二十八宿是把赤道附近的一周天，由西而东分成二十八个不等分的星座，成为观察日、月及星体运行的标志。每一宿的恒星都不止一颗，而是邻近若干恒星的组合。北方七宿包括斗、牛、女、虚、危、室、壁等七个星

---

① 王圻、王思懿编集：《三才图会》，上海：上海古籍出版社，1988年，第1867页。

② 郑玄注：《周礼正义·冬官》，《百部丛书集成》本，台北：艺文印书馆，1967年，第36页。

③ 泷川龟太郎：《史记会注考证》卷二十七，台北：中新书局，1956年初版，1977年再版，第463页。

④ "宿"有停留的意思，指星辰留宿之所。若以今日星座的命名来看，紫微垣中的勾陈一，即小熊星座α星，是现在通称的北极星。北斗七星属今日的大熊星座。

群。第一宿"斗"有七颗肉眼可看到的明星，通称北斗七星，前四颗天枢、天璇、天玑、天权连接起来像是杓斗，又称斗魁，后三星玉衡、开阳、摇光连接起来像斗柄。北斗七星在不同的季节与夜晚不同的时间小幅度移动，看起来像是绕着北极星转动，所以古人利用初昏之时斗柄所指的方向来确认时间、季节。

另外，环绕北极相当于今日所谓恒见圈的恒星群分成三大区，叫做三垣，即紫微垣、太微垣和天市垣。其中紫微垣有三十七个星座，包括著名的北极星。北极星又叫做北辰，在认识岁差之前，古人认为以北极星为中心的北极天是恒定不动的，不仅是北方的指标，同时也是寰宇的中心。[①]就天文学来说，北极星与北斗星分属不同的星座，然而两者位置接近，在不求甚解的心理下，北方七宿、北斗七星与北极星都混称共享，互相替代。《史记·天官书》载："北斗七星，所谓旋玑玉衡，以齐七政。"宣称北斗七星掌控春、夏、秋、冬及天文、地理、人道等七政。事实上，古人观念中位居中枢掌控四方的是北极星而非北斗，《天官书》改称"北斗七星"，主要是以七星与七政相对应之故。北斗七星（简称斗宿）是北方七宿中的一宿，然而北斗信仰早于秦汉的四灵崇拜，玄武七宿既统有斗宿，自然备受尊崇，祭北斗七星以延寿的信仰与玄武崇拜一拍即合，因此传说故事中祭祀北斗星而玄武神降临，寺庙奉祀玄武神而称作北极殿等等，不足为奇。简言之，北斗有狭义与广义之分：狭义的北斗，单指北方七宿中的斗宿；广义的北斗，兼及北方七宿及紫微垣中的北极星。

北方七宿中以斗宿即北斗七星的神话想象与人类关系最为密切，究其根由，不仅在晚间可据以辨别方位，根据斗柄所指的东、西、南、北，也可以观察春、夏、秋、冬各季节的轮替。北斗星的运动与其他星辰不

---

① 杨金鼎主编:《中国文化史大词典·天文历法》, 台北: 远流出版事业股份有限公司, 1989年, 第254页。

一样，北斗绕着北极星运转，看来好像一端定点不动，而二十八星宿以北斗为枢纽，越是南向的星座，运动幅度越大，北辰成为控制四方群星的中枢。在民众心理中，北辰是仅次于太阳与月亮的重要天体，上自天子，下及黎民百姓，生死寿夭，无不归于北辰统辖，万籁阒静之时，北星烨烨，仿佛能洞察一切，无所不知，特别具有对抗混沌与黑暗的神能。

二、神龟信仰与玄武原始形象

《大戴礼记·易本命》（约公元前70年）将动物分成五大类：

> 有羽之虫三百六十，而凤凰为之长；有毛之虫三百六十，而麒麟为之长；有甲之虫三百六十，而神龟为之长；有鳞之虫三百六十，而蛟龙为之长；裸之虫三百六十，而圣人为之长。[①]

在羽虫（鸟禽）、毛虫（四脚兽）、甲虫（贝壳类）、鳞虫（爬虫类）、裸虫（哺乳类）这五大类别中，作为万物之长与圣人相匹配的有麒麟、凤凰、神龟、蛟龙这四种动物。《大戴礼记》虽无"四灵"之名，却与《礼记·礼运》所说的四灵动物一致。源于《大戴礼记》在汉代成书的《礼记·礼运》云："何谓四灵？麟、凤、龟、龙。"又说："麟体信厚，凤知治礼，龟兆吉凶，龙能变化。"[②]两者都是称龟而非龟蛇。

（一）史书文献中的玄武

将《周礼》中的《春官·司常》《冬官·考工记》《大戴礼记·易本命》《礼记·礼运》等经籍的记载并比而观，玄武原始形象究竟是龟或是龟蛇确是莫衷一是。就目前的考古资料来看，还没有发现战国之前名为

---

①孔广森：《大戴礼记补注》卷十三，《百部丛书集成》本，台北：艺文印书馆，1967年，第11页。

②陈澔：《礼记集说》，台北：世界书局，1967年，第128页。

玄武的器物，只有名为旂的旗帜。史书文献中也有此类同中有异、纠缠不清的说法，就秦汉之际文史典籍及各家注疏加以探究，可以进一步获得较清晰的概念。

战国末期屈原（前340？—前278？）《楚辞·远游》云："召玄武而奔属。"[1]《远游》一文是迄今所见最早提到"玄武"一词的记载，东汉王逸注："呼太阴神使承卫也。"[2]

西汉王褒《楚辞·九怀》有"玄武步兮水母，与吾期兮南荣"之句。东汉王逸注："天龟水神，侍送余也。"[3]

东汉天文学家张衡（78—139）《思玄赋》云："玄武缩于壳中兮，腾蛇蜿而自纠；鱼矜鳞而并凌兮，鸟登木而失条。"唐李善（630？—689）注："龟与蛇交曰玄武。壳，甲也。"[4]李善认为玄武是"龟与蛇交"，然而以张衡《思玄赋》单独上下两句"玄武缩于壳中兮，腾蛇蜿而自纠"作解释，谓龟与蛇交还有可能，若四句连读，则可确知所指是四种动物。张衡另一篇天文著作《灵宪》中亦曾提到北宿玄武，说："苍龙连蜷于左，白虎猛据于右，朱雀奋翼于前，灵龟圈首于后。"[5]"灵龟圈首"与前文"玄武缩于壳中"文义相同，足以互证，玄武都是以灵龟为原形出现在诗文记录中。

《礼记·曲礼》："行，前朱鸟而后玄武，左青龙而右白虎。"[6]孔颖达（574—648）疏曰："玄武，龟也。龟有甲，能御侮用也。"

检视上引诸家文本与注疏，玄武是太阴神亦是天龟水神，它的原始意象显然是独体之"龟"。至于唐李善注《思玄赋》曰"龟与蛇交曰玄武。

①朱熹：《楚辞集注·远游》，台北："国立中央"图书馆，1991年，第134页。《远游》一篇作者素有争议。

②洪兴祖：《楚辞补注》，台北：大安出版社，1995年，第260页。

③洪兴祖：《楚辞补注》，台北：大安出版社，1995年，第452页。

④朱熹：《楚辞集注·思玄赋》，台北："国立中央"图书馆，1991年，第345—346页。

⑤张衡：《灵宪》，台北：艺文印书馆，1968年，第5页。

⑥陈澔：《礼记集说》，台北：世界书局，1967年，第13页。

图 1-2 玄龟，其状如龟而鸟
首虺尾

袁珂：《山海经校注》，台北：
里仁书局，1981年。

壳，甲也"，宋洪兴祖引用朱熹之说："二十八宿，北方为玄武。说者（朱熹）曰：玄武，谓龟蛇。位在北方，故曰玄；身有鳞甲，故曰武。"认为玄武是"龟蛇"或"龟与蛇交"，显示的是汉代以后文人学者对玄武形象的认知。据神意象的演进法则，一般可分为三阶段：即神兽之形、半人半兽之形（合体兽）与超人之形。半人半兽或合体兽，是动物崇拜过渡到人神信仰的中间形态，如爬行的蛇增体变形成有爪有翼有角之蛇，再则人蛇糅合成人首蛇身之神人等等。玄武由神龟而龟蛇而玄帝，恰是神意象演进法则的再一次演练。

（二）神龟崇拜

玄武享有"天龟水神"与"太阴神"之尊称，早在大禹治水神话中，就有"神龟负图""玄龟封记"的神奇传说，龟素来具有幽冥水界使者的特殊身份：

> 黄龙曳尾于前，玄龟负青泥于后。玄龟，河精之使者也。龟
> 颔下有印文，皆古篆字，作九州山川之字，禹所穿凿之处，皆以
> 青泥封记其所，使玄龟印其上。今人聚土为界，此其遗象也。①

上帝使龟负书而出，赐禹"洪范九畴（九章）"来治国平天下。孔子说："凤鸟不至，河不出图，吾已矣夫。"②认为龟图（图 1-3、图 1-4）是圣王出世的祥兆，历代帝王无不殷盼"河出龙图、洛出龟书"的征兆出现。

---

① 王嘉：《拾遗记·夏禹》卷二，《百部丛书集成》本，台北：艺文印书馆，1967年，第2页。
② 朱熹：《四书集注·子罕》，台北：世界书局，1967年，第57页。

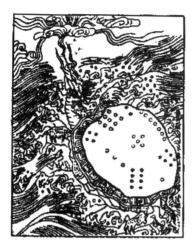

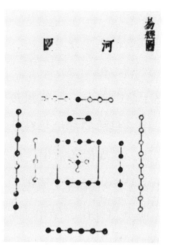

图1-3 龟书图，神龟负文而出，背纹有1至9之数字

刘玉建：《中国古代龟卜文化》，桂林：广西师范大学出版社，1992年。

图1-4 河图，抽象化的龟书图，1至9数字图像化

李亦园主编：《中国神话》，台北：地球出版社，1977年。

远在春秋战国以前，龟以甲壳而贵，曾经有过一段辉煌岁月，地位十分尊荣。褚少孙补作《史记》，作《龟策列传》，这篇列传是殷商至秦汉时期灵龟崇拜的重要记录，可视为龟卜文化的一个总回顾：

> 龟者，是天下之宝也，先得此龟者为天子。且十言十当，十战十胜。生于深渊长于黄土，知天之道，明于上古。游三千岁，不出其域。安平静正，动不用力，寿蔽天地，莫知其极。与物变化，四时变色，居而自匿，伏而不食，春苍夏黄，秋白冬黑。明于阴阳，审于刑德，先知利害，察于祸福。[1]

龟为神圣之物，得灵龟者得以王天下，下列三点尤其是龟之所以贵重的缘由。

第一，长寿，潜伏不动，寿命可长达数千年。

所谓物久成精，《淮南子》与《白虎通》中都强调说：

> 牛蹄、彘颅，亦骨也，而世弗灼，必问吉凶于龟者，以其历

---

①泷川龟太郎：《史记会注考证》卷一二八，台北：中新书局，1956年初版，1977年再版，第1309—1310页。

岁久矣。①

干草枯骨，众多非一，独以蓍龟何？此天地之间，寿考之
物，故问之也。②

有感于龟的长寿，汉代流传一则神奇故事：南方有位老人家，因床
脚不平，用一只活的乌龟垫在床脚下，过了二十多年，老人家死了，家
人搬动床脚，发现龟还活生生的，会动。③晋干宝《搜神记》中，连续记
载三则年老母亲洗澡时变成龟属之类的大鼋，逃入深水之中的事件，写
明时间、地点与姓氏，结语强调说："母形虽变，而生理尚存，竟不治
丧。"④隐然以人变龟来暗示母亲的长寿久生。鲁迅（1881—1936）《古小
说钩沉》辑《玄中记》云："千岁之龟，能与人语。"⑤长寿的龟还有各种
异相，千年龟全体生毛，寿五千年叫神龟，寿万年叫灵龟，若将灵龟的
壳甲火炙捣服，人也可以寿千岁，龟的长寿，深入人心。

第二，龟甲有天地之象，代表时间的总体及空间的全幅。

龟有圆拱形的背甲和宽平的腹甲，用来占卜的兽骨选用龟甲，与古
代中国人认为天形圆拱、地形方平，所谓天圆地方类似龟体有关。汉代
所流传的女娲神话，已将龟体与宇宙联结在一起：

往古之时，四极废，九州裂。天不兼覆，地不周载。火爁炎
而不灭，水浩洋而不息。猛兽食颛民，鸷鸟攫老弱。于是女娲炼
五色石以补苍天，断鳌足，以立四极。⑥

刘向（前77？—前6）则把龟体与天地、四时作直接的联系：

灵龟文五色，似玉似金，背阴向阳。上隆象天，下平法地，

① 刘安：《淮南子·说林训》，台北：新文丰出版公司，1978年，第6页。
② 班固：《白虎通·蓍龟》.《百部丛书集成》本，台北：艺文印书馆，1968年，第16页。
③ 泷川龟太郎：《史记会注考证》卷一二八，台北：中新书局，1956年初版，1977年再版，
第1309—1310页。
④ 干宝：《搜神记》卷十四，台北：鼎文书局，1978年，第105—106页。
⑤ 鲁迅：《古小说钩沉·玄中记》，台北：长歌出版社，1975年，第375页。
⑥ 刘安：《淮南子·览冥训》，台北：新文丰出版公司，1978年，第11页。

盘衍象山，四趾转运应四时，文著象二十八宿。……千岁之化，
下气上通，能知吉凶存亡之变。[1]

柱状的龟足在壳甲下方，可以想象作四岳撑天，四只脚爬行时就像
是运转天体，四肢趾爪的转动与春、夏、秋、冬相应合，同时随四季变
化而变色，春为暗绿色，夏呈黄色，秋日变白，冬季转黑，身上纹理绘
天上二十八个星宿位置与形象，故能纵观变化、明天道、知地物、预祸
福、见存亡。

第三，古代以贝壳为货币，龟壳是贝壳中最贵重的货币。

"财""货""贵""贾""资""赈"等多财富饶之义的字都从贝，《说
文解字》释义："古者货贝而宝龟，周而有泉，至秦废贝行钱。"[2]在钱币
尚未发行之前，以贝壳通货，其中最贵重的就是龟壳，也可以说，龟壳
是面额最大的钱币。宝龟的壳犹如聚宝盆，而且龟不必大，只长七八寸，
就可以得宝。凌蒙初（1580—1644）《拍案惊奇》第一卷《转运汉遇巧洞
庭红 波斯胡指破鼍龙壳》说的就是贫汉意外寻获鼍壳，发家致富的故事。
故事虽然发生在宋朝，宝龟母题却是古老心理的遗存。凡此，龟寿与天
齐、龟体有天地之象及龟壳致富等等信念，是先秦以来龟卜文化盛行的
心理因素。

以今日的眼光来看，龟是行动迟缓、缺乏攻击能力的普通动物，造
型也十分滑稽，与四灵中想象的青龙、赤凤及白虎的矫健亢扬难以并比，
学者论及中国动物崇拜的主要对象，举例有"猪马牛羊犬和虎豹蛇"[3]，
论及中国古代的氏族图腾，常有"神羊族系、神鸟族系、神鱼族系、神
龙族系"[4]等说法，龟不于焉。庄子曾经三番五次以龟为喻说故事，调侃

① 刘向：《说苑·辨物》，台北：台湾商务印书馆，1977年，第625页。
② 段玉裁：《说文解字注》，台北：艺文印书馆，1966年，第281—282页。
③ 朱天顺：《中国古代宗教初探》，台北：谷风出版社，1986年，第97页。
④ 印顺法师：《中国古代民族神话与文化之研究》，台北：华岗出版有限公司，1975年，序
第1—6页

神龟空有为人觊觎的甲壳，能为人预知吉凶，自己有致命的盲点却不自知，其中一例是说："吾闻楚有神龟，死有三千岁矣，王巾笥而藏之庙堂之上。此龟者，宁其死为留骨而贵乎？宁其生而曳尾于涂中乎？"[①]"曳尾于涂"可说是形容龟之模样的神来之笔。此外，庄子又说了个东周宋国元君梦龟杀龟的寓言：宋元君晚上做了一个梦，有个披头散发的人在门后探头探脑，告诉元君说："我从清江来，要到河伯那里去送信，路上被一个叫余且的人抓了，请你救我。"元君醒了，召人解这个怪梦，知道原来是神龟托梦。于是赶紧找到余且，余且是个渔夫，把捕捉到的白色大神龟献给元君。元君又惊又喜，不知如何处置这只神龟，令人占卜一番，卜人说："杀龟以龟甲占卜，最吉利。"[②]神龟被杀后，元君占卜七十二次，七十二次都奇妙地应验了。虽然庄子是以龟喻人，但在庄子的连番奚落取笑中，显然宣告了神龟时代的结束。巫卜时代没落，龟甲不再提供占卜之用后，龟的地位也随之下跌。元戏曲中有段"下九流"的顺口溜："一流王八二流龟，三流戏子四流吹，五流剃头，六流唱曲，七痞八盗九扒灰。"古今贵贱之别有如云泥，这是龟卜功能弱化、龟的神性已被社会新的神能需求取代所致。

三、合体兽与龟蛇玄武

人类自始即仰赖植物充饥、蔽体、保暖、住宿及取火，渐渐认识各种有毒的、有刺激性的、有治疗性及安神提神的植物，人与动物的关系更是密切，由于需要，滋生畏惧及神圣感，初民与动植物间恒存着"互倚"、"互变"、"根本的统一"之原始关系。[③]就中国最早一本"田野调查"

---

① 郭庆藩：《庄子集释》，台北：木铎出版社，1988年，第604页。
② 郭庆藩：《庄子集释》，台北：木铎出版社，1988年，第933页。
③ 林惠祥：《民俗学》，台北：台湾商务印书馆，1968年，第20—21页。

的著作《山海经》来看，巫术思维盛行时代，灵物崇拜的对象十分普遍，当原始泛灵崇拜渐渐集中化，具有独特魅力的合体神兽便出现了，西王母是"其状如人，豹尾虎齿"（《西山经》）、开明兽是"身大类虎而九首"（《海内西经》）、雷神是"龙身而人头"（《海内东经》）、火神是"兽身人面"（《海外南经》）、海神是"人面鸟身"（《大荒东经》）等等，《山海经》中合体动物的出现已极为普遍。澳大利亚流传一则龟蛇合体的解释性神话，说在将人类与灵魂世界连接起来的死亡之河里，有凶恶无比的巨龟及毒蛇横加阻挡，有位会魔术的善良巫师，砍去龟尾及蛇头，以便人们可以找到自己的灵魂，但他又心生不忍，为巨龟接上蛇头使它们俩复生，所以乌龟都有个短尾巴与蛇头。[1]这则异地的传说情节内容并不重要，龟与蛇常有合体意象出现却值得注意。

蛇是《山海经》中频繁出现的重要动物。据朱天顺的统计，《山海经·五藏山经》中，共记录六项蛇类的前兆信仰，都被视为凶兆，[2]蛇的可怕凶恶不言而明。事实上，汉代许多动物造型都自觉或不自觉地添加蛇的蜿蜒之形，龟体上蟠着蛇，感觉上兼有祥和与恐怖、静与动、硬与软、圆与长等对比意义，算得上是撷长补短的完美造型（详见第二章），这与状如马或鱼的动物身上有鸟翅、状如狐而九尾九首有虎爪的动物一样，以奇异的形象加强神秘性与超自然意味，吻合列维－布留尔（Lucien Levy-Bruhl，1857—1939）所说原始思维的"互渗"或"混沌"现象。除了知名的伏羲与女娲都是人头蛇身外，《山海经》中出现许多神人与神巫是操蛇或人蛇同体，如《海外北经》：

> 相柳者，九首人面，蛇身而青。（233）

又，《大荒东经》：

---

① 王从仁：《玄武》，台北：世界书局，1995年，第157—160页。
② 朱天顺：《中国古代宗教初探》，台北：谷风出版社，1986年，第123页。

有神，人面，犬耳，兽身，珥两青蛇，名曰奢比尸。（355）

又，《山海经·海外东经》：

雨师妾在其（汤谷）北，其为人黑，两手各操一蛇，左耳有青蛇，右耳有赤蛇。一曰在十日北，为人黑身人面，各操一龟。（263）

又，《山海经·海外西经》：

巫咸国在女丑北，右手操青蛇，左手操赤蛇。在登葆山，群巫所从上下也。（219）

轩辕之国在穷山之际，其不寿者八百岁，在女子国北。人面蛇身，尾交首上。（221）

西方蓐收，左耳有蛇，乘两龙。（227）

又，《山海经·海外北经》：

博（夸）父国在聂耳东，其为人大，右手操青蛇，左手操黄蛇。[①]（240）

又，《山海经·大荒北经》：

大荒之中，有山名曰成都戴天，有人珥两黄蛇，把两黄蛇，名曰夸父。（427）

又，《山海经·大荒西经》：

赤水之南，流沙之西，有人珥两青蛇，乘两龙，名曰夏后开。开上三嫔于天，得《九辩》与《九歌》以下。此大穆之野，高二千仞，开焉得始歌《九招》。（414）

夏后开就是夏禹的儿子夏启，有机会三次到天帝处做客，聆听天乐《九辩》与《九歌》，他在神话世界中留下的形象，就是耳上挂着青蛇，驾着两条飞龙直上青天。此外，海外荒蛮之地的四位大神："南方祝融，兽面人身，乘两龙""西方蓐收，左耳有蛇，乘两龙""北方禺强，人面鸟身，珥两青蛇，践两青蛇""东方句芒，鸟面人身，乘两龙"。海外四方

---

① 袁珂注：《山海经·海外北经》，台北：里仁书局，1981年，第240页。袁云："博父国之'博'，当作'夸'。"

之神若非乘两龙，就是"珥两青蛇，践两青蛇"，蛇与龙意象的替换性很强，有学者认为龙就是有角的蛇，以角表示它的神异性，庄子所谓"一龙一蛇，与时俱化"，蛇与龙都是神巫作法登天的佐兽。其中较少被注意到的是前引《海外东经》中黑身人面的雨师妾，身上有蛇也有龟，与今日玄武脚踏龟蛇的形象相去不远。换句话说，这些蛇不论是缠挂在耳上，以双手操弄或是踩在脚下、衔在口里，都是一种接触巫术，以蛇与人合体的想象，作为巫师扶摇升天的工具。《山海经》中这些半人半兽的异物，或是巫师的图像，或是图腾，或是精灵、神灵，反映了正在萌发、酝酿、形成中的神话／宗教概念。如果玄武神这个角色及早在《山海经》中出现，那么他的造型可能是人首、龟身、珥两蛇、持两蛇类似雨师妾的模样，而在人文思想发达后的宋明时期出现的玄武神，则龟蛇不免成为人身脚踏之物了。

汉代是一个画像石全面繁盛的时代，汉画像石中出现了大量的四神图像，其中苍龙、白虎、朱雀三种动物虽说造型上各有神异，毕竟一个身体一个头，合乎动物的常理，至于玄武是龟、龟蛇复体或龟蛇交体，注释家的意见并不一致，从另一个角度来说，这些分歧的现象恰好传达出一个逐步酝酿和统合的过程。所谓龟蛇合体、龟蛇相交，与古神话中"马身龙首""彘身八足蛇尾""犬而有鳞"等神异之物一样，都是原始思维互渗性与不分化性的流露，借重蛇的灵异制造出奇特的龟蛇合体造型，不仅表现了人们对自然力的恐惧与崇拜，也表现出企图以自然力维护生存的巫术情绪，这些神异超乎寻常之物在《山海经》中出现，不仅与大旱、大水、大风、多疫有关，也可以使人"不迷""以御不祥""无疠""寿二千岁"。多种多样的动物形象与人的形象互相交融补衬，展示了一个缤纷的带有浓厚巫术意味的世界。

玄武也曾被称作龙龟，清代训诂学家郝懿行（1757—1825）著《山

图 1-5 龙种龟身，故曰龙龟
今人铸造，存展于北京故宫殿外。

海经笺疏叙》，对《北山经·堤水》所出现的"龙龟"（图 1-5）感到大惑不解："龙、龟二物也，或是一物？疑即吉吊也，龙种龟身，故曰龙龟。"[1]认为"吉吊"即龙卵，[2]推论《北山经》中出现的龙龟可能只是个龙蛋，袁珂于此加上案语说："当是一物。"郝懿行的疑问，也反映了众人对龟蛇玄武共有的疑问。从独体龟到龟蛇，玄武的双体造型深入人心，许多论者认为龟蛇玄武看来违反生物之自然，却未必是向壁虚构，并尝试找出它的原身、原型，除了动物形象之外，学者分别从氏族图腾、双嘴龙信仰或字源本义等文化角度，探讨龟蛇双身合体的神圣含义，综合讨论如下。

（一）灵异动物的想象

第一，远古时代确曾生存而今少见的龟种。

从生物性的角度来了解龟，龟腹背有坚甲相合，留下头尾四肢出入的壳孔，头尾四肢都有鳞片，头形似蛇，善游泳，也能匍行陆上。《尔雅·释鱼》说龟有十种，即神龟、灵龟、摄龟、宝龟、文龟、筮龟、山龟、泽龟、水龟、火龟。[3]其中神龟和灵龟都是天龟，传说可导气通灵。最值得注意的是"摄龟"，它的特征是"腹甲曲折""好食蛇"，若果有专好食蛇的龟类，则许多龟蛇交缠、昂首互斗的图形并非想象，"玄武"是不是指

---

① 袁珂：《山海经校注》，台北：里仁书局，1981 年，第 79 页。
② 孙光宪：《北梦琐言》佚文四 "南人采龟溺" 条："海上人云：龙生三卵，一为吉吊也。" 见朱易安等主编：《全宋笔记》第一编，郑州：大象出版社，2003 年，第 255—256 页。
③ 周祖谟：《尔雅校笺》，江苏：江苏教育出版社，1984 年，第 144 页。

正在进食的摄龟？又，1985年在湖南石门县发现一种龟类动物，叫做"蛇龟"，它的头像蛇头，最奇特的是甲壳凸出一条蛇形隆起，蛇形在壳上盘绕一匝，一头一尾分居龟壳左右两侧，形体似蛇又似龟，恰似玄武现形，[1]则玄武可能是曾有少见的龟种。

第二，某种形似动物的误认。

沈括（1030—1095）《梦溪笔谈》中很幽默地说了一则趣闻：

> 关中无螃蟹。元丰中，予在陕西，闻秦州人家收得一干蟹。土人怖其形状，以为怪物。每人家有病疟者，则借去挂户上，往往遂瘥。不但人不识，鬼亦不识也。[2]

少所见、多所怪，往往有之，螃蟹独特的形状，不但初见的人感到奇怪且畏惧，连虐鬼也畏避三分。《山海经·北山经》中，提到一种盘曲身躯像龟的长蛇："大咸之山有蛇名曰长蛇，其毛如彘豪，其音如鼓柝。长蛇蟠状如龟。"[3]盘起身躯不仔细看容易误认为龟的蛇，不只长蛇，台湾排湾族（Paiwan）有百步蛇崇拜，认为族人的灵魂死后转化为百步蛇，排湾族北大武及南大武分别称百步蛇为"kamawanan"及"vulung"[4]，俗称龟壳花，是台湾著名的毒蛇（图1-6）。

图1-6　台湾排湾族百步蛇木雕

潘立夫：《排湾文明初探》，屏东：屏东县立文化中心，1996年。

---

① 刘逸生：《神魔国探奇》，台北：远流出版事业股份有限公司，1989年，第14页。
② 沈括：《梦溪笔谈》卷二五，《丛书集成初编》本，北京：中华书局，1985年，第168页。
③ 袁珂：《山海经校注》，台北：里仁书局，1981年，第75页。
④ 潘立夫：《排湾文明初探》，屏东：屏东县立文化中心，1996年，第113页。

《台湾府志》载："背有文如龟纹，啮人最毒。"[1]它身上的纹彩，以正反三角形相对排列，盘旋栖息之时，恰似龟壳之形，幼蛇时期身躯细长，越老越粗越短，易使人误认。

（二）图腾祖神说

孙作云据鲧死后化为鳖的传说，认为鲧的氏族以鳖为图腾，与蛇氏族通婚，鲧为鳖，其妻为蛇，玄武正是龟蛇相交之象，[2]即《山海经·海外北经》中所提人面黑身，珥两青蛇、践两青蛇的禺强。印顺法师也从图腾动物的观点，认为龟蛇合体源于颛顼是神鱼族的祖神，虽分为龟与蛇二支，但祖神同属一族，含摄于四灵之中，蛇与龙相类，又与龟相合，玄武为同一祖神之后裔的集合图像。[3]针对玄武的形象，何新曾多次提出不同的论述，先是在《诸神的起源——中国远古神话与历史》一书中，借助了不少语言音训上形近、省形、音近等方法，认为玄武本名玄冥，玄冥因治水而死，推断玄冥就是鲧，"鲧"与"鲧"以形近而相讹。鲧死后化为黄熊，即三足鳖。《左传·昭公二十九年》："少皞氏有四叔，曰重、曰该、曰修、曰熙……修及熙为玄冥。"[4]修为修蛇，即鲧的妻子女修，所谓"修及熙为玄冥"，即鲧与妻子夫妇合体的象征性变形，转化为龟蛇合体这种神奇形象。[5]经过改写，何新认为龟蛇合体是根据鳄鱼形象想象而来：据李时珍（1518—1593）《本草纲目》中记录的"蛟龙"条，形容蛟龙是"蛇形而四足，有龟蛇合体之象"，蛟龙即古人所见的湾鳄，而鳄类，

---

① 范咸：《重修台湾府志》，台湾：大通书局，1984年，第529页。

② 孙作云：《敦煌画中的神怪画》，原载《考古》1960年第6期，今见《孙作云文集》第四卷：《美术考古与民俗研究》，开封：河南大学出版社，2003年，第285—286页。

③ 印顺法师：《中国古代民族神话与文化之研究》，台北：华岗出版有限公司，1975年，第367页。

④ 杜预注：《春秋经传集解·昭公二十九年》（相台岳氏本）。台北：新兴书局，1954年，第366—367页。

⑤ 何新：《诸神的起源——中国远古神话与历史》，北京：生活·读书·新知三联书店，1986年，第199—203页。

恰恰正是兼有龟蛇之象的动物，所以传说海神玄冥、杀神玄武云云，都反映了远古恶兽即鳄鱼的图腾崇拜，玄武造型源于对古代鳄类动物的想象。[1]

（三）双嘴夔龙信仰与神龙、神龟崇拜说

郭静云认为华夏巫觋信仰中曾有双嘴夔龙信仰，双嘴夔龙信仰源于夏人古老的神兽吞吐而神格化的观念。灵兽之体是神圣的通道，进入灵兽之口，与神合为一体，获得与神相同的神格。[2]这种崇拜滥觞于中原夏人的巫觋文化，延续到商周，双嘴夔龙成为古代华夏礼器纹饰的主要母型，举凡双嘴龙纹、双首龙纹、尾刺龙纹、双尾龙、双龙纹、饕餮纹（饕餮具有双龙开口相对之特征）、人面龙身交尾等等纹饰，不胜枚举，双嘴夔龙母型成为先秦艺术的主要造型。巫觋文化没落后，汉人放弃初始的吞吐观念，由巫觋乘骑接引取代了"神杀与神生"的吞吐神化过程。夏商礼器中出现双龙纹饰，双龙并非是两个神，而是双嘴龙演变而成的图案，是一个神。[3]郭静云推论：战国、汉代的玄武信仰源自夏人对神龙与神龟的崇拜。鲧腹生禹，玄武是由虫龙（禹）与龟鳖（鲧）合并为一体的神奇结晶。郭氏进一步强调说：将鲧化为黄龙的故事与二里头考古数据比较，蛇龙和龟鳖恰恰是两种最常见的礼器造型，蛇龙和龟鳖源自古老双嘴夔龙母题，正是龟蛇玄武之所本。[4]

（四）攻龟取兆、阴阳媾精之义

王小盾从字义探源，认为玄武之"玄"字有"旋"义，即旋转深入，

---

① 何新：《中国远古神话与历史新探》，哈尔滨：黑龙江教育出版社，1988年，第276页。此书是《诸神的起源——中国远古神话与历史》改写版，上引资料系后版附加。

② 郭静云：《由礼器纹饰、神话记载及文字论夏商双嘴龙神信仰》，载《汉学研究》1997年第25卷第2期，第16页。

③ 郭静云：《由礼器纹饰、神话记载及文字论夏商双嘴龙神信仰》，载《汉学研究》1997年第25卷第2期，第12—13页。

④ 郭静云：《夏商神龙佑王的信仰以及圣王神子观念》，载《殷都学刊》2008年第1期，第1—11页。

甲骨文中出现的"玄"字作"🌀"，像"两手操旋而旋转之"，或作"🌀"，为两卵相叠再加一三角形，所以龟卜上出现的"玄"字有旋转进入、攻龟取兆的意思，也就是阴媾精的过程。王小盾又推论说：玄武与玄冥同义，"冥"字是龟甲上再加两横，作"🌀"，原义是男女生殖器，表示攻龟取兆，也表示两卵在龟腹中的孕育，古人的玄冥观念，就是玄武龟蛇交体形象的根源基础。[1]

上述诸家从图腾说、族裔说或字源说，都认为龟蛇有阴阳交媾之意，即李善所说的"龟与蛇交曰玄武"。学者何定杰更引申说：真武神原是天地神变化而来，天地神是人类的父母，也是生殖之神，生殖之神以男女相拥为象征，男女拥抱之象化为龟蛇拥抱之象。何氏进一步发挥：龟蛇拥抱图像由恋爱之神变为战斗之神，所以龟蛇合则成为一个人像，分开则为两个将军，称为真武神。[2]但不论"恋爱之神变为战斗之神"的推衍逻辑是否可通，文献上难有资料佐证何氏"真武神由天地神变化而来"的说法。

就社会崇拜心理的阶段性演变而言，当动物神的神性逐渐集中与扩大之际，这些动物神的形象也发生了变化，当人们：

> 赋予动物神以社会职能时，例如赋予维护社会道德和政治、经济制度的神力时，同时也会给动物神身上添加人的形态，使动物神的形体发生变化。[3]

动物神的社会功能越扩充，越有改易形貌的需要。同样的，玄武原形是龟体，当纯粹的龟体已不足以支持原始的信仰与敬畏，神龟信仰经过巫术加工与北宫信仰相结合，在四灵说盛行之后发生改形，龟蛇合体、

---

① 王小盾：《中国早期思想与符号研究——关于四神的起源及其体系形成》，上海：上海人民出版社，2008年，第807—815页。
② 何定杰：《鬼神信念的三个来源》，武汉：湖北人民出版社，1964年，第84页。
③ 朱天顺：《中国古代宗教初探》，台北：谷风出版社，1986年，第96页。

龟蛇相交的奇异模样，使玄武在造型上足以与其他三灵旗鼓相当，强调了当代人赋予四灵的宇宙方位和神圣意义。汉铜镜中常刻有"左龙右虎辟不祥，朱鸟玄武顺阴阳"之类的铭文，四灵合组，按左右前后排列代表宇宙四方。此外，四灵也常与其他祥瑞物合组，寄托长寿富贵等各种祝福与祈祷。西汉以后，四灵或四神中龙、凤常单独或成对出现成为祥瑞符号，玄武单独出现的机会较少，东汉之后，四灵中的玄武也极少以独体的龟形出现，龟蛇合体的造型此际已成定势。

南宋时，玄武由兽而人的传说日盛，这固然是当时帝王刻意创造的圣王神话，然而就神话本身发展的规律而言，改易形貌接近人的模样的神，足以脱离区域性与职能限制，扩大影响力。以为人所熟知的西王母神话为例，西王母在《山海经》中原形是昆仑之丘，外貌是"豹尾虎齿、蓬发戴胜"的人兽；战国时期《穆天子传》中西王母已蜕变为贵妇人，自《汉武帝内传》至元明时期"三教源流"类书中，西王母更"人神同形"变而为瑶池金母，成为道教中地位崇高的女仙。即使时至今日，民间巫术想要请神押煞，常施五营符以调遣天界五营兵将，请来东方青龙、北方玄武、西方白虎、南方朱雀及中坛元帅（哪吒），分镇四方及中央。[1]四灵符号，汉代之后始终存活于民俗文化中，未曾退隐。值得注意的是位居四灵之尊，龙、虎、凤三者始终停留在神话时期的动物形象，改变不大，唯有北灵玄武独领风骚，在帝王、道士及民间传说的推力下不断变身，蔚为大神，而玄武的原始形象，却在历史的迷雾中日益朦胧。

---

[1] 程灵凡：《符咒研究》，台北：龙吟文化出版公司，1983年，第158页。五营兵将或另有所指。

图 1-7　战国曾侯乙墓出土衣箱盖
lh1041：《考古、盗墓和风水（四）
——上古墓葬》www. fengshui-chinese.
com（2005-8-21）。

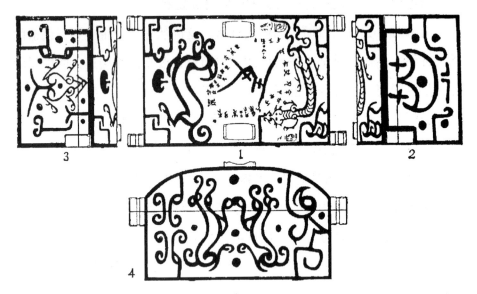

图 1-8　曾侯乙墓衣箱四面图案的平面绘图
lh1041：《考古、盗墓和风水（四）——上古墓葬》
www. fengshui-chinese. com（2005-8-21）。

四、以四灵信仰开显的玄武神

（一）四灵动物的多种组合

先秦到汉初，曾有龙、虎、凤、龟、麟、熊等六种动物参与四象、四
灵或四神的神兽组合，从这些组合的变易现象中，可知四灵的名称与神

兽都曾历经一段酝酿调整的过程，至汉中叶而后才逐渐产生普遍认同的定说。四灵的神兽群中，东龙、西虎二兽最早出现。1978 年夏，考古工作者在湖北随县（今随州市）发掘的战国早期曾侯乙墓，出土一件"二十八宿"天文图的漆木衣箱，衣箱盖上，中央是篆书的"斗"字，代表北斗星，中央"斗"字，笔画向四方延长，分指四象。四周以较小字体写着二十八宿的名称，二十八宿东侧绘龙、西侧绘虎（图 1-7、图 1-8）。

又，1987 年在河南濮阳西水坡一带，发现仰韶时期（距今约 7000—5000 年的新石器时代）的墓葬器物，其中有三组用蚌壳堆塑的动物图形，都是人体东侧为龙，西侧为虎，龙虎皆作飞奔状。[1]张光直（1931-2001）借用古道教的用语，将中国古代宗教美术中常见的一个象征即人兽相伴的形象，称之为"巫跷"[2]，人即是巫，兽即是跷，巫觋常需凭借神话动物的助力以

图 1-9　45 号墓"蚌壳龙虎图"，以下方为北。左为实物图，右为平展绘图

孙德萱、李忠义：《濮阳西水坡蚌壳龙虎图案研究述评》，见《河南文物考古论集》，郑州：河南人民出版社，1996 年。

---

① 孙德萱、李忠义：《濮阳西水坡蚌壳龙虎图案研究述评》，见《河南文物考古论集》，郑州：河南人民出版社，1996 年，第 18 页。

② 张光直：《中国青铜时代·第二集》，台北：联经出版事业股份有限公司，1990 年，第 91—97 页。

图 1-10　麟、虎、凤、龙四灵，有麟而无龟

王钟陵：《中国前期文化——心理研究》，重庆：重庆出版社，1991 年。

通神，上天入地，与鬼神来往，人体东侧的蚌龙、西侧的蚌虎，即是张光直所称的龙跻、虎跻。濮阳西水坡 45 号墓所葬"壮年男士"（图 1-9），除了身躯东西侧有龙、虎为"跻"之外，北边（脚骨）是用蚌壳堆成的三角形和两段人胫骨，代表北斗斗柄东指龙首。从曾侯乙墓二十八宿的漆木衣箱与濮阳西水坡的壳塑看来，星宿北斗的信仰渊源深远，然而作为北宫代表的玄武尚未形象化、角色化，两处的北斗图都未出现龟或龟蛇的图像。换句话说，从目前的考古材料来看，还没有发现先秦之前的玄武造型。

有关四灵动物，《周礼·考工记》提出龙、凤、熊、龟蛇四兽[1]，以龟蛇连称，有熊而无虎亦无麟。《礼记·礼运》谓："何谓四灵？麟、凤、龟、龙，谓之四灵。"正式拈出"四灵"一词，以龟与麟、凤、龙相配，有麟而无虎；也有北方是以头上有角、外形像鹿的麒麟（或双麒麟）为代表（图 1-10）[2]，有麟而无龟；司马迁（前 145 或 135？—？）《史记·天官书》谓四宫是"东宫苍龙、南宫朱鸟、西宫咸池、北宫玄武"[3]，四宫中没有白虎而有咸池，咸池是五谷之星，主秋季，并不是动物，却含有形象为白虎的参星。这些记载都与后世流传最广的"龙、凤、虎、龟

---

①郑玄注：《周礼·冬官·考工记》，《百部丛书集成》本。台北：艺文印书馆，1967 年，第 16 页。

②迄今尚未见汉代及先秦以"麟、虎、凤、龙"组合为四灵的文献记录，但在古器物与图像上，如周代虢国四象铜镜、曾侯乙墓漆箱侧盖及汉瓦当上，麟或居于四灵之一。

③泷川龟太郎：《史记会注考证》，台北：中新书局，1977 年，第 27 卷，第 459—463 页。

蛇"之说并不一致，真正为后世采用的四灵动物，却是同出于《礼记》的《曲礼》篇，述及行伍布阵曰："行，前朱鸟而后玄武，左青龙而右白虎。"①四神兽成为行军带队的军令标志，虎挤入排行，熊与麒麟则掉出榜外。将这些文献资料加以比对，可知从春秋到秦汉之初所崇拜的星宫尚没有完整一致的四灵观念。

西汉中晚期到东汉，五德终始与五行生克说盛行一时，汉人将方位、物质元素、季节、颜色等等自然因素配上神灵异兽，与五德五行勾连，建构一个同源、对应、互感的神圣时空模式，将自然界的东南西北、春夏秋冬与青红白黑等颜色、龙凤虎龟等灵物系统化、秩序化，一一对应形成体系，这个形而上的神秘体系以汉初刘安（前179年—前122）《淮南子·天文训》的规模最为宏大周全，足为代表。《天文训》中以五行概念为核心，五方配五行、四时、五帝、五神、五兽（苍龙、朱鸟、黄龙、白虎、玄武）②，四兽中间加上有些突兀地代表中央之帝的黄龙，以便符合五行：

> 东方木也，其帝太皞，其佐句芒，执规而治春，其神为岁星，其兽苍龙，其音角，其日甲乙。南方火也，其帝炎帝，其佐朱明，执衡而治夏，其神为荧惑，其兽朱鸟，其音征，其日丙丁。中央土也，其帝黄帝，其佐后土，执绳而治四方，其神为镇星，其兽黄龙，其音宫，其日戊己。西方金也，其帝少昊，其佐蓐收，执矩而治秋，其神为太白，其兽白虎，其音商，其日庚辛。北方水也，其帝颛顼，其佐玄冥，执权而治冬，其神为辰星，其兽玄武，其音羽，其日壬癸。③

以此建构出一个井然有序的天人合一、天人感应的体系：

---

① 陈澔：《礼记集说》，台北：世界书局，1967年，第13页。
② 刘安：《淮南子·天文训》，台北：新文丰出版公司，1978年，第4—5页。
③ 刘安：《淮南子·天文训》，台北：新文丰出版公司，1978年，第4—5页。

五行	方位	四时	天帝与佐臣	星神	灵兽	明堂之制
木	东	春	太皞 句芒	岁星	苍龙	青阳
金	西	秋	少昊 蓐收	太白	白虎	总章
土	中央		黄帝 后土	镇星	黄龙	大庙
火	南	夏	炎帝 朱明	荧惑	朱鸟	明堂
水	北	冬	颛顼 玄冥	辰星	玄武	玄堂

　　五行是将自然界五种基本元素的律则加上人事秩序而形成的一种人文结构，特定的方位神祇与宇宙元素、季节、颜色、动物、神灵及时政形成一个同源、同构、互感的庞大系统，各有神祇管辖一方，东、南、西、北四兽与四季、五行结合起来，架构了中国原始时空思维模式。远古时期的天帝如太皞、少昊等形象模糊，天帝的驱兽却色彩鲜明，生猛灵动，足以展现神秘的超自然力量，因而，五行系统中多以灵兽作为各种文化事项的图像。

图1-11　苍龙、白虎、朱雀、玄武四灵，皆西首而东尾
李亦园主编：《中国神话》，台北：地球出版社，1977年。

图1-12　汉画像砖苍龙、白虎、朱雀、玄武四神
王小盾：《中国早期思想与符号研究——关于四神的起源及其体系形成·上》，上海：上海人民出版社，2008年。

（二）从北宿玄武到玄武大帝

　　四灵之说经历整合与定位，逐渐尘埃落定，"龙、虎、凤、龟蛇"胜出成为定说。青龙、白虎、朱雀、玄武的神兽形象成为具有灵异性的神圣符号（图1-11、图1-12），使原本的星空光影幻化为生动威猛的动物图样。

图1-13　汉画像石米脂墓门楣中的四灵

中国画像石全集编辑委员会编：《中国画像石全集5》，济南：山东美术出版社，2000年。

汉代崇尚厚葬，许多出土汉墓以壁画与浮雕作装饰，这些专为逝者设计的墓室壁画中，有相当大的比例是摹画墓主升天，有镇墓兽驱邪，青龙、白虎等四神分踞四方。据山东苍山一座画像石刻的题记，很仔细地对后汉时期一位贵族棺椁的图像作了一番解说：

> 元嘉元年（151）八月廿四日，立郭（椁）毕成，以送贵亲。魂灵有知，怜哀子孙。治生兴政，寿皆万年。簿疏郭中，画观后当。朱爵对游（仙）人，中行白虎后凤凰。中直柱，双结龙，主守中溜辟邪殃。……使女随后驾鲤鱼，前有白虎青龙车，后即被轮雷公君，从者推车。[1]

墓石中出现的图案（图1-13），若非防止鬼怪的侵扰，保护死者的亡灵，就是导引升天，追求死而不朽。

三国时期著名的命相家管辂（208—256）据茔墓方位，仔细观察四神构图，判断毋丘俭的后人必遭灭族大祸，果真应验：

> 辂随军西行，过毋丘俭墓下，倚树哀吟，精神不乐。人问其故，辂曰：林木虽茂，无形可久，碑诔虽美，无后可守。玄武藏头，青龙无足，白虎衔尸，朱雀悲哭，四危以备，法当灭族，不过二载，其应至矣。[2]

---

[1] 蒲慕州：《墓葬与生死——中国古代宗教之省思》，台北：联经出版事业股份有限公司，1993年，第202页。

[2] 陈寿：《三国志·魏志·管辂传》，台北：鼎文书局，1990年，第825—826页。

堪舆家观察墓穴，配合方位有四势之说，郭璞（276—324）论葬穴的凶吉："地有四势，气以八方。故葬以左为青龙，右为白虎，前为朱雀，后为玄武；夫玄武拱北，朱雀峙南，青龙蟠东，白虎踞西。四势本应四方之气，而穴若位乎中央，故得其柔顺之气则吉，反此则凶。"①据汉画像石的大量出土与研究，四灵图像多见于皇公贵族墓石坟室之中，然而究其根底，神兽四灵并非豪门巨室葬丧祝祷所专用，更因民间道教的推助发用而流通。道教绘制的《存想通神图》中，修行者静想人体器官进行呼吸吐纳，并与方位一一对应，闭目静心，一呼一吸时存想某种幻异景象：右眼出太阴（月）、左眼出太阳；吐纳作"呬"时，自肺从鼻出白虎；作"嘘"时，自肝从眼出青龙；作"嘻"时，由胃里飞出九只白鹤在头顶翱翔；作"呵"时，自心从口飞出朱雀；作"吹"时，自肾从耳跃出玄武；作"呼"时，从脾下出五色狮子。五脏之气从五窍排出后，个人身体上下四方存想有青龙、白鹤、朱雀、玄武等灵兽为神界使者，守护四方，四灵神兽成为道教潜心修炼时幻构的神通意象。②

宋真宗时（998—1022 在位）因"醴泉观"事件，玄武神的造型受到注意，当时的理学家朱熹（1130—1200）前后数度提到玄武神的模样，认为玄武一如四灵中其他三灵，都是星群排列形肖兽形而得名，对当时流传的北宫玄武绘成人形大不以为然：

> 真武非是有一个神披发，只是玄武。所谓"青龙、朱雀、白虎、玄武"，亦非是有四个恁地物事，以角星为角，心星为心，尾星为尾，是为青龙。虚、危星如龟、腾蛇在虚危度之下，故为玄武……③

① 郭璞：《刘江东家藏善本葬书》，《百部丛书集成》本，台北：艺文印书馆，1967 年，第 13 页。

② 彭文勤等纂辑：《元始无量度人上品经法》卷一，见《道藏辑要》亢集七，台北：考政出版社，1971 年，第 25 页。

③ 黎靖德编：《朱子语类》第八册，北京：中华书局，1988 年，第 3290 页。

又说：

> 真武，本玄武……玄，龟也；武，蛇也。此本虚、危星形似
> 之，故因而名。北方为玄、武七星；至东方则角、亢、心、尾象
> 龙，故曰苍龙；西方奎、娄状似虎，故曰白虎；南方张、翼状似
> 鸟，故曰朱鸟。今乃以玄武为真圣，而作真龟蛇于下，已无义
> 理。而又增天蓬、天猷及翊圣真君作四圣，殊无义理。[①]

强调玄武只是天空中排列起来像龟、蛇的星群，并不是个披发人形的神。朱熹不仅对玄武披头散发的神貌不以为然，且斥责道教四圣之说编造得毫无道理，殊不知四圣之说虽然在历史上偶一浮现，但玄武声势受四灵、四神、四圣之说的提携，此后更扶摇而上。成书于明万历二十一年（1593）的金陵富春堂本《搜神记》中，玄天上帝位列神榜第二十位，晚明刊本《三教源流搜神大全》中的玄天上帝，已提升到道教神榜的第七位。

"醴泉观"事件，是玄武由兽形转人身很重要的时间观察点，也是帝王合道教之力对玄武作了一次成功的塑型，今日以玄天上帝为主神的寺庙中，都以玄武"被发黑衣，仗剑蹈龟蛇，二侍者执黑旗"（图1-14）为标准造型。从天龟、龟蛇到手持宝剑脚踏龟蛇，中间有着巨大的意象落差，神形改装固不待言，有趣的是，玄武长发四散的"被发"外貌，有异于一般神仙端整的打扮，《北游记玄帝出身传》（简称《北游记》）加以解释说："一日祖师于岩上梳头，忽然想起血身无用，自觉意懒，头亦不梳，撇回后面。"想要将自己的血身跳下深崖，弃于流水，没想到这时天书却正好传到，接过天书，玄武神心回意转想梳头，却梳不动。原来按天庭的规矩，是"天书到后，形不能改"[②]，从此玄武神就以顶着四散长发的独特造型（图1-15），行走四方，反而更见神威。

---

① 黎靖德编：《朱子语类》第八册，北京：中华书局，1988年，第3006页。

② 余象斗：《北游记玄帝出身传》，见《明清善本小说丛刊》第四辑，台北：天一出版社，1985年，第18—19页。

图 1-14　宋真宗时，醴泉观得龟蛇，道士以为真武神出现，绘其像为北方之神，被发黑衣，仗剑蹈龟蛇，从者执黑旗，自后奉祀益严①

王秋桂：《绘图三教源流搜神大全》，台北：联经出版事业股份有限公司，1980 年。

图 1-15　玄武尚黑，披发黑衣，不怒而威

台湾历史博物馆：《道教文物》，台北：历史博物馆，1999 年。

　　当今大多数奉祀玄武的庙寺，都以此为定本。但是被踩在玄武脚下的龟蛇，却尚有改造与发挥的空间，余象斗《北游记玄帝出身传》中，龟与蛇成为周公与桃花女缠斗不休的元身。桃花女故事流行的明清两朝，北京一带的玄武庙，神像两旁多塑造周公与桃花女像。明成祖建武当山宫观，正殿紫霄宫中供奉的玄武及其陪祀，是玄武信仰发展到最高阶段的经典造型，除了玄武本尊身着龙袍，脚踏云履，手持宝剑外，更发展出系列的分身群：

---

　　①赵彦卫：《云麓漫钞》卷九，《百部丛书集成》本，台北：艺文印书馆，1967 年，第 1 页。

另有四尊御制铜铸鎏金真武像，一尊为武身像，另外三尊分别为老年、中年、青年时代像。龛内侍神为周公、桃花女。龛下左列金童、岳天君、温天君；右列玉女、太乙、赵天君、关天君等铜铸鎏金像。[1]

玄武尚黑，一般庙宇中神祇的配色若非金碧闪耀，就是华彩缤纷，很少突出单一黑色，然而，北方幽冥是个黑色王国，玄武披黑发着黑衣，从者执黑旗。明永历十六年至二十三年（1662—1669）间，郑成功在台南东安坊创建的真武庙，庙内大门、廊柱、旗帜皆作玄黑色，此一忠于原色的表现也成为有别于其他庙宇的特色。

---

① 沙铭寿：《洞天福地——道教宫观胜境》，成都：四川人民出版社，1994年，第163页。

第二章　玄武龟蛇双首勾环图像探赜

　　玄武信仰始于北方烨烨星群，从独体龟到龟蛇再到玄武大帝脚踏龟蛇，龟蛇双首勾环回视形象上的文化与美学意义，须从著名的"虎食人卣"谈起。近代学者如张光直等认为神兽张口吞咽人首，代表贯通生、死或天、地两个不同的世界，称"人兽母题"，并非描述猛兽食人。玄武龟蛇双首的玄奇形象，固然与原始龟崇拜及吞咽生死之母题有关，然而，就造型而言，龟蛇头口相向"勾环"的特征，隐然吻合工艺上"集中性"与"弧线美"的原则，展现先秦时代"深其爪、出其目、作其鳞"的帝王美学。换句话说，夏商以来动物图像的各种礼器，多用于祭祀与争战，原为强调神权与君权的天威天怒，可视为当代政治权力的象征品。

　　对于动物纹样意义的诠释，除了对对象的本身特征——玄武的龟蛇交尾与头口对峙——提供合理的解释之外，也必须顾及器形与纹样构成的通则与整体社会文化发展的阶段性意义，即时代文明与文物中的历史事实。在社会文化上，汉代崇尚厚葬，观察墓室中四灵的图像与四灵出现的位置，龙、凤及虎三者多居墓主左右及上方，作腾升之状，而玄武多居下方，有固守之势。追踪玄武图像与文化意涵的演变，可观察一个民族信仰心理所投射的预成图式及其阶段性发展，龟蛇合体的奇异形象与超自然意味，在潜意识中满足了人们对神明的需求与对玄秘意象的崇仰之情。

一、人兽母题与兽面纹

（一）神话意象的巫术效果

巫术中最普遍的手法就是模仿，所根据的原理就是相似律，利用画像、雕刻、塑像等巫术手法与神异的对象物相似，以此转移或袭取对方的能量。这些被视为具有巫术力量的圣物，不一定是顶礼膜拜的对象，也可能是心所憎恶、恐惧的怪物，模仿绘画下来，把好动且难以控制的野兽变成静止的图像，把变化莫测、令人恐惧的精怪变成可以辨识的对象，加以沟通、控制，就是原始的绘画、雕刻等图像艺术的源起。古神话中有白泽神兽传说：

> 帝巡狩，东至海，登桓山，于海滨得白泽神兽，能言，达于万物之情。因问天下鬼神之事，自古精气为物，游魂为变者，凡万一千五百二十种，白泽言之，帝令以图写之，以示天下，帝乃作祝邪之文以祝之。[1]

模仿巫术最初的动机不是为了欣赏或审美，而是祈求巫术效能，具有仪式及宗教上的意义，以图画真被视为具有魔力的圣物及祝咒。通常原始艺术不带有叙述性质，它是一种视觉的开展，但它谜样荒渺的氛围，常使人直觉性地感受到久远的历史气息。许多学者都尝试找出玄武以龟或龟蛇为形的诠释，玄武兼具独体龟与合体龟蛇两种造型，其中隐含了一个过程，是一种由独体到合体的历时性呈现，它本身见证了巫术思维的不同阶段。据岑家梧（1912—1966）的说法，一般图腾信仰，对于图腾动物的摹写是写实体，由图腾制转为初期氏族制的转型期间，一切绘

---

① 张君房：《云笈七签》卷一百引《轩辕本纪》，上海：上海古籍出版社，1989年，第683页。

画雕刻，逐渐变为幻想性的简省体，即半人半兽或合体动物①。就艾兰
（Sarah Allan）对殷商青铜器上刻画龟纹的观察，可以作为很好的佐证：

　　殷商青铜器上的动物纹饰多是合体，但龟，还有其他很少几
类动物却是独体的，刻画逼真的。②

　　龟与龟蛇并存是一段"自然的拟人化"或"自然的人文化"的早期
历史。换言之，龟蛇图腾画像，兼有审美与崇拜双重性质，而不只是原
始崇拜的简陋粗胚。源于视觉联想而产生的早期艺术，通过图腾美学"由
生存欲求、神秘崇仰及具象感知三层心理"③的交互作用，产生一种心灵
视像。刘向（前77？—前6）形容四灵"麒麟、凤凰、灵龟、神龙"，说
麒麟是"麇身、牛尾、圆顶、一角"，凤凰的样子是"鸿前麟后，蛇颈鱼
尾、鹤颡鸳腮、龙文龟身，燕颔鸡喙"，形容灵龟是"似金似玉、蛇头龙
翅"，形容神龙则用语较抽象："能为高、能为下、能为大、能为小、能
为幽、能为明、能为短、能为长……动作灵以化。"④这是以文字作媒介发
挥巫术情感所呈现的视觉幻想，然而无论图画或摹写，幻觉动物基本上
采取"分裂再现"或"动物杂交"手法造成变形，使物体本身内在的骚
动产生动感与生命力，使物像比现实生物更具超越意义，在潜意识中满
足了动物神崇拜的需要。人们印象中行动徐缓的龟，以流动蜿蜒的线条
强调了它的动能，龟与蛇相缠后两头近距离相对，四目相视，各自张大
巨口，一些更细致的构图则绘出互吐舌信，互缠相斗的凶猛意味，足以
发挥更大的巫术效果。

　　一般神话性艺术都有怪异的风格，脱离动物的原始造型，将许多特
征加以夸张，突显身躯蜿蜒翻腾、狰狞恐怖的模样，反映的正是人们眼

①岑家梧：《图腾艺术史》，板桥：骆驼出版社，1987年，第187页。
②艾兰（Sarah Allan）：《龟之谜——商代神话、祭祀、艺术和宇宙观研究》（*The Shape of the Turtle: Myth, Art, and Cosmos in Early China*），汪涛译，成都：四川人民出版社，1992年，第121页。
③郑元者：《图腾美学与现代人类》，上海：学林出版社，1992年，第64—65页。
④刘向：《说苑·辨物》，台北：台湾商务印书馆，1977年，第624—625页。

中瞬间生死、变动不居的残酷自然。艾兰（Sarah Allan）指出：这些神话性艺术本身就是一种怪异，是现实的一种变形。通过分解、双体或多体合形和变形，借以引起一种神圣之感与信仰上的威力，将原本不相干的动物重新组合，以一种动物为主要纹饰，再换上其他动物的特殊部分。这些纹饰母型，可能会不断地演变，但每一种模样都是从前一种模样演变而来，留下传统情感而添上时代新思维。[①]

探索双头怪兽可以被民众接受成为除魅辟邪的神圣符号，须从著名的日本泉屋博物馆与巴黎西弩奇博物馆所藏的一对"虎食人卣"（图2-1）谈起。张光直将商周以来青铜器上的动物纹样分为两类：一是自然界存在的动物；一是神话动物，如龙、肥遗、饕餮等。饕餮之名本于《吕氏春秋·先识》："周鼎著饕餮，有首无身，食人未咽，害及其身。"[②]将猛虎食人与饕餮食人未咽的意象作联结，殷商时期"虎食人卣"器物的整个

图2-1 殷商后期"虎食人卣"

林巳奈夫：《神与兽的纹样学——中国古代诸神》，常耀华等译，北京：生活·读书·新知三联书店，2009年。

造型作猛虎踞蹲状，前爪攫一人头。又，安徽阜南出土尊上的虎食人头纹饰，亦作两虎共食一人头（图2-2）。后人将青铜器上表现类如虎兽的头部，或以兽的头部为主的纹饰，都称为饕餮纹。

饕餮可说是与龙、凤齐名的神话性动物，当今学者对于饕餮纹的象征意义作了不少探索，推翻了前述猛虎食人与饕餮食人的观点，其中广

① 艾兰（Sarah Allan）：《龟之谜——商代神话、祭祀、艺术和宇宙研究》（The Shape of the Turtle: Myth, Art, and Cosmos in Early China），汪涛译，成都：四川人民出版社，1992年，第146—148页。

② 高诱注：《吕氏春秋》，上海：上海书店，1992年，第180页。

为学界接受的一个假设性论述是：商周神话与美术中的动物，都具有宗教与仪式上的意义，环太平洋地区原始美术中常出现"亲密伙伴"的母题，学界称作"人兽母题"，饕餮纹即是"人兽母题"①演化而来，它的形象是单体动物，却暗含着人巫与灵兽结合的意味，象征巫师灵魂与通灵动物的灵魂合而为一。②饕餮纹的创造者巧妙地利用形象相对与并列的暧昧互含，把既完整又分裂的兽面融而为一，造成一种列维－斯特劳斯（Claude Levi-Strauss，1908—2009）所说的"视觉相关"的效果，打破对具体形象的摹拟，以增强视觉的焦虑与心理的恐惧，每一种怪诞的形象都是人们心目中鬼怪精灵与神圣之物的化身。从心理学的角度探讨宗教现象的学者如鲁道夫·奥托（Rudolf Otto，1869—1937）、墨独孤（William Mac Dougall）等都曾指出：恐惧是激发敬畏与崇拜等复杂情绪的要素，在一切宗教领域都产生重要作用。如果艺术源于原始宗教之说可以成立，则图腾可称为最早的艺术之"蛹"，凶猛的图腾物在视觉上产生的冲击，使心灵的幻象更能汲取图腾圣物的神力，造型艺术讲究对称、对比、节奏、变化，而汉代以来流行不衰的四灵图样，更以曲折有力、矫健若风的线条形成美感的最高点。

（二）佐兽——同一个体的另一半

所谓"虎食人卣"之器，不是猛虎食人，而是人巫与矫兽相结合，虎神张口所含之人，身上饰有兽面纹和蛇纹，手掌自然舒展，神态安详，推论不是俘虏，不是奴隶，也不是戴罪受惩者，而是上通神灵的巫师，将人头放置在饕餮张开的巨口间，并不是饕餮"食人未咽"，而是表现巫与兽的亲密伙伴关系，这座虎人卣是模拟巫人通过虎腹升天的情境。张光

---

① 张光直：《中国青铜时代·第二集》，台北：联经出版事业股份有限公司，1990 年，第91—97 页。

② 郭净：《中国面具文化》，上海：上海人民出版社，1992 年，第87—96 页。

直说:

　　张开的兽口,在世界上许多古代文化中都作为把两个不同的
世界(如生、死)分割开来的一种象征。这种说法与我们把怪兽
纹样作为通天地(亦即通生死)的助力的看法是相符合的。这几
件器物所象的人很可能便是那作法通天中的巫师,他与他所熟用
的动物在一起,动物张开大口,嘘气成风,帮助巫师上宾于天。①

日本学者林巳奈夫(1925—2006)十分认同此观点,他以泉屋博物馆

所收藏的"虎食
人卣"为例,认
为虎口中的人,泰
然自若,并无与
虎相搏的表情,而
散发裸体,正是
当代神巫或神灵
专有的造型,虎

图2-2　安徽阜南出土尊上图案
张光直:《美术、神话与祭祀》,台北:稻乡出版社,1993年。

是通天的伴兽,虎口中的人首是"配享于帝的祖先之灵魂"②。一个虎头和
被分为两半左右对称的虎身(图2-2),虎口之下有一正面人形,是商朝中
期的典型风格。所以将人头放置在饕餮张开的巨口间,并不是饕餮"食人
未咽"。分为两半左右对称的身躯和张开的兽口,在许多古文化中都代表着
生、死或神、人两个不同世界的通道,是太平洋区原始艺术常见的"同一
个体的另一半"(alter ego)的母题(图2-3、图2-4),或称为人兽复合图
腾。③

　　①张光直:《中国青铜时代》,台北:联经出版事业股份有限公司,1983年,第379页。
　　②林巳奈夫:《神与兽的纹样学——中国古代诸神》,常耀华等译,北京:生活·读书·新
知三联书店,2009年,第150—153页。
　　③张光直:《中国青铜时代·第二集》,台北:联经出版事业股份有限公司,1990年,第
107—108页。

图 2-3 茨姆申人（Tsimshian）熊画
列维-斯特劳斯：《结构人类学》，陆晓禾、黄锡光等译，北京：文化艺术出版社，1989年。

图 2-4 海达人（Haida）熊画
列维-斯特劳斯：《结构人类学》，陆晓禾、黄锡光等译，北京：文化艺术出版社，1989年。

在中国古神话中则以巫师驾乘或操弄成双成对的佐兽形象出现。如《九歌》中的河伯是驾两龙[①]，《山海经》中描写东方句芒、西方蓐收、南方祝融、北方禺强与夏后开各神上下交通都是乘两龙扶摇而上，通民神的巫觋则是乘两龙或握、操、佩、珥两蛇，使四鸟，与商周礼器将张巨口的动物置于人头或人身之两旁的意义是一样的。如是说来，京都与巴黎两个"虎食人卣"的命名使人产生误解，它所表现的人兽关系，不是叙述猛兽食人，而是表现人类亲密的兽侣，是"同一个体的另一半"，在原始艺术中，这另一半常以动物的面目表现巫与佐兽的伙伴关系。[②]

针对上述有关兽口吞咽与佐兽成双出现等母题，学界衍生两种迥然不同的论述，其一主张此类母题乃古老信仰的残存，如郭静云所持的双嘴夔龙信仰说，双龙是双嘴龙演变而成的崇拜符号，双龙表现神生神杀的象征性造型，具有强烈的宗教目的（详见第一章第三节）。另一派则从几何构图着眼，如美术史学者李济（1896—1979）的装饰说，部分美术

---

① 吴福助：《楚辞注绎》，台北：里仁书局，2007年，第217页。
② 张光直：《美术、神话与祭祀》，台北：稻乡出版社，1993年，第70—71页。

史学者相信饕餮纹或人兽纹样是从镶嵌艺术和分剖纹样的手法中演变出来的，是装饰性的几何纹样，并不具有宗教或意识形态上的意义。李济指出：古代工匠在平面上表现立体造型时，是将立体的动物分剖为相等的两半，拼成左右平面。这种新的纹样进一步的演变，是将同一动物的身体各部分予以重复，或两种动物的某些部分相互配合，夸张表现身体的某部分，形成各种复杂奇异的纹样。[①]如人的双臂以鸟的双翼代替，鸟嘴由兽面的鼻尖代替，以兽面羊角代替玉神人的阳物等等，造成列维－斯特劳斯所说的"视觉双关"的效果，使神兽看来既是两只侧面半兽又是一只正面全兽，既是有双翼的人又是有人躯的飞鸟。就中国最普遍流传的图案而言，因图案手法的不同，分为饕餮纹与肥遗纹两种。

1. 饕餮纹（双头兽）

饕餮纹是将一个动物的头部以鼻子为中线剖分为二，在一个平面上向左右两边展开的图案。葛利欧（H. G. Creel）是最早对奇异的饕餮纹作出论述的学者：

> 饕餮的特征，是把兽头表现为好像被从中一剖为二，两半各向一边展开，又在鼻子中央接合……如果将两半合起来看，便是一个十分完整的饕餮。而从正面看，两眼、两耳、两角和下颚表现了两次。若遮住一半，便是一条龙的侧影。[②]（图2－5）

图2－5　饕餮纹

张光直：《美术、神话与祭祀》，台北：稻乡出版社，1993年。

---

①李济：《安阳遗址出土之狩猎卜辞、动物遗骸与装饰文样》，载《考古人类学刊》1957年第9、10期合刊，第10—20页。

②张光直：《美术、神话与祭祀》，台北：稻乡出版社，1993年，第71页。

2. 肥遗纹（双身兽）

图 2-6　双身蛇肥遗
袁珂：《山海经校注》，台北：里仁书局，1981 年。

肥遗纹（图 2-6、图 2-7）中的两个动物在头面中间接合成为一个动物的图案，这种动物多数是蛇。

李济研究安阳小屯出土铜鼎的动物饰带时，假设性地排列出动物纹样的演变序列，推论初步是两个单独的、面对面的兽纹，递次演变后成为面与面完全叠合的典型肥遗圈带，正中是一个正向的兽面，如图 2-8 的双龙（蛇）按演变序列发展为图 2-9 的双身龙（蛇），肥遗纹的特点是以鼻梁为中线，两侧展开作左右长条的对称排列。

双身蛇（龙）（图 2-10）的构图模式实际上和饕餮兽面纹的头部一剖为二向两侧展开的规律相同，前者图形常出现在器具颈部的狭长范围内，呈带状，使龙（蛇）的身躯得以充分开展，看来分外蜿蜒矫健，即所谓双体龙纹，这是图案随物变形的手法，双身龙（蛇）及双头龙多见于西周中、晚期。[①]

无论是一个头被剖为两半的饕餮，或两个身体结合的肥遗，实际上都是各种各样动物以头部为主的正视图案，近代学者多主张无论双头合并特写的饕餮纹或双身长条的龙蛇纹都可改称为兽面纹，饕餮没有身体与肥遗少了一个头，可视为图案结构的象征性省略，与所谓"有首无身，食人未咽"的说法并无关系。列维-斯特劳斯探讨亚洲与西北美洲（新西兰毛利人）原始艺术所表现的手法，提出"拆半表现"之说，使两个动物的侧面在中间联结，就是用两个毗连的侧面来显示头的正视图，这种手法与中国古代艺术中的动物纹饰作比较，几乎可以获得毫无二致的吻

---

① 马承源：《中国古代青铜器》，上海：上海人民出版社，1982 年，第 326 页。

图 2-7　肥遗纹饰

王政：《战国前考古学文化谱系与类型的艺术美学研究》，合肥：安徽大学出版社，2006年。

图 2-8　殷墟商代铜鼎上的动物纹饰

张光直：《美术、神话与祭祀》，台北：稻乡出版社，1993年。

图 2-9　殷墟商代铜鼎的动物纹饰

张光直：《美术、神话与祭祀》，台北：稻乡出版社，1993年。

图 2-10　双身蛇

王政：《战国前考古学文化谱系与类型的艺术美学研究》，合肥：安徽大学出版社，2006年。

合性。①换句话说，原始艺术中动物纹样的构成，是以头部图形为主或重复或拆半，构成以对称为主的美学通则，而本文所讨论的玄武虽然是一龟一蛇双首双嘴，并不对称，是重复或拆半通则之外的特例，却以非对称原则独树一帜，成为造型特异、饶有个性的四灵之一。

二、龟蛇双首图像的审美意义

神话与信仰是艺术最肥沃的土壤，玄武成为方位四灵的组员之一，且有机会由灵兽不断升格成为道教的玄天上帝，与龟蛇同体的玄奇造型不无关系。事实上，在图腾（动物）崇拜及其余绪未息的时代，为强调动物的神异性，动物形象的创造含有一种民众集体审美意识所投射的理想取向，可称之为集中性原则与弧线美——回首勾环。

（一）"深其爪、出其目、作其鳞"的审美观

所谓集中性原则，是指以合并、压缩、凝聚、突出本质的方式来表现动物的理想体态，撷取某种动物最具动感的部分特征，组配成一个足以使视觉产生惊奇与崇拜的艺术形象，如前引刘向对四灵动物超现实的组配手法，使变形动物得以超凡入圣。《周礼·冬官·考工记》中曾记载周、秦以来官府中的工匠在雕刻兽形上的审美要求：

> 凡攫杀、援噬之类，必深其爪，出其目，作其鳞之而。深其爪，出其目，作其鳞之而，则于视必拨尔而怒。……爪不深，目不出，鳞之而不作，则必颓尔如委矣！②

神兽在整体结构上强调曲颈回首、腾跃飞扬的张力，在细节上多强调动物的巨眼、裂口、獠牙、锐爪、尖角，这些图像历经取舍、加工、改

① 列维－斯特劳斯（Claude Levi-Strauss, 1908—2009）：《结构人类学》，陆晓禾、黄锡光等译，北京：文化艺术出版社，1989年，第80—85页。
② 陈成国点校：《冬官·考工记第六》，见《周礼·仪礼·礼记》，长沙：岳麓书社，1989年，第128页。

造，深深印记着神权、王权、奴隶主阶级的历史烙印。这些兽形之所以美，之所以具有审美特质，在于它的神秘恐怖与巨大历史力量相接合之故。而所谓"巨大历史力量"，是指洪荒大地无日无之的生存淬炼，它的根源来自于人类对原始蛮荒生存戮杀的记忆，来自于人们对天威神怒的惊悚烙痕，也来自于战争与鞭笞的血与肉。不仅是饕餮兽，即使印象中温驯的牛、羊、龟之类，也被塑造得凶猛可怕，以狰狞的形貌成为一种典型，丑怪中有美，"巨睛凝视、阔口怒张，在静止状态中积聚着紧张的力。"李泽厚形容殷商时期的青铜纹饰说：

> （青铜纹饰）特征都在突出这种指向一种无限深渊的原始力量，突出在这种神秘威吓面前的畏怖、恐惧、残酷和凶狠。……它们之所以具有威吓神秘的力量，不在于这些怪异动物本身有如何的威力，而在于以这些怪异形象为象征符号，指向了某种似乎是超世间的权威神力的观念。①

李泽厚所看到的神话动物特征是宗教性的神威神怒，张光直则更强调政治性的权力控制，认为兽面纹样普遍见之于商、周鼎彝之类的重器之上，动物纹样的严肃、威吓与神秘造型，引起民众的敬畏心理，除了与神及祖先沟通的宗教性功能之外，也意味着对知识和权力的控制，以动物纹样为主的艺术在巩固政治权力上的作用，足以与战车、戈戟、刑法等统治工具相比拟。

据考古学的分期法，夏、商、西周（约前2100年—前771年）与奴隶社会同步，天神上帝的宗教观念与王权统治紧密结合。王权、巫术与美术间的相互影响，是中国古代文明发展上的一项重要特征，也是中国文明形成的一个主要基础。②神话动物的功能在于沟通人的世界与祖先及神的世界，巫觋通神的本领常需凭借神话动物的助力：

---

① 李泽厚：《美的历程》，台北：蒲公英出版社，1986年，第35—36页。

② 张光直：《中国青铜时代·第二集》，台北：联经出版事业股份有限公司，1990年，第32—33页、第121—122页。

在古代的中国，作为与死去的祖先之沟通的占卜术，是靠动物骨骼的助力而施行的，礼乐铜器在当时显然用于祖先崇拜的仪式，而且与死后去参加祖先的行列的人一起埋葬，所以这些铜器上铸刻着：作为人的世界与祖先及神的世界之沟通的媒介的神话性动物花纹。[1]

中国史前的区域性文化，经历青铜时代的融合统一，成为东方世界独具特色的艺术造型，形成具有民族风与传统性的美学铸模。

（二）弧线美——回首勾环

中国青铜器中双龙（螭）各自回首作相顾之状的图形十分普遍，被称作"相顾式双头龙纹"。倪志云引用英国美术史家贡布里希（E. H. Gombrich，1909—2001）之言："中国艺术不像埃及人那么喜欢有棱角的生硬形式，而是比较喜欢弯曲的弧形。"说明了汉画像石的美术特质，并加以补充：

中国造型艺术对弧线的偏好一直可以上溯到仰韶文化庙底沟类型和马家窑文化的彩陶纹饰。考古学家推断马家窑文化彩陶纹饰旋转流畅的线条是使用锥状毛笔画成的。虽然由工具的特性造成作品的形式风格其间有不容忽视的因果关系，但决定艺术创造者的审美意识和艺术观念，更具有主导性。[2]

弯曲的弧线代代延承，成为中国造型艺术的一个显著特征。探讨这类回首相顾形成弯曲弧线的礼器造型，可以归纳出下列几点基本要素：（1）龙蛇的身躯较长，器物用途及用材上不易充分伸展，所以使龙蛇回首卷躯，设定在一定的单元空间之内，这是创作器物者基于构图的实际考虑。（2）动感与生命力的强调，以"一对"禽兽各作回首状（图2—11、图2—12），构成相背、对望、对视乃至对吻的状态，是春秋战国及以后

① 张光直：《中国青铜时代》，台北：联经出版事业股份有限公司，1983年，第352—353页。
② 倪志云：《美术考古与美术史研究文集》，济南：齐鲁书社，2006年，第108—109页。

图 2-11 西周中期"追簋"
丁孟主编：《你应该知道的 200 件青铜器》，台北：艺术家出版社，2007 年。

图 2-12 春秋后期"龙耳虎足壶"
丁孟主编：《你应该知道的 200 件青铜器》，台北：艺术家出版社，2007 年。

文物造型、纹饰中常用的手法，在汉画像砖中更为普遍。（3）圆形的造器上，让龙蛇或虎豹等猛兽以一种爬附的形态在器物上弓身扭颈，形成一种向上态势的回首张吻。虎狼的回首发怒、凤鸟的回首舞趾、麋鹿的回首警防，发挥了动物特性以及用图画说故事的效果。（图 2-13、图 2-14）

图 2-13 交尾龙
《中国画像石全集》编辑委员会编：《中国画像石全集 5》，济南：山东美术出版社，2000 年。

图 2-14 双凤穿壁
《中国画像石全集》编辑委员会编：《中国画像石全集 5》，济南：山东美术出版社，2000 年。

王世祯在 20 世纪 80 年代发表《中国方位之神——玄武的考据》一文中提到玄武造型，说："最古的一例便是在北魏（386—534）定州刺史尔朱袭墓志盖上，细刻出来的四神中的玄武。至如后汉永元十五年（103）郭稚文墓的四神雕刻中，则以青龙与玄武刻得尤其奇古，能令人特别感到有趣。"①然而 20 世纪 90 年代以来，古文化与神话的图像数据源源而出，美术考古的研究日新月异，较之王世祯所云最古或奇古造型的四神与玄武图并不少见。以下选择西汉（图 2-15 至图 2-19）、东晋（图 2-20）、北齐（图 2-21）、隋（图 2-22）、唐（图 2-23）、明（图 2-24）及近年（图 2-25）等各年代以龟蛇合体所创作的玄武图像并比而观，从而感受其中造型特质与玄秘崇仰的意向。

这些图像具有民族性、神秘性与亘古性的特质，流露出崇仰、感应、力动的美感。然而人类审美需求早期受制于强大的崇拜情绪，处于一种潜在的、不自觉的、朦胧的状态，所以像饕餮、苍龙或玄武等图像，于狰狞可畏之中透露着一股深沉的古老记忆，一种难以复现的浑朴之美、野性之美。我们注意到，一旦玄武完全人格化之后，具有图腾意味的玄武图像就逐渐失去了它丰溢的灵感光华，弱化成为一种残存的装饰状态，这并不是玄武神的个别嬗变，而是人们感受到动物不再具有超自然的灵力，或人越来越有力量支配动物，新的"人神同形"意识油然而生，神秘的灵感失去了信仰的基础，即外化、抽象化、规范化成为艺术造型上的样式，应用于装饰，成为带有吉祥意味的民族美术图案。对崇仰物的生存仰赖越少，它的审美性与装饰性就越趋明显。以林磬耸于 1993 年所绘制、取名瑞兽的四灵图而言（图 2-25），线条远较以往繁复，装饰意味不言而喻。

从漫长的人类文化发展史来看，以动物为中心的宗教观念——图腾

① 王世祯：《中国神话——人物篇》，台北：星光出版社，1981 年，第 45 页。

图 2-15　西汉玄武——陕西西安茂陵出土

王从仁：《玄武》，台北：世界书局，1995 年。

玄武侧面（图中下）

玄武正面（图中下）

图 2-16　汉代四灵纹印二图

王从仁：《玄武》，台北：世界书局，1995 年。

图 2-17　汉代砖石"千秋万岁长乐未央"
——玄武居下方

李亦园主编：《中国神话》，台北：地球出
版社，1977 年。

图 2—18　汉代四川芦山王晖石棺所见玄武画像石

吴增德：《汉代画像石》台北：丹青图书公司，1984 年。

图 2—19　山东所见汉代四神画像石

吴增德：《汉代画像石》，台北：丹青图书公司，1984 年。

图 2—20　东晋玄武——东晋隆安二年画像砖

王从仁：《玄武》，台北：世界书局，1995 年。

图 2—21　北齐玄武画像砖——中国历史博物馆藏

王从仁：《玄武》，台北：世界书局，1995 年。

图 2-22　隋代玄武——河南安阳出土画像石

王从仁：《玄武》，台北：世界书局，1995 年。

图 2-23　唐代玄武——唐李寿墓棺线刻画，陕西西安碑林藏

王从仁：《玄武》，台北：世界书局，1995 年。

图 2-24　明代武当山天柱峰金殿前铜铸龟蛇塑像

台湾寺庙整编委员会编：《全国佛刹道观总览——玄天上帝》，台北：桦林出版社，1987 年。

图 2-25　瑞兽邮票（1993 年 9 月 29 日发行）绘图者：林磬耸

邮票中的瑞兽为：青龙、白虎、朱雀、玄武四灵，玄武中的龟，取龙龟之形，龟与蛇的头口方向相同不相对，与传统造型不同。

崇拜——让位给以人为中心的宗教观念，人的自我意识达到了相当高的程度，已不满足于以动植物来表示神性，而要以人形来表示。玄武脚踩龟蛇的整体造型，是动物图腾人形化的完成，即弗雷泽（J. G. Frazer, 1854—1941）所谓的"图腾同样化"（Assimilation of Totem）——同化于自己所崇拜的神圣动物，从龟、龟蛇到人、神、龟、蛇的神圣复合体。玄武虽然被戏称为"由怪爬虫变成的北帝"①，却是人与图腾圣物互渗成一个复合体的完整历史过程。时至今日，玄武仍以其形象上模棱两可的谜样造型而闪烁着历史的幽光。

三、龟蛇双首图像的文化主题

（一）龟蛇双首图像的社会性因素

每一种神兽崇拜与发展过程都有其文化主题，有其集体意识的心理投射。新石器时代龟甲的随葬现象，以及流行于殷周两代的卜龟巫术，说明龟灵在殷周时代已经拥有成熟的形式和广泛的规模，然而四灵组合中相比于龙、虎、凤成双成对出现的规律，玄武多以单个独体出现，并不吻合前文归纳出来的两个特点：左右对称与佐兽成双（由神兽口含人巫简化为饕餮纹之双头兽或肥遗纹之双身兽）。前文曾提及，龟纹作为殷商青铜艺术中的一个基本母题，有异于其他多以合体出现的动物纹饰，常以单体且写实性的图像出现。此外，虽然殷商以来龟甲普遍被视作沟通神、人的媒介，《山海经》中载述巫师的动物伙伴，常见操两蛇、使四鸟、乘两龙等情境，而操龟的全书只有《海外东经》中黑身人面的雨师妾一见，显然以龟通灵的方法与以蛇、鸟通灵的方式不一样。龟纹取兆起于

---

① 刘逸生：《神魔国探奇》，台北：远流出版事业股份有限公司，1989年，第11—21页。

茫昧之初，兴盛于商周，龟背上的花纹含有许多天机，背甲上的回旋纹圈，数目不一定，常常是中心一个大圆圈，内有螺丝形母题，学者将这个大圆圈内带螺丝形的图纹称为"火纹"母题（图2-26、图2-27）。龟卜文化上下数千年，巫卜时代没落后，不但龟甲不再提供占卜之用，上圆下方、水火并济的天地宇宙之象，也变成古老的历史符号。

我们对通灵动物形象的了解，除了动物本身特征所提供的信息之外，有时也须顾及艺术造型的通则与社会文化发展的阶段性需要。就崇拜心理的演变而言，当原始泛灵崇拜逐渐集中化、趋同化，具有独特魅力及心理需求的新型神人（兽）便出现了。自汉中叶以后，龟蛇玄武的造型已具有绝对性优势，单纯的龟形已不足以支应时代的新崇信与新美学。四灵说中的青龙、白虎与朱雀的形象，都表现出一种高昂飞扬的情绪，兼具神圣与祥瑞意味；四灵、四神组合盛行一时，龟形配合时代气氛，形貌上必然也朝向"深其爪、出其目、作其鳞"与回首勾环以求弧线美的要点转变。

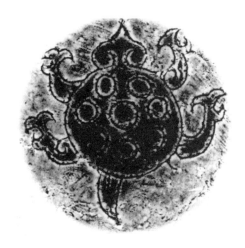

图2-26　龟甲上的火纹

马承源：《中国青铜器》，台北：南天书局，1991年。

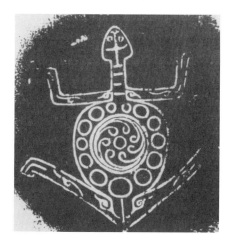

图2-27　龟鱼盘中纹

艾兰：《龟之谜——商代神话、祭祀、艺术和宇宙观研究》，成都：四川人民出版社，1992年。

图 2-28 米脂党家沟墓左、右门扉上的凤鸟
中国画像石全集编辑委员会编：《中国画像石全集 5》，济南：山东美术出版社，2000 年。

图 2-29 绥德墓左、右门扉画像中的龙、虎、凤
中国画像石全集编辑委员会编：《中国画像石全集 5》，济南：山东美术出版社，2000 年。

图 2-30 米脂党家沟墓门左、右立柱画像底部的玄武
中国画像石全集编辑委员会编：《中国画像石全集 5》，济南：山东美术出版社，2000 年。

图 2-31 神木大保当墓门左立柱画像底部的玄武
中国画像石全集编辑委员会编：《中国画像石全集 5》，济南：山东美术出版社，2000 年。

神灵的产生意味着艺术的产生，人们需要以夸张和变形的手法来制作通神的符号。汉代崇尚厚葬，许多出土汉墓以壁画与浮雕作装饰。这些专为逝者设计的墓室壁画中，有相当大的比例是摹画墓主升天，有镇墓兽驱邪，青龙、白虎等四神分踞四方。墓石中出现的图案，若非引魂升天，追求死而不朽，就是防止鬼怪侵扰，保护死者的亡灵。用于装饰墓壁和石棺的四灵图像中，最频繁出现的是龙与虎的二元组合，也有一种凤、龙及虎出现在墓门左右门扉的模式（图2-28、图2-29），玄武则常单独出现在左右立柱，发挥龟甲护卫、负重的功能（图2-30、图2-31）。

图2-32　山西离石县造型滑稽的玄武

中国画像石全集编辑委员会编:《中国画像石全集5》，济南：山东美术出版社，2000年。

图2-33　东汉时期砚滴玄武，于1991年四川蒲家镇凉水村出土

http://www.sach.gov.cn/tabid/304/InfoID/19389/Default、aspx 中华人民共和国国家文物局，2009-5-17。

就方位摆设而言，显然龙、虎及凤的职责在于为墓主引魂升天，而玄武的职能则在镇压妖邪，保护死者的亡灵。玄武位置多在全幅造图的底部，在石棺下部幽暗的空间，是阳间人世之外的幽冥之处，以汉代流行的阴阳意识为判断，东龙、西虎与南雀分居上、左与右，都属阳，而北玄武则属阴。

以离石县马茂庄二号墓的东汉晚期（147—189）画像石（图2-32）

图 2-34 朝鲜玄武（6 世纪上半期），高句丽时代，遇贤里王陵壁画

为例，离石县是整个陕西、山西汉画像石中最偏南的地区，是秦汉时期移民实边及囚徒减刑戍边之地。移民为这一带的农业开发提供了丰富的劳动力，并从中原带来了手工业技术以及诸多文化信息，也为这个地区画像石墓的营造提供了时代机缘。[①]类似四灵及西王母、东王公等原属于贵族世家的精神与文化资产，在此已有始于神圣崇拜而逐渐世俗化（图 2-33）、始于中央皇室而普及庶民百姓、始于中原而传向四方的现象，墓葬文物中的神兽四灵逐渐成为民族集体表象的一个载体，是大空间东南西北、个体空间上下左右的能量密码，是文化传承中属于全民的神话符号与方位美学。

汉代人崇拜四灵，除了在石碑、石阙、石室（祠堂）、墓室等著名的汉代画像石上刻有"龟龙麟凤之文、飞禽走兽之像"外，举凡壁画、帛画、铜镜、瓦当、印章上也都常有四灵或单一灵兽的图像，无不带有祈福禳祸的意味。在 6 至 7 世纪间高句丽三国时代的通沟舞蹈冢、梅山里四神冢、江西大墓、中和真坡里一号坟中，发现四灵壁画（图 2-34），可视为汉代之后四灵图像的另一阶段发展。四灵中青龙、白虎体态曲折多变，玄武的蛇身反复盘绕，复杂的装饰和秾艳的线条表现出高句丽本身的特色。[②]稍晚于高句丽的陕西唐墓壁画，在 1971—1973 年次第出土，墓道所出现的四神与北魏和南朝时期一脉相承，唐式彩色壁画与日本高

　　① 中国画像石全集编辑委员会编：《中国画像石全集 5 · 陕西、山西画像石》，济南：山东美术出版社，2000 年，第 3—4 页。

　　② 齐东方、张静：《唐墓壁画与高松冢古坟壁画的比较研究》，陕西历史博物馆编：《唐墓壁画研究文集》，西安：三秦出版社，2001 年初版，2003 年再版，第 240—263 页。

松冢古坟壁画（约8世纪）中的四神风格类似①，与高元珪墓画尤其相近。然而宿白所录24座西安地区唐墓壁画的内容，墓道壁画约有一半以上在东西壁上绘有表示方位与辟邪的青龙、白虎，朱雀则绘刻在石门石樗上，玄武只在墓室中零星出现。笼统而言，绘有山林城阙、仪卫队伍、飞天与云鹤等图样，更能表现出唐代壁画的时代特色，汉代墓画"常客"四灵在唐代已有解体的现象。②

（二）　龟蛇交尾与蛇体自环的原型意义

1. 龟蛇交尾

交龙图盛行于春秋战国，汉代画像石中交龙图更为普遍，这与传说刘邦母媪与龙交生高祖有关。生殖原是一切古老文化中最常见的母题，伏羲、女娲或交尾龙等神话，都可视为蛇躯交合原型的变体，是阴阳媾精化生万物的象征。（图2-35、图2-36）

据《说文解字》与《博物志》的说法，龟鼍只有雌而无雄，以蛇为雄：

龟，旧也。外骨内肉者也。从它（蛇），龟头与它（蛇）头

图2-35　羲和、常羲交尾图

王建中：《汉代画像石通论》，北京：紫禁城出版社，2001年。

图2-36　伏羲、女娲交尾图

中国画像石全集编辑委员会编：《中国画像石全集1》，济南：山东美术出版社，2000年。

---

① 墓主相传是日本持统天皇的忍壁太子，忍壁太子向往中国典章文物，所以墓葬模仿唐朝陵墓制度，墓画具有唐式彩色壁画的风格，不足为奇。

② 宿白：《西安地区唐墓壁画的布局和内容》，见陕西历史博物馆编：《唐墓壁画研究文集》，西安：三秦出版社，2001年初版，2003年再版，第57—62页。

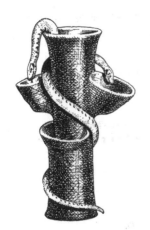

图 2-37 蛇绕容器

埃利希·诺伊曼：《大母神——原型分析》，李以洪译，北京：东方出版社，1998年。

同。天地之性，广肩无雄；龟鳖之类，以它（蛇）为雄。[1]

大腰无雄，龟鼍类也。无雄，与蛇通气则孕。[2]

龟体广肩大腰，属女性阴体，蛇则蜿蜒伸缩，属男性阳体，此即李善说"龟蛇交曰玄武"的根源[3]。东汉炼丹术士魏伯阳于《周易参同契》中谓："关关雎鸠，在河之洲，窈窕淑女，君子好述，雄不独处，雌不孤居，玄武龟蛇，纠盘相扶，以明牝牡，毕竟相胥。"[4]龟与蛇交尾的民间传说，是指雄龟缺乏生殖能力，不能交合，雌龟与蛇交配方能繁衍后代，故丈夫放纵妻子淫行者，被谴称为乌龟，元人陶宗仪诗："宅眷皆为撑目兔，舍人总作缩头龟。"[5]讽妻有外遇者。圆龟长蛇相偎的模样，可以视为负阴抱阳、男女媾精的图像来解释，交蛇乃至伏羲、女娲交尾所代表的阴阳媾精，如今由蛇和龟的交合来代表，玄武的主体是龟，蛇是添加的附属角色，龟如女性鼓胀的母腹，添上缠绕的蛇，成为雌雄同体的神物，具有"蛇绕容器"（图2-37）的原型意味[6]。事实上，蛇是一种普遍而多样的象征，《诗经·小雅·斯干》云："大人占之：维熊维罴，男子之祥；维虺维蛇，女子之祥。"[7]虺蛇象征可以表现为女性，蛇被看作生殖

①段玉裁：《说文解字注》13篇《龟部》，台北：艺文印书馆，1966年，第685页。

②张华：《博物志》卷四，北京：中华书局，1985年，第10页。

③朱熹：《楚辞集注·思玄赋》，台北："国立中央"图书馆，1991年，第134页、第345—346页。

④任法融：《周易参同契释义》第三十章，北京：东方出版社，2009年。

⑤陶宗仪：《南村辍耕录·卷二十八·废家子孙诗》，台北：木铎出版社，1982年。

⑥埃利希·诺伊曼（Neumann, Erich）：《大母神——原型分析》（The Great Mother），李以洪译，北京：东方出版社，1998年，第144页。

⑦屈万里：《诗经诠释》，台北：联经出版事业股份有限公司，1983年，第340页。

女神或阴性神，具有女性神祇的属
性，但同时也是女性神祇的男性（阴
茎）伴侣。

2. 蛇体自环

另一方面，龟蛇相环亦是衔尾
蛇的变形，衔尾蛇（或龙）是文学
叙述的常见符号，经常出现于古老
神话之中，是一个自古流传至今，交

图 2-38　咬着尾巴的蛇
翻摄自英国 *THE SUN*（《太阳报》），2009-12-18。

织多重意义的意象（图 2-38）。科学界流传一则著名的传奇故事，即 19
世纪中叶的一位德国化学家，因为梦到一条咬住自己尾巴的蛇，解开了
苦思不得的化学之谜——苯环的结构。

原子一个个站在我的眼前，像蛇一般的绕圈子，咦，这是什
么？有一只蛇咬住自己的尾巴团团转……突然光线一亮，我就醒
过来，我马上悟出苯的"环状"结构来！[1]

这是卡尔·荣格（Carl Gustav Jung，1875—1961）津津乐道的集体潜意
识发挥灵感与创造力的梦例之一。

图 2-39　衔尾蛇古玉　民间私人收藏

图 2-40　衔尾蛇古玉　民间私人收藏

---

①佛洛伊德（Sigmund Freud）：《梦的解析》（*The Interpretation of Dreams*），赖其万、符传
孝译，台北：志文出版社，1977 年，第 19 页。

图 2-41　渠县赵家坪西无铭阙玄武

中国画像石全集编辑委员会编：《中国画像石全集7》，郑州：河南美术出版社，2000年。

咬着尾巴的蛇形成一个圆（图2-39、图2-40），象征循环再生，饥饿的蛇吞噬自己，又从自体再生，也象征经历液体的加热、气化、冷却、再液化之反复再生的炼金术。深受荣格影响的神话学大师坎伯（Joseph Campbell, 1904—1987）说："有时候蛇的形象是咬着自己的尾巴形成一个圆圈。那是生命的形象，生命代代接续，散发光芒，为了不断的再生。"① 衔尾蛇也见载于《山海经·大荒北经》："共工臣名曰相繇，九首蛇身，自环，食于九土。"自环，意味着相繇（相柳）的身体构成一个头尾相接的圆圈，成为典型的"衔尾蛇"形象，自环的相繇所到之处，都成不生不长的荒原：

> 其所歍（喷吐）所尼（停留），即为源泽，不辛乃苦，百兽莫能处。禹湮洪水，杀相繇，其血腥臭，不可生谷。其地多水，不可居也。禹湮之，三仞三沮，乃以为池，群帝因是以为台。②

大禹斩杀相繇，从混乱失序中建构规范，混乱虽破坏了既定模式，却也为模式提供了新生契机，如伊利亚德（Mircea Eliade）所言：

> 巨兽是个典范性的角色，如海怪、原初之蛇等，象征宇宙之流；又如黑暗象征夜晚和死亡。简而言之，那些是象征无形式、潜在的、一切尚未成形的事物。巨龙必须被众神所征服，并撕裂成碎片，宇宙才得以诞生。③

衔尾蛇具有戏剧性的张力感，被形容为一半明一半暗，就像阴阳太

①坎伯：《神话》，朱侃如译，台北：立绪文化事业有限公司，2004年，第77页。

②袁珂：《山海经校注》，台北：里仁书局，1995年，第428页。

③伊利亚德（Mircea Eliade）：《圣与俗：宗教的本质》（ *The Sacred and the Profane： the Nature of Religion* ），杨素娥译，台北：桂冠图书公司，2000年，第98页。

极一样，包含事物的两极①，两极对立却非相互对抗毁灭，而是否极复泰、死而复苏。行动迟缓的龟，以蛇缠身添加流动线条，龟与蛇头面相对回首相望，各自张大巨口，一些更细致的构图则互吐舌信，如北齐玄武、隋代玄武、唐代玄武、朝鲜玄武等，互缠相斗又互环共生（图2-41），既对立又合作，正如人类学家的名言："混乱象征着危险与力量。"②

四、预成图式的潜存与完成

民间故事的情节发展，常循丰富化、完整化、圆满化的模式演变，从悲剧缺憾演变为喜剧大团圆，从单一母题发展为穷尽变化的动听故事。同样的，经过漫长时间的蓄积、酝酿，具有民俗意味的传统图样，也朝着预成的心理图式即丰富化、完整化、圆满化的模式演进（图2-42），预成图式源于个别后天经验所学习的形式和规范，也是历史记忆与民族集体意识的心理投射。

图2-42　民间木雕双玄武
李亦园主编：《中国神话》，台北：地球出版社，1977年。

（一）巫、道、佛三教的玄武大神图像

"玄武"二字与龟蛇合体，使玄武神具有符号学上所谓暧昧形成多义

---

① 咬着尾巴的蛇是"零"的原型，"零"是空无的象征、万物肇始的起源；如果蛇扭曲变形，就成为代表无限大的符号"∞"。

② 玛丽·道格拉斯：《污染象征秩序》，见 Jeffrey C. Alexander、Steven Seidman 主编，吴潜诚总编校：《文化与社会》，台北，立绪文化事业有限公司，1997年，第188页。

图 2-43　北魏时期的佛陀玄武石刻

王小盾：《中国早期思想与符号研究——关于四神的起源及其体系形成·下》，上海：上海人民出版社，2008 年。

图 2-44　道家炼丹鼎炉图（鼎炉即肉身，有龟蛇之形）

萧廷之撰，涵蟾子编：《金丹大成集》，台北：真善美出版社，1969 年。

的特点，符号的能指性增加，它的歧义性也就越大，玄武的神格神迹显得混乱多元却机会无穷。中国方术中举凡星占、六壬、太乙、符咒、堪舆等，都有北帝玄武的一席之地。祝咒请出北帝武身，可以差遣天兵天将，役使各路神灵；祝咒请出北帝文身，可辟邪消灾，伏压鬼气。所谓除秽恶，灭三尸，消故气，鬼魅邪精不敢接近。从早期"龟蛇四斿"配四条飘带，屈居军伍最低官阶的北宫玄武，力争上游进而成为道教大神中最具神威的驱魔大帝，隋唐五代时期的玄武图像仍以墓室壁画出现较多，在图像风格上承继魏晋南北朝时期双重交尾的构图特色，然而蛇首和蛇尾相交组成的环状结构比魏晋时期更为完整周密，使蛇身看起来像是佛陀光圈，线条流畅饱满（图 2-43），视觉上的和谐之感，接近心理学的曼荼罗（梵文"Mandala"）图形，看来如花朵、十字、车轮、圆环，这种图像也被称作"太阳轮"①，是人们潜意识中对圆融宇宙的心理构图，

① 卡尔·荣格（Carl Gustav Jung）：《原型与集体无意识》（*The Archetypes and The Collective Unconscious*），徐得林译，北京：国际文化出版公司，2011 年，第 350—352 页。

亦是人类心理小宇宙的图像投射。

道家修炼存想通神之术，要求内聚精神，不使外游，被称作内视的养生术，以肉身为炼丹之鼎炉，鼎炉有龟蛇之形，长丈余，遍体作金华之色，修行者凝神静想肉身鼎炉各处，都有神灵统领予以呵护。若将道教存想通神的情境予以模拟，《山海经·海外北经》所述的钟山之神差似（图2-44）：

> 钟山之神，名曰烛阴。视为昼，暝为夜；吹为冬，呼为夏；不饮、不食，不息；息为风，身长千里。……其为物，人面、蛇身，赤色，居钟山下。[①]

钟山之神仿佛是道家修炼存想图的拟人化、神格化。

（二）阴阳斗与阴阳交

上古时代的信仰心理，"神生"观念中的神，并没有性别意味且跨越性别的限制。原始双龙的"双"义，也并不强调雌雄分别的意味，因为双龙形象的原型并非配偶，而是一条吞吐生死的神兽，后来才逐渐演变出雌雄对偶的双性。

元杂剧《桃花女破法嫁周公》中出现的玄武神即不显男女分别的意味；清代章回小说《桃花女斗法》中以龟为阴、以蛇为阳，鼓吹阴阳和合之道；1995年台湾明华园歌仔戏演出《周公法斗桃花女》则与章回小说中的性别倒转，龟精为阳，蛇神为阴；又，洛阳民间故事《桃花女成亲辟妖邪》中桃花仙子为女性，蛇精为男性；台湾民间故事《周公斗法桃花女》则乌龟精是男子，蛇精为桃花女郎；平剧《阴阳斗法》则与明华园歌仔戏相同，龟为阳男，蛇为阴女。玄武衍生的系列故事中，不仅从雌雄无别逐渐演变成雌雄对偶，且龟蛇的阴阳性别常多变互换，隐藏着对立两极共存于一体的特点，无论是神生神杀或阴阳媾精，双身双头

[①] 袁珂注：《山海经·海外北经》，台北：里仁书局，1981年，第230页。

图 2-45 绥德刘家沟墓门左右立柱画像，伏羲、女娲交合图中出现玄武

中国画像石全集编辑委员会编：《中国画像石全集5》，济南：山东美术出版社，2000年。

图 2-46 简阳三号石棺上的伏羲、女娲、玄武

中国画像石全集编辑委员会编：《中国画像石全集7》。郑州：河南美术出版社，2000年。

之玄武都隐含人类父母或生殖之神的意味，因此，在伏羲、女娲交合图中（图 2-45、图 2-46）也会出现玄武的身影。

（三）凶煞化为祥瑞

《史记·天官书》："北宫玄武，为虚、危；危，盖屋也；虚，哭泣事也。"[①]北宫玄武虽是四灵之一，作为太阴与玄冥之神，常与墓葬等负面不吉利的意象连接，属性中潜有死亡灾殃的意味。此外《山海经·五藏山经》中，六则蛇类的前兆信仰，都被视为不祥之兆，蛇的可怕凶险不言而明。在民间传说信仰中，蛇尤其是两头蛇（龙）是凶险之物，见之不祥，如孙叔敖杀两头蛇故事[②]，民间也认为天上的虹霓是双首龙蛇所化（图 2-47）。《三国演义》开篇即说："有虹见于玉堂，五原山岸，尽皆崩裂。种种不祥，非止一端。"[③]以虹见于天预兆汉朝的衰微和灭亡。此外，一头两身被称作"肥遗"的双身蛇[④]，亦非吉兆，郭璞《山海经图赞·西

①泷川龟太郎：《史记会注考证》卷二十七，台北：中新书局，1956年初版，1977年再版，第463页。

②刘向：《新序·杂事篇》，台北：台湾古籍出版社，1997年。

③罗贯中：《三国演义》，台北：联经出版事业股份有限公司，1980年，第1页。

④李济、万家保：《殷墟出土青铜罍形器之研究》，台北："中央研究院"历史语言研究所，1968年，第69—70页。

山经》:"肥遗为物，与灾合契。"[1]肥遗也是灾凶之物。在神话谱系中，玄武是颛顼氏的属臣，早期形象凶恶，所以被称作死神、杀神。传说中的颛顼有三子，都是肇祸

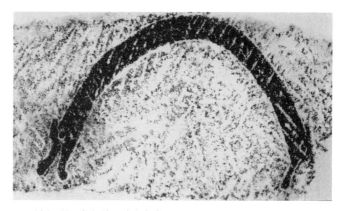

图 2-47　长虹的双头龙想象
中国画像石全集编辑委员会编:《中国画像石全集5》，济南：山东美术出版社，2000年。

之鬼。[2]民间传说认为玄武以龟蛇的怪异形状出现，会施祸于人，撞见的人甚至连累家眷数十口人相次而亡，令人生畏：

　　沈仲霄之子于竹林中见蛇缠一龟，将锄击杀之，其家数十口，旬日相次而卒。有识者曰：玄武神也。[3]

　　然而，玄武来自北方幽暗之地且有双头不祥之素质，经历四宫、四灵、四圣等民俗信仰的洗礼而日渐淡化，玄武信仰也朝着从悲到喜，从凶煞化为祥瑞的民族预成图式演进，一如《山海经·南山经》中出现的九尾狐"其音如婴儿，能食人"，原是食人的凶兽，但在汉画像石中，常有九尾狐、蟾蜍、玉兔并列于西王母座旁，以示祯祥，凶兽之说渐趋淡化，这也是神话传说由野而文的案例之一。不祥的双头玄武，在元明的婚姻类型故事中开始龟蛇分家，龟是龟，蛇是蛇，成为人身玄天上帝左右两脚的踏物，造型上也有由野而文的趋向。

　　一般神话性艺术都会有特异的风格，脱离动物的原始造型，将许多特征加以夸张，突显身躯蜿蜒翻腾、狰狞恐怖的模样，反映的就是人们

①郭璞撰：《山海经图赞》，北京：中华书局，1991年，第20页。
②干宝：《搜神记》卷一六，台北：鼎文书局，1978年，第116页。
③陈纂（号龙明子）：《葆光录》卷二，台北：艺文印书馆，1968年，第4页。

眼中瞬间生死、变动不居的残酷自然，早期神话艺术本身就是一种怪异感的投射，它的特征是分解、双体或多体合形和变形，将原本不相属的动物重新组合，是现实的一种变形，借以强调神兽的神异难测，引发人们的震慑之感，积蓄一种信仰情感上的动力。事实上，成为纹饰母型的神话动物多不固守原形，常可能因时因事有不断的改变，但每一种图样都是从前一种图样演变而来，显示传统的嬗递与新成分的加入。龟体上盘着蛇的双头玄武，神话视觉上兼有静与动、沉潜与昂扬、祥和与恐怖等对比的效能，算得上是撷长补短的饱满构图。既矛盾又和谐的异兽合体，使玄武由位阶不高的灵兽升格为通俗小说中的荡魔真君，偶或渗入佛教文化成为护法瑞兽，进而以披发仗剑的护国神在宋明两代崭露头角，又被道教吸纳成为玄天上帝，更因历史上的因缘际会，与妈祖同列台湾海域的航海神。玄武的形象在漫长的历史中屡有变化，真实反映出人们潜意识中对神明的需求与对玄秘意象的崇仰之情。

第三章　圣王神话与神迹——玄帝开显的历史过程

一、战壕里的宗教

信仰与祷告帮助人们减轻压力，在处境危急、外来威胁增加的时刻，宗教行为也会有增多的倾向。群众崇拜神明主要在于祈福禳灾、抚慰生老病死的忧患，祈雨、祈晴、避风、避旱、避火、避瘟、避贼寇等。不仅个人，事实上，举凡发生社会学紧张及重大历史变迁的时期，宗教与神话所起的作用便特别突出，近代史上就传说有几件神迹开显的事件。明成祖永乐元年（1403），郑和奉使南洋发生天妃感应事件，成祖除了敕令南京建庙奉祀外，还在澎湖海上建庙祭祀，如今，澎湖正义街"天后宫"就是台澎地区最早奉祀妈祖的庙寺[①]。清乾隆五十一年（1786）剿灭林爽文事件，台湾知府杨延理重修府城（台南）关帝庙，立碑说：

> 府城得坚守无恙者，盖贼众（林爽文起事）犯城时，辄闻庙
> 中金鼓声，隐隐似有数万兵出而撼贼，为我民呵护者。[②]

又，中法之战衅战多年，法军袭击福建封锁台湾，清军提督孙开华击退法军（1882），上表陈言祖师神助，万华"祖师庙"悬供一方"功资拯济"匾额，即纪念当时清水祖师显灵事件。[③]诸如此类神降天兵的传闻不胜枚举。马林诺夫斯基（Bronislaw Malinowski, 1884—1942）曾在土著的岛

---

① 台湾银行经济研究室：《天妃显圣录》，南投：台湾省文献委员会，1996年，第36页。
② 蔡相辉：《台湾的祠祀与宗教》，台北：台原出版社，1989年，第112页。
③ 钟华操：《台湾地区神明的由来》，台中：台湾省文献委员会，1979年，第130—140页。

上生活了许多年，对原始神话思维和巫术仪式做研究时，发现说：行使巫术是事态严重的大事，即使在原始的社会里，巫术也不是随时随地可以应用的，能以人力完成的事，就不必乞灵于巫术，然而面对超乎人力所能控制的巨大艰困，当生活充满了危机、欲望受到胁迫时，神话和巫术可能悄悄滋生。就国家或王权而言，危险、野心及后果难以预料的重大事件，都会使巫术及神话以远超于个人规格的盛大排场出现。

在安全与稳定的文明社会，神话的运作空间或被理性力量取代，但卡西勒提醒人们，在政治的领域里，人们一直活在火山带，常会有突如其来的震动与爆发，所以政治圈永远是繁衍神话的沃土。卡西勒在晚年完成的《国家的神话》(*The Myth of the State*) 中曾调侃说：神话力量不曾真正被征服过，它一直就在那里，隐身在暗处，伺机而动。在高度文明的社会组织中，因具有相对的稳定与安全，神话的动力部分被理性组织取代，但在政治上，这种平衡状态从来没有完全建立起来，因此政治中的神话作用特别发达。[1]以此来观察中国历代帝王大统的嬗递与继承，无怪乎流传各式"真命天子""天降神兵""显灵垂圣"等君权神授的传说。然而政治神话的操作，文明社会绝不能以野蛮部落的方式来满足众人，它需要难度较高的权谋方克其功。所谓难度较高的权谋，包括建构理论，使诉求正当化；必须有策划周详的步骤，层次渐进地发挥语言的巫术作用，来煽动某种心理预期和热烈感情，既是语言巫术，就不必拘泥于语文的逻辑和意义；最完美的政治操作，还需要以特定的仪式制造高潮，使整个政治神话成为一场演出。[2]

玄武神这种带有位格特质的神明，具有容易被操作的造神条件。也

---

① 卡西勒 (Ernst Cassirer)：《国家的神话》(*The Myth of the State*)，台北：成均出版社，1983 年，第 346 页。

② 卡西勒 (Ernst Cassirer)：《国家的神话》(*The Myth of the State*)，台北：成均出版社，*1983* 年，第 343—355 页。

就是说，以历史上真实的人物当大神尤其是国家神并不十分恰当，可能他当过属官，辈分轻微，不能凌驾于一切之上，有些未尽完美的遭遇，又或史书明确记载了他生活的背景，不容易当创世之神，不如通过巫觋或术士来加工，另行创造神帝。玄武的神格自汉以来就未定型，在神界的地位也含混不清，比起中央或全国性高知名度的神明来，更容易编造灵异，故神其说，也容易牵附与当权者的关系，以巩固尚未稳定的政权。它与关帝爷又不同，关帝爷虽然也属武神，但具有三国时代的历史事件作框限，因此神格分明，玄天上帝却无明显的历史事件作为背景限制，可以因时因地发挥想象力，神迹显得混乱多元却机会无穷。神话或传说是民间性的造神，而动用政治力量或国家机制造神，则需高度的权谋与机巧，从这个角度来说，所谓"国家的神话"，又被形容为"战壕里的宗教"，它常常是为了敌人而诞生的。

中国有关"天降神符"助战的故事，最早有"蚩尤请风伯雨师，纵大风雨，黄帝乃下天女曰魃，雨止，遂杀蚩尤"[1]之说，神话仙话化后，传说黄帝与蚩尤九战九不胜，有人首鸟形的玄女现身，授给黄帝百战百胜之法：

> 天遣玄女，下援黄帝兵信神符，制伏蚩尤，黄帝出军决曰：
> 蚩尤无道，帝讨之。梦西王母遣人以符授之，帝悟，立坛而请，
> 有玄龟衔符从水中出，置之坛中，盖自是始传符箓。[2]

玄女交给黄帝的神符，自天而降的叫做天书，出自道人术士的叫做符箓，至于"帝悟，立坛而请"，由玄龟衔来的即称为天瑞。天人感应、受命于天等纬书式的政治神话，一般多认为专属于汉代社会的一种特殊政治意识。深入观察，却可发现它是中国传统政治文化永恒的上层结构，

---

① 袁珂：《山海经校注》，台北：里仁书局，1981年，第430页。
② 高承：《事物纪原·卷七》符箓条，《百部丛书集成》本，台北：艺文印书馆，1967年，第25页。

虽然常以隐蔽的形式存续，却从来未因理性文明而销声匿迹，反而逐步加工成一种统治观念，一种便于操作的政治手段。冷德熙分析说，有别于《山海经》的诸神系统以及春秋战国的历史神话系统，汉代士人的谶纬之学，制造了另一个纬书政治神话体系，这个神话体系由"创世纪神话""圣王神话""圣人神话""天人关系神话"及"易纬象数"构成。[①]我们试用结构主义的母题理论作解析，此一神话体系的五个项目可以视为纬书式政治神话的五个母题，历代帝王善于在这五个母题之下做文章，或取其二，或取其三。必须辨别的是，汉代儒生所谓的"天人合德"，诉求天帝与人帝的道德交感，多少含有政治上的理想性。如果灾异频现、风雨不时，即是天命示警。异兆现象为了使人君反躬自省，以敬畏鬼神来约束帝王至高无上的权力。后世帝王却只讲祥瑞，不提灾变，只愿歌功颂德而不反躬自省，汉代以董仲舒（前179—前104）为首所建构的那套"天人感应"的宇宙图式，被选择性地运用了其中部分神话母题，即在神话体系中创造一位英雄神，英雄神特别眷顾的人选即成为真命天子、圣王、神明的代理人。历史在改朝换代时常重演汉代纬书，如"黄帝斋戒七日得箓图""梦受龙图"类的传说，时而是龙凤呈祥，时而是龟蛇献瑞。

倡导英雄主义、崇拜英雄论的托马斯·卡莱尔（Thomas Carlyle，1795—1881），素被卡西勒视为"被动服从论"的推手。卡莱尔认为，每一个新的英雄都是"神圣"的，是一种伟大无形力量的化身。如果没有这些英雄圣者，我们无以为生，一旦英雄阶级消失了，没有了这些现世与精神上的领袖，我们凡人将与世俱灭，世界是他的，他就是世界。[②]虽然卡莱尔所强调的是相当唯心的道德意志与勇气，乐观地认为人类绝对不会全然地沦于为兽性力量所支配，他的英雄主义却为野心政治家铺下红地毯，建构了"强权

---

　　①冷德熙：《超越神话——纬书政治神话研究》，北京：东方出版社，1996年，第1—5页。

　　②托马斯·卡莱尔（Thomas Carlyle）：《英雄与英雄崇拜》（*On Hero, Hero-worship and the Heroic in History*），何欣译，台北："国立"编译馆，1963年，第11—16页。

即公理"的理论基础。①卡莱尔的"英雄崇拜"具有"美学的神秘主义"的特征，导致政治领袖神格化，将强权与正义同一化，平庸者对领袖的服从成为理所当然。这与朱子解释君权的来源，认为上天观察人民为善或不善，而以福祸相应，分别以大圣或大恶的非常之人来统御百姓相合：

> 上帝降衷于民，天将降大任于人，天佑民作之君，天生物因其才而笃。作善降百祥，作不善降百殃。天将降非常之祸于此世，必预出非常之人以拟之，凡此等类，是苍苍在上者真有主宰如是邪，抑天无心，只是推原其理如此。②

两者的论点有异曲同工之处，无论是才智上或地位上的领袖，都把强人的意志视为替天行道，将领袖人物神圣化。比较起来，这与战国时季梁主张"夫民，神之主也，是以圣王先成民而后致力于神"③的逻辑是反置的，也可看出人类的文明理性未必与时俱进的历史事实。

二、圣王神话与玄帝开显

玄天上帝在明朝成为护国神，在整个民俗信仰的神谱中，成为地位不可小觑的政教神，正如所有的高阶人士一样，并非一蹴而及，而是历经了一番酝酿起渐。

《史记·封禅书》中，先后记载两则有关秦始皇（前259—前210）与汉高祖（前256—前195）的受命神话，并比而观，可以深入窥见政治英雄潜隐的自我神化、自我圣化的秘密。这两则错乱而相互矛盾的内容，未必不是作者司马迁（前145？—前86？）的春秋之笔：

① 卡西勒（Ernst Cassirer）：《国家的神话》（The Myth of the State），台北：成均出版社，1983年，第241—274页。
② 黎靖德编：《朱子语类》第一册，北京：中华书局，1988年，第286页。
③ 杜预注：《左传·桓公六年》，台北：新兴书局，1964年，第59页。

秦始皇既并天下而帝，或曰：黄帝得土德，黄龙地螾见。夏得木德，青龙止于郊，草木畅茂。殷得金德，银自山溢。周得火德，有赤鸟之符。今秦变周，水德之时，昔秦文公出猎获黑龙，此其水德之瑞……色上黑。①

秦始皇是应水德而并天下，色尚黑。当汉高祖仍属平民之身时，有赤帝子杀白帝子的传说，所以汉色尚赤，然而汉高祖东击项籍（前232—前202）而入关，问左右大臣说：

故秦时上帝祠何帝也？对曰：四帝，有白青黄赤帝之祠。高祖曰：吾闻天有五帝，而有四，何也？（臣）莫知其说。于是高祖曰：吾知之矣，乃待我而具五也，乃立黑帝祠，命曰北畤。有司进祠，上不亲往。②

公孙臣与精于律历的丞相张苍，为了汉是土德还是水德、色尚黄还是尚黑发生争执，大费周章，更易服色。汉高祖并不在意赤帝子色尚赤的传说，抢着取代秦始皇的水德，自拟为北帝，立黑帝祠，配白、青、黄、赤作五帝之祭，进一步以北为尊，在营建宫室时，取法四灵："苍龙、白虎、朱雀、玄武，天之四灵，以正四方，王者制宫阙殿阁取法焉。"③汉高帝七年，相国萧何（？—前193）营建未央宫，因龙首山制前殿，建北阙未央宫，④专门载录汉代宫殿苑囿的《三辅黄图》云："高祖七年，萧何造未央宫，立东阙北阙。"其下注释曰：

门阙，天子号令赏罚所由出也，未央宫虽南向，而上书、奏事、谒见之徒皆在北阙焉。是则以北阙为正门。而又有东阙东

① 泷川龟太郎：《史记会注考证·封禅书》卷二十八，台北：中新书局，1956年初版，1977年再版，第486页。
② 泷川龟太郎：《史记会注考证·封禅书》卷二十八，台北：中新书局，1956年初版，1977年再版，第490页。
③ 佚名：《三辅黄图》卷三未央宫条，《百部丛书集成》本，台北：艺文印书馆，1967年，第2页。
④ 葛洪：《西京杂记》卷上，台北：艺文印书馆，1967年，第1页。

门，至于西南两面无门阙矣。盖萧何立未央宫以厌胜之术。①

《史记·天官书》是记载先秦至西汉初年盛行占星文化的总归，汉统天下定于一尊后，占星术不像以往盛行，《天官书》令人瞩目的特点是将天上的星象和人间的典章制度、地上的地理方位对应起来，这三方面的对应，反映出当时人们对天人关系的认知与天人感应的想象，而星象与人事的兆应，包括改朝换代、王位继承、君臣关系、兵事战争、天子德刑、社会治乱及朝廷重要人物的生死祸福等等政治事件上。又将天上的星宿划分为五个区块，名为中宫、东宫、南宫、西宫、北宫，中宫又叫紫宫，与人间的帝王之宫相对应，上为天帝，下为天子，紫宫之外，最重要的是北斗星：

> 斗为帝车，运于中央，临制四向。分阴阳，建四时，均五行，移节度，定诸纪，皆系于斗。②

可知北斗在天文历法中的重要地位，汉人将北斗与天帝联想在一起，认为北斗是天帝御车，巡狩四方（图3-1）。所以儒家会有"为政以德，譬如北辰，居其所而众星共之"③的取譬。从汉高祖自拟为北帝，及北斗

图3-1 天帝驾北斗车巡狩图，山东嘉祥武氏祠出土画像石

吴增德：《汉代画像石》，台北：丹青图书公司，1984年。

---

① 佚名：《三辅黄图》卷二汉宫条，《百部丛书集成》本，台北：艺文印书馆，1967年，第2页。

② 泷川龟太郎：《史记会注考证》卷二七，第458页。

③ 朱熹：《四书集注·为政》，台北：世界书局，1967年，第6页。

星"运于中央，临制四向"的说法，已可发现北帝地位在汉代不仅凌越其他东、南、西三宫，且与中宫等量齐观了。在文献资料上，虽说汉代帝王并未将北帝直指为玄武，但"北方玄武"与"北宫黑帝，其精玄武"之说在汉代早已是普遍的认知。

唐代末年掀起造神风气的高潮，在宋代臻于顶峰，中国的神仙队伍基本上已定型，其后的元明两代只是将神仙加封加号为多，兴废较少，偶有零星的新神祇。宋代祠祀十分泛滥，不论什么神明，只要祝祷有所感应，都得到赐封。自宋太祖开宝（968—975）以来，凡天下名在地志，功及生民，宫、观、陵、名山大川，州、县岳渎，城隍仙佛，山神、龙神，水、泉、江、河之神及诸小祠，凡祷祈感应，有兴云布雨之灵异事迹者，动辄封赐，并大赦天下。诸神祠没有爵号的赐庙额，已赐庙额者，加封爵。初封侯、再封公、再封王；妇人神封夫人，再封妃；封号最初两字，再加四字，再加封家人。①台湾信众最多的妈祖神，也是宋哲宗时（1086）在莆田宁海圣敦开显。又自魏到唐，关羽在民间的影响并不大，宋以后关帝庙才在全国普遍建立起来，宋哲宗封关羽为"显烈王"，以忠、孝、节、义道德无亏的形象受民间香火，成为皇家的保护神。龟蛇显灵是宋真宗诸多祥瑞事件之一，却是玄武从兽形变为人神的关键，话须从宋代开国说起。

宋太祖赵匡胤（960—975在位）逐鹿中原，相传有金甲神人相助，即位不久后，就有"神降终南山"的神异事件发生，高承《事物纪原》引杨亿《谈苑》说：

　　开宝（宋太祖年号）中有神降于终南山，进士张守真自言："我天之尊神，号黑煞将军，与真武、天蓬等列为天之大将。"太

---

② 杨家骆主编：《宋史》卷一五〇，礼八，诸神祠，台北：鼎文书局，1978年，第2561—2562页。

宗即位，筑宫终南山阴，太平兴国（太宗年号）六年（981），封（黑煞神）翊圣将军。①

同时代的李攸在《宋朝事实》中也有相似的记载：

> 国初，有神降于盩厔县（今陕西周至县）民张守真家，自言："天之尊神，号黑杀大将军，玉帝之辅，帝命乘龙降世，卫护宋朝。但非栖真之士，无以奉吾教，守真有异骨，吾故降之。"②

这两则记录，在细节上是有出入的，一说黑煞神附体，一说张守真亲睹黑煞神降临。张守真每斋戒祈请，神就在冷风肃杀中降临，说话声音像婴儿，只有张守真能听得懂、讲得清。黑煞神常有神谕，教示张守真九种结坛之法，张因此以降神术闻名，创建"北帝宫"，专一设坛作法，"多有征验"。太宗继太祖之后，视黑煞神为"乘龙降世，卫护宋朝"的护国神，封为"翊圣将军"。"神降终南山"这件事，不但见于稗官野史，也见于官书正史。张守真以降神术暴享盛名，一时之间蹑武快捷方式者大有其人。而神灵显形、神明附体或天降神兵这类感应现象，不仅造就了一位与玄天上帝很有渊源的"黑煞神"的诞生，促使道教斋醮坛法的科仪国家化、典范化，也引发一桩宋朝"烛影斧声"的夺位悬案。宋太祖晚年致病，召张守真进宫降神请示凶吉，天神借张守真之口说："天上宫阙已成，玉锁开。晋王有仁心。"明言太祖之弟晋王赵光义是最理想的继位人，太祖即召见晋王，以天下社稷相托，传弟而不传子。宋太祖召见晋王当晚，无人能靠近太祖床帐，左右侍卫在暗淡烛光中感到可疑的动作与声音：

> 左右皆不得闻，但遥见烛影下晋王时或离席，若有逊避之状。既而上引柱斧戳地，大声谓晋王曰"好为之"，俄而帝崩。③

---

① 高承：《事物纪原》卷二引杨亿《谈苑》，台北：艺文印书馆，1967年，第21页。
② 李攸：《宋朝事实·道释》卷七，台北：艺文印书馆，1967年，第12—13页。
③ 陈邦瞻：《宋史纪事本末》卷十，台北：鼎文书局，1978年，第58—59页。

晋王是否弑兄篡位，是宫闱无解的秘密，太宗（976—997 在位）即位三年后，太祖子自刎而死，前事不免启人疑窦。据《宋朝事实》载，晋王听说张守真有降神异能，早已串谋夺位大计。即位为太宗后，在终南山建"上清太平宫"，内中分设若干殿，在黑煞殿中，并祀岁星、辰星、天蓬、玄武等神。据此可推知宋朝时，黑煞与玄武不是同一神祇，前者地位比后者还更荣显。

宋太宗之子真宗（998—1022 在位）加封黑煞神为"翊圣保德真君"，被史家痛责为"借神怪之说以固宠"的小人王钦若，与道士张守真相哄抬，自称看见天空有赤云排成"紫微"二字，据此编写《翊圣保德真君传》，极力渲染黑煞神忠君护国、显灵除妖事迹。[1]其间发生"澶渊会盟"一事，使真宗越加宠任王氏。

真宗与辽人在澶渊会盟（景德元年，1004），经王钦若挑唆后，深以为耻，把原来另眼相看的主盟派大臣寇准贬谪后，怏怏不乐；史书记载说："澶渊之役，钦若忌寇准功，以孤注之说进，真宗以为耻，乃谋以符命夸四裔。于是天书之事起，东封西祀，诸说并兴。"[2]王钦若揣摩真宗急于雪耻又厌战怕战的心理，故意说："陛下以兵取幽、蓟，乃可涤此耻。"果然真宗不愿意出兵轻启战端。王钦若随即说出一番意味深长的话，把神道设教之秘予以口传心授，立刻打动了真宗：

> 惟封禅可以镇服四海，夸示外国。然自古封禅，当得天瑞希世绝伦之事，乃可尔。天瑞安可必得？前代盖有以人力为之者。惟人主深信而崇奉之，以明示天下，则与天瑞无异也。陛下谓河图、洛书果有耶？圣人以神道设教也。[3]

河图、洛书是汉代神化《易经》与《洪范》两书的传说，河是指黄

① 永瑢主编：《四库全书总目》卷一四七，子部，台北：艺文印书馆，1964 年，第 1260 页。
② 永瑢主编：《四库全书总目》卷一四七，子部，台北：艺文印书馆，1964 年，第 1261 页。
③ 陈邦瞻：《宋史纪事本末》卷二二，台北：鼎文书局，1978 年，第 162 页。

河，传说中黄河通天，有龙马自天而降驮出《八卦图》（《易经》）；洛指洛水，洛水接地，有神龟献上《尚书》（《洪范》）。王氏唆使真宗假戏真做制造些祥应出来，认为只要皇帝隆而重之做得煞有介事，所谓水就湿、火就燥，百姓很容易坠入壳中。这段话毫不遮掩地剖白了所谓神道"设教"其名，"弄权"其实的把戏。真宗茅塞顿开后，饮鸩止渴地陷溺在王氏操纵的天降祥瑞戏法中，不断制作"天书""符命"来洗雪"澶渊之耻"。天下四方之人争着呈祥献瑞，举凡野雕、山鹿、秋旱、冬雷都是天瑞，群臣及百姓一面跪奏称贺，一面"腹非窃笑"，真宗本人也忘乎所以。统计起来，此后真宗在位十三年间，神人梦赐天书不下六次，玄武神也在祥瑞百出中，趁势浮现：

（1）景德四年（1007）冬，真宗夜半就寝，见神人星冠绛衣出现，告诉真宗说："宜于正殿建黄箓道场一月，当降天书《大中祥符》三篇，勿泄天机。"真宗将年号改为大中祥符。

（2）真宗斋戒沐浴一月，恭候天书降临，有黄帛悬挂在承天门南鸱尾上。帛上写着："赵受命，兴于宋，付于恒（真宗名恒）。居其器，守于正，世七百，九九定。"

（3）大中祥符元年（1008）六月，神人在梦中再度告诉真宗："当赐天书于泰山。"真宗封禅于泰山。

（4）大中祥符四年六月，天书再降，诏为天贶节。

（5）大中祥符五年十月，梦中神人传玉皇之命授天书。远祖赵玄朗冉冉而来，自称：

> 吾人皇九人中一人也，是赵之始祖；再降，乃轩辕黄帝；后唐时复降，主赵氏之族，今已百年。皇帝善为抚育苍生，无怠前志。[1]

---

① 陈邦瞻：《宋史纪事本末》卷二二，台北：鼎文书局，1978年，第170—171页。

通俗小说《北游记玄帝出身传》中，编写玄武投胎人间，取名"玄朗"的典故即本于此。[①]因为这个梦，真宗将事实上并未存在过的赵玄朗追谥为圣祖，诏天下避圣祖讳，凡"玄"字一律改为"元"，"朗"字一律改为"明"，又发现"玄"与"元"发音相近，所以改"玄武"为"真武"。

（6）大中祥符七年，费时七年，共动用两千六百一十楹柱的"玉清昭应宫"建造完成，上奉刻玉天书，以真宗画像侍立在侧。

（7）天禧元年（1017），四海符瑞呈奏不绝，道人竞相以法术驱役丁甲神邀宠，一国君臣如病似狂：

> 天禧元年，营卒有见龟蛇者，军士因建真武堂。二年闰四月，泉涌堂侧，汲不竭，民疾疫者饮之多愈，（真宗）乃诏就其地建观，十月观成，名"祥源"。[②]

有关拱圣营见龟蛇一事，宋人赵彦卫将动物神变而为人格神的一幕作了更清晰的描述：

> 兴醴泉观得龟蛇，道士以为真武现，绘其象为北方之神，被发黑衣，仗剑蹈龟蛇，从者执黑旗；自后奉祀益严，加号镇天佑圣。[③]

回溯唐段成式《酉阳杂俎》中提到蟠蛇变巨龟，五代于逖《灵应录》中提到蛇缠一龟，可知北宋以前，玄武的形象仍是兽形龟蛇。真宗时的祥源观是第一座祭祀龟蛇神的寺观，仁宗时更名称"醴泉观"。虽说唐代已出现"玄武观"[④]，但唐代玄武之名，意义止于宫殿标志方位，祥源观事件不仅使真武神活化起来，能感应、有神通，并且造型完全改观。宋天禧六年（1022）加封为"真武灵应真君"[⑤]，此一见诸官方文献的封号，

---

① 余象斗：《北游记玄帝出身传》，见《明清善本小说丛刊》第四辑，台北：天一出版社，1985年，第11页。

② 高承：《事物纪原》卷七，台北：艺文印书馆，1967年，第14页。

③ 赵彦卫：《云麓漫钞》卷九，台北：艺文印书馆，1967年，第1页。

④ 李林甫等撰《唐六典》云："紫宸殿之北面曰玄武门，其内又有玄武观。"

⑤ 高承：《事物纪原》卷二，台北：艺文印书馆，1967年，第21页。

确认了玄武成为人格神的地位。

　　神降天书一再出现，真宗师出有名，终于风光地登泰山行封禅大典。封禅祭天就帝王本人而言，有登录仙籍、化羽长生的意味；就朝廷大统而言，所谓"以成功告于神明"，是王者修德立义、四海升平的象征。历代帝王莫不渴望有生之年能行此大典，炫耀天下。历史上举行过封禅大典的除秦皇汉武外，也只有东汉光武、唐玄宗而已，想要封禅而未果的，却不少。借助于神威获得政权，需要不断请示神明，以巩固政权。真宗借助于神恩以封禅雪耻，他死后，群臣以天书殉葬，帝王神话结果以带着黑色微笑的讽刺收场。德籍宗教现象学学者鲁道夫·奥托（Rudolf Otto，1869—1937）指出：神秘莫测是使崇拜意识得以发展、存活最有力的因素，制造神秘感受的直接方式，在西方只拥有黑暗、静默这两种情境，在东方还加上产生神秘印象的第三种方式，即空无和辽远。[①]检视真宗以梦境、天书、泰山等意象形成的神话组合，与奥托所说崇拜意识之所以存活的条件若合符节，可知创造神话的手法，端只存乎一心。

　　真武神与宋帝王最有趣的遭遇是宋徽宗（1101—1125 在位）的"神遇"。笃信道教的徽宗，文艺气息浓厚，不但以瘦金体书法闻名，而且其花鸟画的成就开创了北宋画院"画写物外形，要物形不改"的写真风尚。某日徽宗异想天开，召见道人林灵蘁，求见玄武圣容。经过一番斋戒祝祷后，熊熊火光中赫然出现苍龙巨龟，徽宗饱受惊吓，恳求玄武以"真君"形貌见示，于是大雷霹雳，一只苍龙的巨足塞在宫殿大堂。徽宗再焚香求见"小身"，玄武这才以端严妙相出现，伫立一时之久，徽宗恭绘神像后，与太宗、张守真所绘画本比对，神像一同，更无差异，帝心大悦。[②]

---

　　①鲁道夫·奥托（Rudolf Otto）：《论神圣》（Idea of the Holy），成穷、周邦宪译，成都：四川人民出版社，1995 年，第 80—84 页。

　　②黄斐默：《集说诠真·历世真仙体道通鉴·林灵蘁真人传》，台北：台湾学生书局，1989 年，第 231—232 页。

宋人洪迈（1123—1202）在《夷坚志》套书中，先后记宋孝宗（1163—1189 在位）时吴道子真武图事，吏部侍郎赵粹中梦通真武神，作奉安圣像使，闽人杨翼之感寒热疾得真武神治愈等灵验事件。[1]此后玄武神人格化的传说日盛，神迹越见越多，与今日台湾南投"受天宫"所传玄天上帝灵显事迹，并无不同。相传元世祖至正四年（1267）营建大都城时，出现"龟蛇"，于是在高梁河上建造"大昭应宫"奉祀，元成宗（1295—1307 在位）加封"元圣仁威玄天上帝"，这是玄天上帝名号的正式出现。朝代虽有更易，玄武神迹却只增不减。

三、明太祖、成祖隆祀真武神

明代所流传的帝王神话是：真武神不但屡次显灵，"阴佑""效灵"明太祖（1368—1398 在位）、成祖（1403—1424 在位）却敌建功，更因神威显赫，成为善镇水火之患的护国神。据官方记载，明开国之前朱元璋与陈友谅水师会战之时，有许多异事发生：

> 癸卯秋（元至正二十三年，1363），以巨舟千艘，载甲七十万，是日天风东发，扬帆溯流西征荆楚祸祺之后，揽解舟行，时两岸诸山，墨云叆叇，左雷右电，江湖汹涌，群鸟万数，挟舟翅焉。少顷，有蛇自西北浮江趋舵，朕亲视之，斯非神龙之化若是钦？果天不我舍……次日，舟师抵采石，泊牛渚矶，未几，一龟一蛇浮拟舵后，略不畏人。[2]

此事出于太祖亲撰的《御制西征记》，文辞含蓄而暗示力强，隐然有"天之所兴，人岂能御""天命所在，固不能逃"的意味，其中的"天命"具形化为群鸟与龟蛇，而自一龟一蛇成为太祖护法后，玄武神与明朝即

---

① 洪迈：《夷坚三志》辛卷二，子部，上海：上海古籍出版社，2000 年，第 57—58 页。
② 朱元璋：《御制西征记》，台北：艺文印书馆，1966 年，第 24—25 页。

结下了不解之缘。民间也流传多则上帝公庇佑太祖的故事，类似《水浒传》中宋江遭官兵捕捉，躲入狭巷小庙神厨之中，获九天玄女搭救的情节①。故事说：元末朱元璋起事，鄱阳湖之役遭败，只身逃到武当山，发现一座荒废的上帝公庙，朱元璋拨开蜘蛛网藏身，祈求上帝公保佑，蜘蛛网竟牵丝密结如初，因此逃过劫难。明太祖取得天下后，即敕封上帝公为玄天上帝，御题"北极殿"匾额一方。②这是民间解释玄天上帝庙称作"北极殿"的来由。考诸正史，太祖登基后，将玄武神置于官祀之首："诸王来朝还藩，祭真武等神于端门，用豕九、羊九、制帛等物。"③并于全国各地广设玄武庙，将广东佛山供奉各行业祖师的"祖庙"予以重建，专奉真武帝君，改称"北帝庙"。做过游方僧的朱元璋，有感于寺庙神祀过多过甚，下令地方重新整顿应祀神祇：

> 名山大川、圣帝明王、忠臣烈士，凡有功于国家及惠爱在民者，著于祀典，令有司岁时致祭。二年又诏天下神祇，常有功德于民，事迹昭著者，虽不致祭，禁人毁撤祠宇。三年定诸神封号，凡后世溢美之称皆革去。天下神祠不应祀典者，即淫祠也，有司毋得致祭。④

另一方面，罢黜异端，清理释道二教，并对元末以赤帜为志、四处起兵的明教同门信徒，毫不宽贷：

> 凡师巫假降邪神，书符咒水，扶鸾祷圣，自号端公、太保、师婆及妄称弥勒佛、白莲社、明尊教、白云宗等会，一应左道乱正之术，或隐藏图像，烧香集众，夜聚晓散，佯修善事，扇惑人民。为首者绞，为从者各杖一百，流三千里。⑤

---

① 施耐庵：《水浒传》第四十一回，台北：三民书局，1969年，第401—415页。
② 林衡道：《台湾地区神明的由来》，台中：台湾省文献委员会，1979年，第126—129页。
③ 张廷玉等撰：《明史·礼三》志第二十五，台北：鼎文书局，1985年，第1277页。
④ 张廷玉等撰：《明史·礼四》志第二十六，台北：鼎文书局，1985年，第1306页。
⑤ 张廷玉等撰：《明史·律十一》，台北：鼎文书局，1985年，第3462页。

太祖取元统而代之，天下既已大定，当然不需要再借神造势。为避免他人依样葫芦，所以严加防范，以绝后患。事实上，太祖起兵之初，军中许多术士为他运筹决策，借助灵迹异象，不止龟蛇一端。然而太祖"祭真武神于端门"一事本末，却为燕王朱棣夺位之举提供了极佳的灵感。

史上所称的"靖难之役"，是太祖之孙建文登基，数月之内，为平藩而屡兴大狱，燕王朱棣，自忖是太祖嫡子，军备雄厚，不甘坐待削地夺权，一方面遣三位世子入朝做人质，以安建文之心，一方面练兵蓄威，散播民间传唱"莫逐燕，逐燕日高飞，高飞上帝畿"的歌谣。然而朱棣与建文的同姓争战，与明太祖逐鹿中原的意义不一样，所以天下风议四起，四方人心多所观望，为坚定起兵的信念，燕王身旁谋人策士极力怂恿，催促燕王及时起动：

> 时有颠士，不知何许人，亦亡姓名，佯狂谲诞，语多不伦，然事或奇中，人不识。成祖独心异之，时召与言，多隐语赞成大事意。一日，见张玉子辅坐，背有梁尘，拍其背，曰："如此大尘，犹不起耶？"①

策划"靖难之役"的核心人物僧人道衍（1355—1418）使用幻术，宣称有天兵相助：

> 初，成祖屡问姚广孝（僧人道衍）师期，姚屡言未可。至举兵先一日，曰："明日午有天兵应可也。"及期，众见空中兵甲，其师玄帝像也。成祖即披发仗剑应之。②

傅维鳞（？—1667）在《明书·姚广孝传》中逼真地描写了道衍故布悬疑的过程：

> （太宗）问（师）期，曰："未也，俟吾助者至。"曰："助者何人？"曰："吾师。"又数日，入曰："可矣。"……出祭纛，见

① 高岱：《鸿猷录》第七卷，台北：艺文印书馆，1967年，第9页。
② 高岱：《鸿猷录》第七卷，台北：艺文印书馆，1967年，第10页。

披发而旌旗蔽天，太宗顾之曰："何神？"曰："向所言吾师玄武神也。"于是太宗仿其像，披发仗剑相应。①

军机瞬息万变，姚广孝偏要太宗戒急用忍，有力地激发了期待奇迹、想象奇迹乃至于经验奇迹的心理预期，卡西勒有个令人印象深刻的比喻说："政治神话的运作像蛇一样，攻击之前，先麻痹受害者。"成祖以此发动大军，四年鏖战间，有清望的重臣及士子不断上书，请燕王效法周公辅佐侄皇，罢兵以安天下黎民。成祖率大军进入首都金陵，望见宫中起火，听说建文帝死于火中，即放声痛哭，责备建文迂腐致死，声称自己意在效法周公，兴兵勤王而已。

燕军进入金陵，降迎的文臣不过百余人，地方官吏多望风解组，朝廷官员则慷慨就戮，最喧腾人口的是侍讲学士方孝孺（1357—1402）的殉难。成祖欲草拟即位诏，召方孝孺说："诏天下，非先生不可。"方孝孺且哭且骂："死即死耳，诏不可草。"②史书载说，成祖挥兵南下之际，曾允诺道衍，绝不诛杀"天下读书种子"方孝孺，但拟即位诏遭拒，成祖雷霆大怒，令抉颊断舌，下磔刑，夷十族。十族是血缘之外再加朋友门生为"一族"，方孝孺抗诏一案坐死八百余人之多。

史家对建文帝削藩之举臧否不一，有说建文帝（惠帝）禀性优柔，然而所谓无情最是帝王家，建文登基之始，多位亲王即以罪废，湘王自焚而死。同样的，舆论对朱棣夺权事件评价两极，姚广孝被家人闭门不纳，知友割袍断义拒绝往来，姚广孝因此不受封，不任官职，不着官服，这是姚氏面对舆论压力的自处之道。而成祖模仿玄武披发仗剑，除了自我神化之外，另一个理由是，成祖以北统南，以北帝自居，更深一层的作用，是借玄天上帝的"阴翊默赞"，强调继承太祖之位是顺天之举。太祖有《御制西征记》一文称玄武阴佑，成祖也有一篇《御制真武庙碑》：

① 傅维鳞：《明书·姚广孝传》卷一六〇，台北：华正书局，1974年，第7228—7237页。
② 裕应泰：《明史纪事本末》，台北：华世出版社，1976年，第206—218页。

惟北极玄天上帝真武之神，其功德于我国家者大矣。昔朕皇考太祖高皇帝乘运龙飞，平定天下，虽文武二臣克协谋佑，实神有以相之。肃靖内难，虽亦文武不二心之臣疏附先后，奔走御侮，而神之阴翊默赞……迹尤显著，神用天休，莫能纪极。[①]

朱棣发起靖难之变，自侄儿之手夺得皇位后，一为收抚人心，二为自我心理再武装，大兴土木，"北建古宫、南修武当"，敕封武当山为大岳、玄岳，地位在五岳诸山之上。永乐年间，派员督领军民三十万，以十多年的时间，在武当山修建气势宏伟的宫观，通往武当天柱峰一百四十里的群峰层叠中，自山麓一直连绵到峰顶，营建不绝于途的八宫、二观、三十六庵堂、七十二岩庙、三十九桥，凡殿观、门庑、享堂、厨库千五百余楹，天柱峰顶，冶铜为殿，饰以黄金，范真武像于其中。选天下有夙名的道士九十人为专奉，赐香灯田五百顷、麦米一百顷为万年香火之资，赐名太岳太和山。靡费的程度被形容为："武当宫殿，楣柱瓷甓，悉用黄金，是时天下黄金几尽。"[②]

古代圣王被视为文化英雄，都有足以为后世纪念颂赞的文化事迹，如伏羲始作八卦，建造房屋，建立正朔制度与官制，神农播百谷、尝百草，女娲补天、作笙簧，燧人氏钻木取火、炮生为熟等等为人所熟知的事迹。成祖在云封雾锁中矗立起神的殿堂，殿堂中供奉着与自己面貌一样的玄武神，比起萧何建造未央宫"非壮丽无以重威，且无令后世有以加也"，显然更有加乘效果。后世形容武当山是"历史学家、建筑学家及工艺美术学者的宝藏"[③]，比较起来，成祖企图成为文化英雄神而圣之的雄心，远较宋真宗封禅泰山之举高明。稗官野史纷纷附会玄武加护成祖的神迹，成祖之世有元之亡裔鞑靼为祸，张端义《贵耳集》载真武神能预知北方鞑靼之祸，

① 张廷玉等撰：《明史·礼五》，台北：鼎文书局，1985年，第1424页。
② 傅维鳞：《明书·姚广孝传》卷一六〇，台北：华正书局，1974年，第7228—7237页。
③ 松柏岭受天宫管理委员会编：《受天宫概史》，南投：受天宫管理委员会，2000年，第8—12页。

向人们示警：

> 均州武当山，真武上升之地，其灵应如响。均州未变之前，鞑至，圣降笔曰："北方黑煞来，吾当避之。"继而真武在大松顶现身三日，民皆见之。次年，有范用吉之变，鞑犯，武当宫殿皆为一空，有一百单五岁道人，首杀之，则知神示人有去意矣。①

又，余象斗《北游记》中说：永乐三年（1405），俗称黄毛搭子的鞑靼造反，成祖与鞑靼交兵，一战而败。危急之时，忽见空中有神人出现，披发执剑白脸，五路带有三十六员天将，有风雨龟蛇等相随，自北杀来，救出成祖，成祖问是何方神圣，才知道是北方真武。②许道龄形容说：（明）大小七十战中，稍有奇怪的现象发生，莫不归功于玄武。③这是政治操作与野史传闻交相为用的显例。

有关建文帝的下落，史家有各种说法与猜测。④据《明史纪事本末》，燕王兵临金陵，宫中大火四起，建文生死两难，想起太祖临终，曾遗有朱盒："昔高祖升遐时，有遗箧，曰临大难当发。"命人取来，打碎一看，内有三张填好姓名的度牒，还有袈裟衣帽、芒鞋。⑤建文穿上袈裟与二三近臣潜逃出宫，作僧人打扮避居武当山。成祖即位，四处打听建文下落，数年后侦知建文在武当出家，因此兵出武当，逼迫建文跳崖而死，并假称：建文帝乃玉皇转世，无意富贵，已然修成正果，飞升天庭。在许多绘声绘色的说法中，民间对成祖与玄武面貌相似这一点，最感兴味。将武当山玄武铜像与坊间流传的明成祖画像作比较，两者神态绝似(图 3-2、图 3-3)。

① 张端义：《贵耳集》卷下，台北：艺文印书馆，1967 年，第 28 页。

② 余象斗：《北游记玄帝出身传》，见《明清善本小说丛刊》第四辑，台北：天一出版社，1985 年，第 116—117 页。

③ 许道龄：《玄武之起源及其蜕变考》，见《中国民间诸神》上册，台湾：台湾学生书局，1991 年，第 84 页。

④ 据惠帝逃亡从人所录的《从亡传》，惠帝流亡在外 39 年，在仁宗崩（1425）后又被迎入宫中，人称之为老佛，以寿终。

⑤ 裕应泰：《明史纪事本末》，台北：华世出版社，1976 年，第 198 页。

图 3-2　武当山金殿所供奉的真武铜像，重达六吨

台湾寺庙整编委员会编：《全国佛刹道观总览——玄天上帝》，台北：桦林出版社，1987 年。

图 3-3　明成祖画像

晁中辰：《明成祖传》，台北：台湾商务印书馆，1996 年。

据官方认可的说法，武当山金殿中供奉真武神铜像，是仿效成祖的相貌体态铸造的，武当山各处题作太子坡、太子殿、太子亭及插剑台、更衣台等，都是玄武身为净乐国太子修道未成之前栖息、修炼的地方，至于元君殿深幽处的"舍身崖"，则是玄武舍弃肉身成仙之所。然而基于同情弱者的心理，民间有另外一种传说：所有以太子命名的处所及"舍身崖"，是建文帝入山藏身的遗泽及魂断所在。游人观看天柱峰的金殿，啧啧称美时，道士郑重其事地对游客说："金殿祖师是建文帝的化身，山上所有殿宇，都是仿明朝宫殿建造的。"强调祖师是建文而非成祖的化身，言外之意，就是不承认朱棣是真武帝君转世。[①]原本只有神仿人而无人仿神之理，官方与民间的不同诠释，使宫廷建筑所架构的堂皇神话，与稗

---

① 郭嗣汾：《细说锦绣中华》上册，台北：地球出版社，1975 年，第 290—295 页。

官野史相互牵引，在官方精心营造的神圣空间之外，另有"古今多少事、都付笑谈中"的江湖发声，构成有趣的双声论述（double-voiced discourse）。明代流传一则笑话，令人不由得发噱：

> 贾秋壑宴客，庖人进鳖。一客不食，曰："某奉祀真武，鳖似真武案下龟，故不食。"盘中复有甘蔗，又一客曰："不食。"秋壑诘其故，客曰："某亦祀真武，蔗不似真武前旗杆乎？"满座大笑。①

明代御用的监、局、司、厂、库等衙门中，百分之百都建真武庙，设玄帝像。第十代皇帝孝宗弘治十四年（1501），内阁大学士刘健等纷纷建言，劝减省斋醮费用，移作慰劳边军及民间灾患："显灵、朝天等宫，泰山、武当等处修斋设醮，费用累千万两，伏望皇上减省供应。"尚书周洪谟认为神祀不应祀典者，都是淫祀，主张削号罢祀，又力劝当朝缩减奉祀玄武的规模：

> 北极佑圣真君者，乃玄武七宿。……国朝御制碑谓，太祖平定天下，阴佑为多，尝建庙南京崇祀。及太宗靖难，以神有显相功，又于京城艮隅并武当山重建庙宇。两京岁时朔望各遣官致祭，而武当山又专官督祀事。宪宗尝范金为像。今请止遵洪武间例，每年三月三日、九月九日用素馐，遣太常官致祭，余皆停免。②

又，孝宗（1488—1505 在位）时儒臣张九功有撤圣像之议，上奏包括释迦牟尼文佛、北极中天星主紫微大帝、雷声普化天尊、祖师真君（张道陵）、大小青龙神、梓潼帝君及祈祷无应的崇恩真君、金阙上帝等庙寺的祭祀，都应罢免或拆毁，唯对北极玄天上帝之祭，建议去繁冗、复洪武旧例，每年三月三日、九月九日用素馐，遣太常官致祭。但群臣交谏，

① 浮白主人：《雅谑》，见王恒展编：《中国古代寓言大观》，济南：明天出版社，1991 年，第 353 页。

② 张廷玉等撰：《明史·礼四》志第二十六，台北：鼎文书局，1985 年。第 1308—1309 页。

终孝宗之世而不改。神宗万历八年（1580）《重修真武庙碑记》一文记云：

> 缘内府乃造作上用钱粮之所，密迩宫禁之地，真武则神威显
> 赫，祛邪卫正，善除水火之患，成祖靖难时，阴助之功居多，普
> 天之下，率土之滨，莫不建庙而祀之，向之规模卑陋者，今则气
> 宇轩豁，向之圣像尘垢者，今则神威凛然。[①]

玄武地位的隆崇，历明代十七代帝王不绝，民间祀拜更是香火鼎盛，
《月令广义》万历三十年（1602）刊本载：

> （初三日）北极玄天真武上帝诞，玄岳祀典最盛，天下名山
> 胜地，乡俗各有斋醮祀祷。[②]

玄天上帝崇拜热潮显现在通俗文学上，产生了四游记中《北游记玄
帝出身传》（1602年）[③]，传后附有对真武神崇拜的正式仪轨，包括设供、
忌食、圣养之要、御讳、圣降之辰及玄帝圣号劝文，可见有明一代崇拜
盛况之一斑。

明朝最后的皇帝崇祯，因汤若望（1591—1666）及近臣徐文定之故，
渐有信奉天主教之意。天主教不拜偶像，崇祯五六年间（1632—1633），
尽将神佛铜像、三清上帝尊神等，自乾清宫撤移，但仍保留了钦安殿玄
天上帝的圣像，玄武像已成镇殿之宝：

> 钦安殿，供安元（玄）天上帝之所也。有门，日天一之门。
> 殿之东西有足迹二，相传世宗时，两宫回禄之变，元（玄）帝曾
> 立此默为救火，其灵迹显佑云。崇祯五年秋，隆德殿、英华殿诸
> 像，俱送至朝天等宫大隆善等寺安藏，惟此殿圣像不动。[④]

玄武既是明朝的护国之神，清统天下后，玄武有被其他神明取而代

---

① 刘孝祖：《重修真武庙碑记》，见吕宗力、栾保群编：《中国民间诸神》上册，台北：台
湾学生书局，1991年，第88页。

② 冯应京：《月令广义·三月令》，台北：艺文印书馆，1967年，第8页。

③ 余象斗：《北游记玄帝出身传》，见《明清善本小说丛刊》第四辑，台北：天一出版社，
1985年。

④ 刘若愚：《酌中志》卷十七，台北：艺文印书馆，1968年，第20页。

之的窘境。清入关第一年（1644），即敕封关公为"忠义神武关圣大帝"，与文圣孔子并驾齐驱。清帝特别崇奉关公，却也事出有因，意在以桃园三结义之说羁縻蒙古，令蒙古之于满洲，一如关羽之于刘备，服事唯谨：

> 本（清）朝羁縻蒙古，实是利用《三国志》一书。当世祖之未入关也，先征服内蒙古诸部，因与蒙古诸汗约为兄弟，引《三国志》桃园结义事为例，满洲自任为刘备，而以蒙古为关羽。其后入帝中夏，恐蒙古之携贰，于是累封忠义神武……关圣大帝，以示尊崇蒙古之意。时以蒙古人于信仰喇嘛外，所最尊奉者，厥唯关羽。二百余年，备北藩而为不侵不叛之臣者，专注于此。其意亦如关羽之于刘备，服事唯谨也。[①]

就每个民族神话构成的特征来分类，日本神话学者白川静（1910—2006）认为，像日本，是纵向发展的故事群，以时间秩序结合成绳状组织。再如希腊、日耳曼等西欧各民族的神话体系，是横向平列的故事群，以同时现象构成网状组织。中国神话有异于二者，在多元的同时，却没有像绳或网状般的组织，而呈现各自孤立而非体系的神话群。[②]这种状态的神话，被权力介入作政策性的利用，别有方便之处。

四、郑成功与天关地轴传说

郑成功（1624—1662）既于海上称雄，又为明朝大将，祭祀玄天上帝有奉明正朔、永怀乡土的意义。虽说清帝加意崇奉忠义关公以代玄武，但因奉明正朔的郑成功在台湾的经营，又使玄武别开一境，成为台湾海域的航海神及早期移民的乡土神。

《台湾省通志》引日据时期总督府之调查，指称：台湾各寺庙所奉祀

---

① 蒋瑞藻：《小说考证》，见《阙名笔记》，上海：商务印书馆，1927年，第113页。
② 白川静：《中国神话》，王孝廉译，台北：长安出版社，1983年，第1—6页。

的神明，祖籍多出于四省，即福建、广东、江西及浙江省。江西只出张天师，浙江只传普陀山观音菩萨，广东嘉应州即今梅县传岳帝及祖师公，潮州即今潮安县则传三山国王及观音，其他的神明都传自福建。民间信仰如妈祖、观音、开漳圣王、保生大帝、关帝爷、玄天上帝、清水祖师、法主公、瘟神王爷、福州临水夫人、闽西客家定光古佛等，多是从福建、广东沿海地区之神祇奉祀入台。汉文化在台湾的传播，微观而言，也是漳、泉文化在台移植及扩染的历史，单就玄天上帝信仰而言：

> 玄天上帝庙，原庙在福建省漳浦县甘霖社武当山，其直接分庙有南投县名间乡皮子寮受天宫，台中县大肚乡镇元宫，同福兴宫，又同县梧栖镇真武宫等四庙。①

并进一步指出同安、漳浦等县是玄天上帝信仰的主要来源地。上溯明、清时期修撰的地方志，可知宋、明时期玄武已成为福建沿海晋江、南安、同安等地一带祭祀的海神。万历四十年（1612）杨思谦撰《泉州府志》，在"晋江县石头山"一条中记载：

> 在万岁山之左，山之尽处有三石杰出，故名。上有真武殿，旧为郡守望祭海神之所，下为石头街，民居鳞集，旧有千余家。②

又，乾隆三十年（1765）方鼎等修撰的《晋江县志》，更直接说明石头山上真武殿是宋时营建：

> 玄武庙，在城东南石头上，庙枕山漱海，人烟辏集其下，宋时建，为宋时望祭海神之所。③

晋江县是泉州政府所在地，也是宋朝对外的贸易港口，郡守每年在此望祭海神，推知福建沿海一带县民，在宋代就有奉玄天上帝为海神的事实。明白玄天上帝在明代朝廷及闽南百姓信仰中的地位以后，才能解

---

① 李添春原修、王世庆重修：《台湾省通志·人民志宗教篇》，南投：台湾省文献委员会，1971年，第309—310页。
② 杨思谦：《泉州府志》，台北：成文出版社，1967年，第87页。
③ 方鼎、朱升元：《晋江县志》，台北：成文出版社，1957年，第102页。

释郑成功在台湾广建真武庙的缘故。蔡相辉说：

> 从精神上言之，玄天上帝为明朝最重要祀典，祀之即有奉明正朔之意，从实质上言之，玄天上帝为闽南百姓所崇奉之航海守护神，明郑既以水师抗清，子弟多为闽南籍，奉玄天上帝可予这些子弟兵精神上莫大之鼓舞与安慰。[①]

北港奉祀妈祖"朝天宫"的正厅庙柱，题有"朝政重明禋，海邦奉祀；天心怜涉险，湄岛扬灵"的对联，用此联形容对玄天上帝的崇拜同样贴切。更重要的是，郑成功奉祀玄武神，尚有一番地理风水的考虑。据王必昌《重修台湾县志》所载，郑成功创建的真武庙计八座，其中以台南府东安坊所祀"大上帝庙"最为隆重：

> 真武庙，在（台南府）东安坊，祀北极佑圣真君，伪（明郑）时建，宁靖王书匾曰"威灵赫奕"。康熙二十四年，知府蒋毓英重修。四十八年，里众重建。地址高耸，规制巍峨。

王必昌在"北极佑圣真君"条下，加入三百多字注文，除了叙述宋、明、清帝王的敕封之外，特别就"天关地轴"之说，解释明郑政府广建真武庙的理由是台南安平镇、七鲲身的地理形势险要（图3-4）——一脉自东南而来，西转下海，连接七屿，势若贯珠，酷似长蛇；另一脉在鹿耳门之北，沙屿横亘，水浅径狭，舟船触礁立刻粉碎，如踞海之龟：

> 后人据神异传，谓真君仗剑，追天关地轴之妖，冠履俱丧，伏而收之。天关龟也，地轴蛇也。邑之形势，有安平镇七鲲身为天关，鹿耳门北线尾为地轴，酷肖龟蛇，郑氏踞台，因多建真武庙，以为此邦之镇云。[②]

天关地轴在地理上成为盘踞险要的好风水，许多具有隘口之势的地

---

① 蔡相辉编撰：《北港朝天宫志》，云林：财团法人北港朝天宫董事会，1989年，第9—24页。

② 王必昌：《重修台湾县志》卷六，《台湾文献史料丛刊》本，台北：大通书局，1984年，第176—177页。

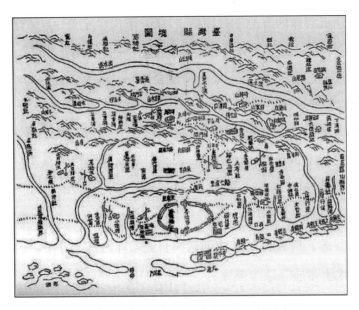

图 3-4　七鲲身为天关，鹿耳门北线尾为地轴，酷肖龟蛇
王必昌：《重修台湾县志》，台北：大通书局，1984 年。

点，多以龟蛇口视之。台湾北滨公路从头城一直到兰阳溪口的海岸线，是宜兰人津津乐道的"龟蛇把海口"，龟山岛伏于海口波涛中，是玄天上帝派来镇守宜兰的守护神；宜兰罗东运动公园北面方位，用大理石排成一条弯曲的蛇行，以此代表宜兰的人杰地灵。①陈淑均记噶玛兰（宜兰）乌石港口的真武庙也特别提出"龟蛇把口"的地理形势：

> 真武庙，俗呼上帝庙，在乌石港口，距厅北三十里。按北方元武七宿，其象龟蛇，而（噶玛兰）厅之形势，北有龟屿在海中为天关，南有沙汕一道，蜿蜒海口为地轴，故堪舆家以为龟蛇把口之象，土人因建庙以镇之。②

与台南七鲲身取义相同，龟、蛇旋绕拥护，素来被形家视为人文胜地。在杭州湾北岸，浙江澉浦靠海之处，澉浦海堤后有青、长两座山，挡住滚滚而来的钱塘潮。传说伍子胥收服龟精蛇怪，变成两座大山，"青山

---

① 吴明一：《宜兰风水典故大解码》，台北《联合报》，1998 年 10 月 23 日。
② 陈淑均：《噶玛兰厅志》卷五，《台湾文献史料丛刊》本，台北：大通书局，1984 年，第 221 页。

乌龟长山蛇"这句话，同样是以海口附近山势，拟似乌龟与蛇为漱浦添增想象。[①]湖北武当山成玄天上帝修道成仙的宝地，邻近武昌县城内的蛇山与汉阳县的龟山隔江对峙，世称"龟蛇二山"，以形势雄伟著称。

除了地理因素外，蔡相辉还认为：郑成功本人心理上对北极星怀有一种偏执。若果此观点属实，对明清两军在闽海区域的对垒与胜败，影响不小。妈祖信仰早期源自福建莆田船家，后因宋室南渡，南宋政府多从浙、闽、粤等地征召兵源，莆田从军者日多，常建立战功，妈祖显灵事件随莆田军人的征战而传播、推展，妈祖亦不时受到朝廷的诰封，终于成为普及民间的信仰。明郑既以玄天上帝为海上守护神，却忽略闽粤两省信徒颇多妈祖信徒，清廷掌握了明郑水师多是莆田人，因而利用民众信仰妈祖的心理，对明郑官民发动心理攻势。这个谋略的运用，由清水师提督万正色开其端，施琅总其成。施琅（1621—1696）原是明郑水师将领，本身是晋江县人，家族传统信奉玄天上帝[②]，却因施琅梦见自己是"北斗第七星"，引发郑成功的疑忌之心。蔡相辉指出，台南延平郡王祠原藏有郑成功披发仗剑图像一幅，郑成功在心理上极有可能以北辰星自居。"披发仗剑"的模样明成祖早已装扮过，郑成功如法炮制，其中心理不难揣摩。施琅的侄儿施德馨述说：

> 郑成功托故明藩封栖海上，素悉公（琅）英明，欲倚以为重，遮入海，礼遇初甚渥，凡军事必咨商。及有人告以公（琅）尝梦为北斗第七星者，郑心忌之。[③]

很难想象施琅叛离郑氏是因做梦遭忌，也有可能是施氏后人为施琅叛节的开脱之词。然而当时地方人物志常提到"虔祀北斗""梦为北斗"之事，显现的不仅是北斗信仰，更是"显灵""神助"之类的奇迹心理蔚

① 王从仁：《玄武》，台北：世界书局，1995年，第153—156页。
② 《泉州府志》卷六一，施济民（施琅祖父）传："万历间，值年荒，有告匮者，辄取麦分给之，升合不留。……妻许氏，同心行善，虔祀北斗。"
③ 方鼎、朱升元：《晋江县志》，台北：成文出版社，1967年，第126页。

为风尚。施琅为清廷水师提督，散布妈祖灵异事迹，康熙二十三年（1684）施琅攻台，宣称有神兵导引，水涨数倍，战舰得以深入水道顺利登陆。当时天旱缺水，军士们干渴难忍，天妃庙前土井涌出大水，源泉足供全军四万多人饮用，众兵入庙谒见，妈祖圣像脸汗未干，衣袍半湿，知道是天后显灵助战云云。①妈祖的显灵说，果然对明郑的水师产生心理冲击，使他们迅速溃败。这场军事战也是心理战，运用国家机制技巧性地收编民间信仰，其间数次提升妈祖的神格位阶，赐封妃后等具官方意义的象征头衔，果然足以笼络民心，发挥难以抵御的神话力量。

清统台湾以后，为压抑明朝后人的故国之思，彻底铲除反清势力，重新编造玄武的出身，放任戍台兵丁占住明郑时代最受崇信的玄天上帝庙，其中地位最重要的东安坊大上帝庙，被桐山营兵丁占住，常产生侵占庙地的纠纷。②职是之故，建于道光年间（约 1850）的嘉义县竹崎乡真武庙附近地区，即流传日据时期日本兵强行霸占庙地，上帝公幻形为一条大蛇，出现在一棵荔枝树上，引发枪支自动射击，杀死了日本兵的传说。③

然而，作为台湾民众海神及乡土神的玄武信仰，虽然在政治力介入时或有一时的起伏，在民间却不可能完全消失。又因玄武荡魔辟邪富于战斗力的形象，在日据时期，被选作凝聚民族精神的象征，以宗教结社为名的革命团体天地会，即以崇奉玄天上帝为题，联络志士：

> 我国最早的革命团体，就是天地会，这是陈永华秉承郑成功的遗意而创立，当明室沦亡，大陆志士随郑成功入台，陈永华借歃血订盟方式组织了天地会，用"神道说教"方式，从事严密组织，推进革命工作……以崇奉玄天上帝为题，联络会友。④

① 周于仁：《澎湖志略》，台北：台湾银行经济研究室，1958 年，第 34 页。
② 蔡相辉：《复兴基地台湾之宗教信仰》，台北：正中书局，1989 年，第 62—63 页。
③ 陈益源：《台湾民间文学采录》，台北：里仁书局，1999 年，第 108 页。
④ 卫惠林、何联奎：《台湾风土志》，台北：中华书局，1989 年，第 128—129 页。

天地会大约成立于清康熙年间，因谏"焚寺"事件①受斥退的湖广学士陈近南（相传即陈永华），扮作卜卦道人行走江湖，遇到自称明思宗（1611—1644）之孙的朱洪竹及逃生僧人，成立天地会，又称洪门，以行义成仁相互标榜，发展十分迅速；天地会基本上是一个以民族大义、奉明正朔相号召的革命团体。明永历十五年（1661）陈永华随郑成功赴台统领勇卫，以祀祭玄天上帝相互联络，此后零零落落发生数起借用神佛力量纠众抗日的事件，如"关帝庙抗暴事件""国姓爷庙林圯埔事件"以及奉玄天上帝起事的"台湾国王"黄朝事件：

> 有柯象者，为抗日志士，因日警通缉，隐匿山中，有一天，下山归来，自称其信奉玄天上帝，业已得道，死后当为神。柯象去世，肉身不腐，乡人奉祀于玄天上帝庙，香火鼎盛。②

嘉义大埤头人黄朝受到柯象的激发，闭关静坐，断食、礼佛，一年后（日大正元年，1912年）发生"土库"事件，黄朝宣称获得玄天上帝敕令，日后当成为"台湾国王"，号召二十四名随众起事，五月二十二日自立为王，旋即被捕，六月三十日暴死于台南监狱。时至今日，台湾仍有奉祀俗称龟圣公、蛇圣公的康、赵两大元帅为主神的寺庙，一是彰化县杏林宫，一是嘉义县庆云宫。宫庙中康元帅左持长棍，赵元帅右持打神鞭，也都是神威赫赫，成为动物人形化的标志。③

---

①清康熙时，藏人寇边，官军失利。福州莆田九连山少林寺中的僧人应官府招募，平藏寇，朝廷以僧军武勇，暗中谋除，以火药炸焚九连山少林寺，寺中只有少数三五僧人逃出。

②庄永明：《台湾纪事》，台北：时报文化出版企业股份有限公司，1989年，第438页。

③仇德哉编著：《台湾之寺庙与神明》，台中：台湾省文献委员会，1983年，第159—160页。

第四章　民间祭祀的文化过程

一、玄武信仰与民俗

以《全国佛刹道观总览》所载台湾全境二百零二座玄天上帝庙为例，与玄天上帝共祀的神明有二百多位，其中释迦牟尼佛、观音菩萨、天上圣母、王爷、关圣帝君、三山国王、福德正神、城隍老爷、开台圣王、中坛元帅等台湾信奉的十大主神，同时出现在玄天上帝庙中。[①]换句话说，以玄天上帝为主神的寺庙中，同时可祭拜其他神祇，当家做主的神明常常大方地容纳另一位或多位神明，民众往往也照单全收。职是之故，信众在祭拜行为中未必会增加对神的认识，神灵在香火供奉中俯瞰众生；神固然不需要信徒了解他是什么，信徒也不在意他所膜拜的神明背后有什么谱系或形而上学的意义，信徒们愿意追逐香火兴旺的庙观。同样是妈祖或上帝公，北港朝天宫的妈祖及松柏岭受天宫的上帝公比其他寺庙的妈祖、上帝公看来更灵验。这种现象，被宗教学者米勒（Max Muller, 1823—1900）形容为"交替神主义"，或称为"茫然的虔诚"，信仰是虔诚的，神的面目却是模糊的。

不管时代多么进步，没有任何一种宗教信仰是不带些迷信和巫术成分的，若以检验的眼光来看崇拜现象，说我国信众没有信仰的诚挚心灵，

---

① 台湾寺庙整编委员会编：《全国佛刹道观总览——玄天上帝》，台北：桦林出版社，1987年。

不能感受信仰的神秘喜乐，是不公平的。从心理学的角度说，崇拜是一种心理状态，这种专注地与神祇直接交往的心灵感受，与神秘经验一脉相承。崇拜情感可以在独处的环境中发生，但也会透过宗教的崇拜礼仪，包括对圣地、圣时、圣像的献祭而变得习惯化与制度化。宗教心理学者M. J. 梅多（Mary Jo Meadow）给"崇拜"下定义说：

> 在庄严环境下的一种社会性仪式，身在其中的人把当下的体验作为充满了幸福感与价值感加以赞美，崇拜必不可少的前提条件是：1. 共有的神秘物；2. 共同的价值观或罪恶感；3. 愿意把根本上是人类感受的对象转变为象征与仪式。①

宗教的价值功能，就社会角度来说，有促进社会的统合、团结、遵从及合群等功效；社会中许多参加崇拜活动的善男信女并不是对神学有兴趣，而是觉得仪式可以为他们提供与传统的联系，崇拜传统神祇可从中获得文化与民族的认同，获得一种绵延不断的抚慰力量，在匍匐跪拜与诵念中，小我与大我浑然成为一体。

（一）玄武神诞与祭祀活动

农历三月三日是传说中玄武的圣诞，在传统节俗上恰好是"上巳节"，"上巳"即三月上旬的巳日，三国以后魏国将此节固定在三月三日，民间有临水以祓除不祥的习俗，当日洗涤陈垢，清除虫蚁，②带有"驱疫除邪"的象征意义。按节气来说，三月初春，百物滋生，所以有此"春禊""大洁"的祓除活动。然而有些地方，像四川新繁县，不举行临水修禊，当日采用荠菜以扫除不洁，驱避虫蚁，③这是因地制宜、风俗沦替的一个例子。任何仪式习俗，必然有其深层的文化功能，才能继续维持存在，若

---

① 玛丽·乔·梅多（Mary Jo Meadow）：《宗教心理学》（*Psychology of Religion*），陈麟书等译，成都：四川人民出版社，1990年，第265—266页。

② 杨金鼎：《中国文化史大词典》，台北：远流出版事业股份有限公司，1989年，第116—117页。

③ 丁世良、赵放主编：《中国地方志民俗资料汇编·西南卷·上》，北京：书目文献出版社，1991年，第69页。

文化功能不彰，势必被某些吻合新时代需求的民俗活动取代。以玄武信仰十分普遍的广东、广西两地为例，两地的上巳节被同样具有驱疫除邪意义的玄武祭取代，据深受汉族影响的来宾县壮族的县志记载：

> 乡俗于释老二氏教旨、教规，异同出入多不甚明辨，大都拜其为神焉耳，最崇奉者为玄武神，号曰北极玄天上帝，省称曰北帝，县城北楼及良江、寺脚、大湾、三墟皆立庙专祀，岁值夏历三月三日，辄赛会游神。

> 三日为"上巳节"，乡俗无修禊之事，但以是日为"玄武神诞"，诣神祠献牲酒或赛会游神。[①]

明朝隆祀真武神的影响，不止于一时一地，前引明人所说"（初三日）北极玄天真武上帝诞，玄岳祀典最盛，天下名山胜地，乡俗各有斋醮祀祷"，又说"普天之下，率土之滨，莫不建庙而祀之"……这些话并不夸张，南自广东、福建，北至辽宁、吉林，都有北帝庙。据《中国地方志民俗资料汇编·东北卷》，辽、吉等地每年三月举办"真武庙会"。又据河北《定县社会概况调查》，在20世纪30年代的华北乡村，以真武为主神的寺庙不少，玄武神擅于捉妖镇邪，一般乡民觉得有邪魔凶险之事，都求玄武保佑。宋人吴自牧叙述杭州城玄武圣诞时的祭祀活动说：

> （三月三日）北极佑圣真君圣诞之日，佑圣观侍奉香火，其观系属御前去处，内侍提举观中事务，当日降赐御香，修崇醮箓，午时朝贺，排列威仪，奏天乐于墀下，羽流整肃，谨朝谒于陛前，吟咏洞章陈礼。士庶烧香，纷集殿庭。诸宫道宇，俱设醮事，上祈国泰，下保民安。诸军寨及殿司衙奉侍香火者，皆安排社会，结缚台阁，迎列于道，观睹者纷纷。贵家士庶，亦设醮祈恩，贫者酌水献花。杭城事圣之虔，他郡所无也。[②]

① 丁世良、赵放主编：《中国地方志民俗资料汇编·中南卷·下》，北京：书目文献出版社，1991年，第984、980页。

② 吴自牧：《梦粱录》卷二，北京：文化艺术出版社，1998年，第130页。

事实上不只杭州城，北帝神诞时，各地庙宇都有建醮或演剧酬神的活动。明洪武五年（1372），佛山祖庙改建为专奉真武神的灵应祠，佛山成为全中国中南地区崇祀北帝的重镇，除三月三日圣诞之外，正月初六及八月十五也有盛大祀典，与民俗上分别举行"春禊""秋禊"的文化功能类似。北帝神诞当日，佛山庆典十分盛大，搭棚演戏，鼓吹阗咽，信众填街塞巷，抢着摸触神轿讨吉利，以至舆轿寸步难行。其中最受瞩目的活动，一称"巡游"，一称"神爆"或"放爆"。①巡游时"道士使人摇七星旗呐喊，在前引导，挨户禳荡驱邪"，很有傩祭驱疫之古意。

神爆活动则是抢拾炮首，或是成群结队抢炮，或抽签抓阄抢炮，抢到手的人会有添丁发财的运气，次年还炮，雇用鼓乐仪仗吹吹打打来谢神。佛山一带祭祀圈内的各神庙，在重三上巳节日里，将北帝建醮活动与传统修禊风俗相结合，同样达到驱疫的目的，于此也可看出北帝信仰在区域上的优势地位。《佛山忠义乡志》的编纂者有一段相当感性的话，说真武神虽然是天神中身份最尊贵的神，但佛山乡民却只把灵应祠看作祖堂，把真武神当亲切的大父母看待：

> 三月三日，"北帝神诞"，乡人士赴灵应祠肃拜，各坊结彩演剧，曰"重三会"，鼓吹数十部，喧腾数十里。神昼夜游历，无晷刻宁，虽陋巷卑室，亦攀鎏以入。识者谓其渎，实甚殊失事神之道，乃沿习既久，神若安之，而不以为罪。盖（真武）神于天神为最尊，而在佛山则不啻亲也，乡人目灵应祠为祖堂，是直以（真武）神为大父母也。夫人情于孙，曾见其跳跃蹀躞，不惟不怒，且喜动颜色者，怜其稚也。神之视吾乡人也，将毋同？四日，在村尾会真堂更衣，仍列仪仗迎接回銮。②

　　① 丁世良、赵放主编：《中国地方志民俗资料汇编·中南卷·下》，北京：书目文献出版社，1991年，第701、869页。
　　② 丁世良、赵放主编：《中国地方志民俗资料汇编·中南卷·下》，北京：书目文献出版社，1991年，第700—701页。

接着，编者将北帝与天妃神诞的热闹程度作了个比较：

> 三月廿三日，"天妃神诞"，天妃，司水乡，人事之甚谨，以居泽国也。其演剧以报，肃筵以迓者，次于事北帝。[①]

可知佛山一带以奉祀北帝为主，信仰圈的形成与灵应祠的历史渊源关系密切，每年八月十五日，佛山灵应祠尚有一次仪同秋褉的祭祀北帝活动，《佛山忠义乡志》中形容说："灵应祠前，纪纲里口，行者如海，立者如山，柚灯纱笼，沿途交映，直至三鼓乃罢。"民众参与这些嘉年华会式的集体仪式，除了获得崇拜的满足外，也会深深感受到一种绵延不绝的文化情怀与乡族认同。

（二）广东沙湾的北帝崇拜——祠堂转化为神庙

据一份出诸历史学者对广东沙湾地区北帝崇拜的在地调查[②]，可以进一步提供我们透过北帝"祭祀圈"供祭方式的变化，抽样了解传统社会中各族姓聚居统合为一个小区的历史，其间不只反映出血缘群体结合成地缘小区的开发过程，也间接记录了各族姓的兴衰乃至于冲突矛盾。沙湾一地并无专祀北帝的庙宇，然而沙湾北帝的来历传说及特有的祭祀传统，使这个距广州市约三十公里的山边村落，与香火鼎盛的佛山市北帝庙遥遥相对，成为珠江三角洲地区信奉北帝的崇拜中心。

沙湾的北帝崇拜传统约在明代后期传入，每年农历三月初三进行北帝巡游祭祀活动。北帝出巡的同时，举行一连四天热热闹闹的"飘色"、舞龙等节目助兴。[③]"沙湾飘色"是沙湾人引以为自豪的地区文化。晚明至

---

① 丁世良、赵放主编：《中国地方志民俗资料汇编·中南卷·下》，北京：书目文献出版社，1991年，第700页。

② 刘志伟：《大族阴影下的民间神祭祀——沙湾的北帝崇拜》，见汉学研究中心主编：《寺庙与民间文化研讨会论文集·下》，台北：天恩出版社，1995年，第707—722页。

③ 所谓"飘色"，是一种人物造型艺术，一两个装扮成故事人物的幼童，站在"色柜"大箱上，用一条伪装在服饰或道具中的钢条（俗称"色梗"）支撑，使人物看上去像飘悬在空中而得名。

清数百年间，沙湾的民间寺庙有青龙庙、天后娘娘庙、关帝庙、望海观音庙等十余间庙宇，并无北帝庙：

> 在沙湾居民所供奉的神明中，地位最高的并不是这些庙中的神，而是一位没有自己专门庙宇的北帝。当地人把这位北帝称为"村主"，并且认为，沙湾这个北帝是中国仅有的三个（有的说是四个）北帝"正身"之一。①

将北帝视为沙湾的村主，与沙湾的北帝来历传闻有关：传说永乐（明成祖）是马上皇帝，在一次战役中惨败，全军覆没，只有一个将军与他逃回。逃回后他对百姓说，他中了敌人的诡计，幸亏是真命天子，被一位披发仗剑赤足的水神救了，这个水神就是北帝。于是永乐皇帝让人依照自己的样子铸了四个北帝，一个放在北京的故宫，一个在武当山，还有一个不知在什么地方，一个赐给了追随的将军。将军解甲回家后将北帝像置放在家庙，因为灵验，周围的亲戚朋友都来膜拜。将军死后，他的两个儿子分家争这个北帝像，打了几十年官司。后来经将军的同僚李昂英调停，兄弟和解，把北帝神像送给李昂英，李昂英将神像带回沙湾，安放在沙湾村的青龙庙。②节外生枝的是：北帝神像被人偷走仿造，经北帝托梦，邻村那个有只苍蝇趴在鼻子上的塑像是真的，他们这才把北帝像找回来。从此之后，北帝神像不再安放在青龙庙，改而轮流按姓氏安放在各族人祠堂里，形成沙湾独特的祭祀模式。

这是说，北帝原是沙湾大姓李家的神，经各族姓轮流供祭成为全乡的神，北帝祠在当地人观念中是祠堂而不是寺庙，无怪乎佛山信众自称视北帝如大父母，视灵应祠为祖堂。沙湾的北帝祭祀原来以族姓轮值，后

① 刘志伟：《大族阴影下的民间神祭祀——沙湾的北帝崇拜》，见汉学研究中心主编：《寺庙与民间文化研讨会论文集·下》，台北：天恩出版社，1995年，第711页。

② 刘志伟：《大族阴影下的民间神祭祀——沙湾的北帝崇拜》，见汉学研究中心主编：《寺庙与民间文化研讨会论文集·下》，台北：天恩出版社，1995年，第717页。

因大姓家族的沦替使族姓轮值已不可行，改由里坊轮值。20世纪八九十年代，北帝在沙湾由最殷富的何氏祠堂改称的玉虚宫安家，不再轮值及出巡，北帝在沙湾才算正式享有专庙。沙湾的北帝崇拜，正好见证了中国民间信仰发展每每由宗族祠堂转为神庙的一个完整历程。

每年北帝圣诞，沙湾旅港及各地同乡热烈返乡参与，在祭祀北帝的活动中培养出强烈的认同感与乡土情，使北帝的祭祀仪式成为整合小区的重要枢机。有趣的是：在沙湾旁邻一些附属小村落，原本并无祠堂也没有寺庙，但在20世纪40年代前后，悄悄出现了一些简陋的北帝庙。同时，有更多以北帝为崇拜主神的邻村，在北帝圣诞时参与飘色与舞狮活动，这都显示着一次更大的小区整合与交流活动正在进行着。比较而言，宗族祭祖仪式显现的是传统士大夫文化，而地方神祭祀尤其带有嘉年华气氛者则近于庶民文化，沙湾祭祀北帝由族姓轮值改为地缘性的里坊轮值，原是大众宗教势之所趋的必然走向。

（三）台湾受天官的分灵仪式

神祇信仰在台湾开拓之初，多仅止于"私家奉敬个人所携带之神像或香火"的形态，如果神明灵验的讯息传开，前来祭拜的人便渐渐增加，信仰圈也由初期的点（庙宇的分布），转变为线（庙宇间分灵与进香），再转变为面（核心寺庙发挥影响力），形成祭祀圈。大众宗教是民俗文化中的核心部分，从宗教地理学的角度来看，对神祇与圣地的崇拜，寺庙与寺庙间的交香、进香、谒祖刈火及信徒的酬神祭典、巡境、建醮等仪式活动，都呈现出"文化扩散"与"文化整合"的民俗景观。然而基于台湾社会的发展阶段，介于移民社会及逐渐土著化的过程，作为小区凝聚中心的庙宇，其间分灵与进香往往隐含着多层次的人文意义。神祇来源多属"个人所携带的神像或香火"，基于血缘、地缘，不免有着浓厚的宗族观念与家乡观念，各自以祖籍的乡土神作为保护神。

进香刈火的习俗，自明郑建台以来就颇为盛行，至今未歇。信徒们认为神明是否灵验，与神像本身有关，往往传闻中某位神明特别灵验而香火鼎盛，这座神像的分身也就越来越多。又在神像开光点眼之时，将活生生的蜂虫或小鸟装进神像泥胎中，使木雕泥胎更添生命力或灵力。基于这种巫术式的感染法则，信徒还认为由庙宇分出的神像，灵力历久渐衰，过一段时间就应该加以补充强化，于是进香刈火的习俗应运而生，像抬神像回祖庙，在本尊神像前熏染香烟，并在神像香炉中点燃火种带回，供奉于神龛前，添加新火使分身庙的灵力可以源源不绝等，这是台湾信众的圣火观念。[1]大甲镇澜宫的开基妈祖，来自湄洲的朝天阁，自清末到日据初期都有前往湄洲进香刈火的活动，后来不再前往湄洲祖庙进香谒祖，又因北港朝天宫建有妈祖圣父母殿，镇澜宫即前往朝天宫进香合火。但1988年起，为了避免被朝天宫视为分灵庙遭到矮化，镇澜宫不再前往北港而改为全省绕境进香，并将进香、合火仪式改为禳灾祈福的仪式。[2]各寺庙间，隐然也有相互较量之意。

进香刈火的习俗，带动了寺庙与寺庙间的酬应与互动，有时也会影响到寺庙的荣枯。就香火都是源自大陆的台南北极殿与南投受天宫来看：北极殿创建于明永历二十五年（1671），香火来自福建桐山人氏。据石万寿考证，在明郑统有台湾的二十三年间（1661—1683），郑氏共营建三十七座寺庙，上帝庙即有八座之多，主要分布在台南七山丘汉族聚集之所，显然与明郑屯兵拓垦的地缘关系密切。八座上帝庙中的北极殿，当地习称大上帝庙，位于七山丘中央鹫岭上，庙宇高耸，居各寺庙之首，台南俗谚说："上帝庙的石岑土干（石阶），水仙宫的檐前。"一语双关指出上帝庙地理位置与地位的崇高，以呼应七鲲身天关地轴之说。康熙二十二

① 刘枝万：《台湾民间信仰论集》，台北：联经出版事业股份有限公司，1983年，第348页。
② 台北《中国时报》第三版，2001年3月24日。

年（1683）台湾归入清朝版图，清廷戍守台湾，实行班兵制，从内地闽、粤各军营拨调兵丁。来自福建桐山营的班兵，多以大上帝庙作羁留及待渡之所，人物杂沓，大上帝庙难以保有旧日的完整；此后又因道路拓宽，在日据及光复后两度被迫拆去大部分的前殿建筑[①]。自明郑到1981年共三百余年，北极殿共有十八次以上的兴修。如今位于台南市民权路的北极殿，虽然进深幽长，然而门面狭隘，紧临街道，成为鳞次栉比的商店中一间店屋式的庙宇，过去北极上帝庙修缮劝募，商家热烈捐输的盛况不复再见。[②]此外，日据以来地区的势力结构产生变化，旧有"联庄"的政治机能消失，"联庄庙"的吸引力也逐渐减弱，各地村落纷纷创建村庙，以建立在地的信仰中心，台南县市奉祀玄天上帝的庙宇不少，香火直接来自大陆者，彼此间少有进香刈火的活动，这也是未能在台南县市形成信仰辐辏中心之故。

台湾的民间神祇，绝大多数源于大陆，因创庙时期的早晚、自大陆庙宇直接分香或从台湾的庙宇分香，开基状况不同，庙神的位阶也会产生差异。多数信众认为祖庙比分香庙更灵验，为提升神阶或争取辈分，有些庙宇将建庙刈香时间尽可能推源溯古。据受天宫管理委员会出版的《受天宫概史》，述及建庙沿革，受天宫主要经历了以下几个阶段：

（1）清顺治十四年（1657），自福建迁徙来台之李、陈、谢、刘姓人氏定居于松柏坑，奉祀自大陆带来的甘霖社武当山香火。

（2）康熙二十年（1681），松柏坑附近居民捐资营建小祠。

（3）乾隆二年（1737），农历三月初三，玄天上帝香火发炉，采乩指示建庙地点，即现址称为"龙虾见江"的龟蛇穴吉地。

---

① 日据明治四十年(1907)拓宽赤崁街为9米道路。1965年都市计划拓宽民权路为15米道路。
② 卓克华：《台南市北极殿创建沿革考》，见《台湾文献》第四十七卷第四期，南投：台湾省文献委员会，1996年，第23—41页。

（4）乾隆十年（1745），玄天上帝化身白须老翁，前往鹿港订制玄天上帝圣像。命名"受天宫"。

（5）道光二十六年（1846），受天宫前往福建甘霖社武当山刈香返乡。①

据此，受天宫创庙时间推溯至顺治十四年，但研究寺庙史迹的学者却不同意此说。林文龙批评说：南投松柏岭的受天宫，将建庙时间由道光二十八年（1848）提前到顺治十四年，往前推进百余年之久，"该宫最主要的动机，乃在香火鼎盛之余，意犹未足，欲借此以提高地位，俾与南部几家建于荷据时期的玄天上帝庙一争长短"。②

台湾的玄天上帝庙，援例在每年三月三日前后，回到松柏岭受天宫谒祖进香，展开一年一度的盛大庙会。然而，也有部分寺庙认为其神像或香火源自大陆，历史久远，不需要向其他寺庙进香谒祖，只愿以同辈身份刈香绕境，称之为"代天巡狩"。据传，南投准天宫主持拟往受天宫进香请火，但该宫上帝爷指示说："本驾以金身渡台在先，岂有向后到香火谒祖之理，如欲进香，须亲往武当朝圣。"此后，准天宫不去松柏岭进香而径自巡境祈安。③

准天宫的创庙祖神，是林姓先祖自武当请香迎来的，祀于林氏厅堂，直到 1977 年建庙。这与前述沙湾一样，是由祠堂、宗庙转化为神庙的另一个例子。这些寺庙创建之始，既是先人携来的神像或香火，若非特别具有物证，往往主观认知与客观认定上会有很大的差异，尤其早期创建的上帝庙；或是一家一姓自故乡携来神像，或水漂而来，或分香而来，又以物力维艰，先以茅苇草创，在时局迭变、人口迁徙之下数经改易，要正本清源确认创庙年代，亦属不易。

① 松柏岭受天宫管理委员会编：《受天宫概史》，南投：受天宫管理委员会，2000 年，第 8—12 页。

②林文龙：《台湾史迹丛论·风土篇》下册，台中：国彰出版社，1987 年，第 123—124 页。

③钟华操：《台湾地区神明的由来》，台中：台湾省文献委员会，1979 年，第 129 页。

据受天宫朝拜场的研
究，全台湾三百多座玄天
上帝庙，其中超过十分之
一即三四十座的创庙香头
来自受天宫，受天宫管理
委员会在 1978 年所印赠
的《北极玄天上帝台湾地
区炉下团体芳名录》收有

图 4-1　2009 年南投受天宫上帝公诞辰，各地分庙家将谒
灵进香前的开路仪式（作者摄影）

当时的炉下团体约 1200 个。到 1986 年总数迅速增加到 2000 多个。其中
空间分布状况，除了彰化、台中、南投为扩散核心外，北部台北县各乡
镇、南部嘉义也成为两大密集区，而扩展最迅速者，则首推高雄县及屏
东县。受天宫朝拜场的扩展及变迁，除了中南部人口移居大都会的因素
之外，高雄及屏东现象，则意味着祖籍分类意识日趋淡薄，玄天上帝庙
的空间组织呈现磁吸效应而集中化（图 4-1 至图 4-3），受天宫已然成为
分布地域广阔的玄天上帝信仰圈的中枢。①

图 4-2　2009 年南投受天宫上帝公诞辰，各地分庙乩童进香请火（作者摄影）

---

①高丽珍：《台湾民俗宗教之空间活动——以玄天上帝祭祀活动为例》，1988 年台湾师范大
学地理研究所硕士论文，第 12 页。

松柏岭受天宫供奉玄天上帝正身有三。大上帝（图4-4）造型最年轻，没有胡须，擅长堪舆之术；二上帝（图4-5）为中年造型，容貌端庄肃穆，擅长除妖驱邪；三上帝（图 4-6）为老年造型，擅长医理。其中三上帝金尊最大。

图4-3　南投受天宫上帝公圣诞，信徒络绎于途（作者摄影）

玄天上帝对外分火的庙宇，早期多分布在台南县市一带，到清朝中后期，分火的中心因受天宫崛起而移至台湾中部。源自本岛香火的庙宇大量增加，信仰的传播由迁徙改为扩散形态，反映了民俗宗教体系在地化的趋向。若就地理学的观点来分析信仰核心的形成因素，诚如高丽珍的论述：除了归诸超自然的"风水"及"神明灵验"因素之外，不能忽略实质环境中交互作用的"供应拉力"与"需求推力"，居于有观光及休闲潜力的风景区，使受天宫从一个小祠迅速发展成全台玄天上帝信仰圈的核心。①

台南北极殿的没落与南投受天宫的崛起，说明了先民对故乡神明的认同，影响的是民俗宗教早期的发展，至于近年则反映了来台汉民的迁播经过。再就花莲的玄天上帝庙为例，当地部分居民是因 1959 年中部"八七"水灾避居花莲，具有二次移民经验。花莲市受天宫、武安宫（新

①高丽珍：《台湾民俗宗教之空间活动——以玄天上帝祭祀活动为例》，1988 年台湾师范大学地理研究所硕士论文，第91—94 页。

图4-4 大上帝造型最年
轻，没有胡须，擅长堪舆之术

图4-5 二上帝为中年造
型，容貌端庄肃穆，擅长除妖驱

图4-6 三上帝为老年造
型，擅长医理

松柏岭受天宫管理委员会编：《受天宫概史》，南投：受天宫管理委员会，2000年。

城乡）、受天宫（丰滨乡）、奉天宫（光复乡）、力天宫等奉祀玄天上帝的庙宇，都从南投受天宫或云林、彰化分灵刈香，因此，花莲庙宇乡土神在情感联系与信仰寄托上，不再是祖籍分类信仰的一环，而是垦地与原聚落间的联系，算是汉族社会"土著化"的另一种形态。①据此而论，在磁吸效应继续作用之下，台湾南北各地区的神明信仰，已达到阶段性的稳定，一时难有新的神明信仰中心，遑论私人信奉的神明浸渐而成一方的信仰重镇。

曾有学者忧心地指出：神明祭祀虽然具有统合小区的功能，但恐怕在传统农业社会才易为功，到了工商社会，各种文化表象变易不居，与民间文化无法一体相承。当今的"神庙信仰"在祭典时人山人海，多只追逐神明的显化与巫术的灵验，很难存心于神明形而上的信仰体系。②然而乐观地看，崇拜仪式的举行，可以使人与神秘力量相互感通而提高自信。富有意义的祭祀活动，常包含着民族及社会各种文化的初模，足以

① 姚诚：《花莲的寺庙与神明》，花莲：花莲县立文化中心，1999年，第11页。
② 郑志明：《台湾神庙的信仰文化初论》，见汉学研究中心主编：《寺庙与民间文化研讨会论文集·上》，台北：天恩出版社，1995年，第20—21页。

开启整个文化的解释系统、功能系统与操作系统，可以把神圣知识的理解与感动，一代传给一代，促进民族、社会、小区的和谐融通。在比较宗教学中地位相当于弗雷泽、以学识渊博著称的伊里亚德（Mircea Eliade，1907—1986）认为：宗教与神话思想的潜在结构，是将互异分歧的现象汇通成一个整体性的宇宙，因为仪式总是重复祖先所实行的原型动作，人们经由仪式的参与，使神圣的事物可以每隔一段时间得以再现①，行礼如仪的平凡动作，使人产生"生命之海、生命存在"的感觉，这对人心与人格的影响难以估量。

二、玄武神的职能

（一）玄武神职的演变

我们知道，神明的封号、职称都与神格有关，代表着神仙世界的地位与阶级，实乃人类社会阶层及组织的折射。神界中有政治地位者称皇、帝、君、王、尊、王爷、太子、后、妃、夫人等；具有军事专才称元帅、将军、剑童等；被视为家族尊长者称祖、爷、公、婆、妈、母、娘、奶等。高阶的神灵，常有多位从属神。在先秦及西汉典籍中，玄武原本只是五帝传说中北方之帝颛顼所驱用的神兽，与许多帝王世系一样，颛顼在人类意识发展中逐渐退隐，随着北方之帝颛顼所统摄的功能分裂，陆续产生了代表各种机能的职能神，这是民间宗教中常见的现象。泛神观的思维在文化社会中，会产生很多同神异格或同职异神的现象，神明很少只有单一神职或职能始终不变的。每位神灵都有一种主要的职能，神阶越高，兼职越多，以满足信徒的各种需要，终而成为万能神。

---

① 布莱恩·莫里斯（Brian Morris）：《宗教人类学导读》（*Anthropological Studies of Religion：An Introductory Text*），张慧瑞译，台北："国立"编译馆，1996年，第201—209页。

宋、明之际，玄武信仰得力于朝廷的鼓动，民间流传许多有关玄武神迹的有趣故事，可以称之为玄武神的灵验类传说。宋人洪迈（1123—1202）叙述某官因久旱求祷于武当真武祠，玄武以金蛇之形显灵，降下甘霖：

> 乾德六年（太祖年号，968），王炎公明以参知政事宣抚四川，道出襄阳，闻蜀中久旱，欲返路过武当祷真武祠殿。此念一生起，是夜梦真君至，言及旱灾，曰："知蒙异眷，当便为料理。"且语且又笑，词色甚温，熟视而退。王才觉，索日记书其事，遂决此行。以七月九日到祠下，焚香揭帐瞻圣容，宛与梦中不少异。一金蛇出现，盘旋于几案匕箸间，忽尔屏迹。道士云："常人愿见此蛇而不可得，若出，必有梦感。"王辞去。前旌及金川上庸县境，甘雨丕降。次洋川少驻，四路继申行府，云皆得雨。[1]

南宋时期，道教神仙谭处端常将"龟蛇"二字送给茶馆老板贴在墙上。左邻右舍大火，唯有贴"龟蛇"的茶馆未被殃及，当时的人将"龟蛇"二字比作吕纯阳的"辟火符"[2]。又据民间风俗，将画上神佛像的红黄纸称为"纸马"[3]，宋朝盛行烧"纸马"的风俗，店家往往大量印制送给顾客："岁旦在迩，席铺百货，画门神、桃符、迎春牌儿；纸马铺印钟馗、财马、回头马，馈与主顾。"[4]印在纸马上的神佛名目繁多，大家熟知的有灶君、太岁神、火德星君、山神、土地、夜游神、水神、火神、桥神、路神、财神、床公床母、城隍、黑煞神、白虎神、五路通等等不下百种，玄武神自然也在其中。清人袁枚（1716—1797）记下一则玄武纸马救海难的民间传说，文字相当幽默：

---

①洪迈：《夷坚志支癸》卷二《武当真武祠》，《续修四库全书》1265子部，上海：上海古籍出版社，2000年，第713页。

②王世贞辑：《列仙全传》卷八，台北：中文出版社，1974年，第552—555页。

③"纸马"又称为"甲马"，民间在纸上画神佛像，涂上红黄颜色，在祭祀时焚化，参考赵翼《陔余丛考》卷三〇。早期甲马纸符，被视为民间美术工艺品加以珍藏。

④吴自牧：《梦粱录》卷六，北京：文化艺术出版社，1998年，第168页。

海洋舟中，必虔奉之，遇风涛不测，呼之则应。有甲马三，一画冕旒秉圭，一画常服，一画被发跣足仗剑而立。每遇危急，焚冕旒者辄应，焚常服者则无不应，若焚至被发仗剑之幅犹不应，则舟不可救已矣。①

虽然袁枚并没有明说救船难最后一招所焚的甲马是什么神，然而"被发跣足仗剑而立"的造型，无疑是玄天上帝的专属，也是最具战斗力的形象。民间思维既活泼又直接，类似事件发生在女神妈祖身上，却换成另一个说法：妈祖原是闽人对未嫁女的称呼，每逢海事求祷女神时，大声呼唤妈祖，则女神披发赤足立即现身，模样一如渔家女，如果呼唤天妃或天后，则女神凤冠霞帔而来，可能稍延时刻，所以妈祖神名比天妃或天后的称呼更见流传。②

近代民间，有人得鬼风疙瘩（荨麻疹），在前胸、后背、手臂左右写上朱雀、玄武、青龙、白虎，再加写"吾奉太上老君急急如律令"，就可以治愈荨麻疹③，原始的巫术色彩十分浓厚。此外，台湾通行的《中国农民历》说：

三月初三，上帝公生，上帝公系北极星所化，屠户祀为守护神，又为保护小儿之神，人们祀之。④

一般妇女在俗称三月节的玄天上帝诞辰这天，来到北极殿为儿女祈福。除农民历之外，尚未看见任何文献记载玄天上帝为"保护小儿之神"的说法，推测武当山太和宫之后有圣父母殿，供有玉印龙头，上刻"都天大德之宝"，当地传说此印可镇邪、医治小儿之病，或是缘此而来。⑤此

① 袁枚：《子不语》，台北：瑞德出版社，1982年，第367页。
② 乌丙安：《中国民间信仰》，上海：上海人民出版社，1996年，第199页。
③ 马冀、宋文坤：《民间俗神》，太原：北岳文艺出版社，1994年，第349页。
④ 《中国农民历》，2000年，第38页。
⑤ 台湾寺庙整编委员会编：《全国佛刹道观总览——玄天上帝》上册，台北：桦林出版社，1987年，第117页。

外，玄武又是屠宰业的行业神（大陆地区则以张飞或樊哙为屠宰业祖师爷），与清水祖师信仰源起类似，民间传说清水祖师原为屠户，受菩萨感召，剖腹清洗自己的胃肠，受度化为神。

神职也有变迁的需要，例如妈祖，在台湾东岸临海渔村，青壮人口外移，近年多不捕鱼，妈祖有从航海保护神转变为农业神的趋向，关公也从武神转变为商业神。以台湾寺庙最多的王爷信仰为例，刘枝万指出，台湾的瘟神信仰由原始极素朴的灵魂崇拜到最后的万能之神，其间历经六个阶段：

（1）原是散播瘟疫殃害人民的"疫鬼本身"。

（2）因放流王船习俗盛行，受封被祀成为瘟部正神。

（3）因海洋文化的发展，渔村祭拜王爷，成为护海神。

（4）因驱逐瘟疫与保生大帝职能相通，具医疗功能成医神。

（5）以瘟神代天巡狩，又成保境安民之神。

（6）合并土地福德正神职能，为民禳灾植福，成为万能之神。[①]

此一概括性的信仰演化历程，往往因时、地的不同使神明产生个别的阶段性演化。颛顼神兽玄武的原始形象，是"介虫之长"，有甲壳，能御侮；有鳞角，富于战斗力；因镇守北方，以方位功能而言，主掌风雨，又以水能胜火，成为预防水火之灾的镇灾之神。若以禳灾植福、保境安民作为万能之神的要件，则伊肇之始，玄武就有成为大神、万能之神的条件。而玄武除了机遇特殊，为帝王将相所用之外，更因民间需求累积演递，如上述受天宫三位上帝分工，各展堪舆、驱邪及医病之所长等。而玄武之所以被台湾民众视为航海守护神，并非由郑成功始。李亦园认为，汉人在移民台湾的过程中，历经渡海、开拓、定居与发展四个阶段。每

---

① 刘枝万：《台湾民间信仰论集》，台北：联经出版事业股份有限公司，1983年，第225—234页。

一时期，移殖的先民都借着某一神明的象征力量来完成艰辛的工作^①。大陆沿海一带主掌风涛的海灵很多，单只妈祖起显的福建莆田这一个县，就有祀唐观察史柳冕的灵感庙，"舟行者必恃以为命，或风涛骤起，仓皇叫号；神灵为之变现，光如孤星，则获安济，其灵响与湄洲之神相望"；有祀陈应功的灵显庙，"他如海道风涛之恐……随扣随应"；有祥应庙，"商贾风涛之险，祈之多有灵应"；又有大蚶光济王庙，"商舟往来必祷焉"；等等。台湾位于太平洋西侧热带气旋路径的要冲，海上经常发生飓风，以致海难频传，又以台湾四面环海，渔民、军人与渡海者众，所以对海神有特别的敬畏与仰赖，在台湾县志、府志中多有类似"真武时显灵异，庇佑居民。相传海中舟楫颠危时，向北呼之，则有光如炬，船借以安""渡台遭风，梦神披发跣足自樯而降，风恬抵岸"的记载。^②玄天上帝既是北极星神，作为航海指标，从主掌风雨、预防水火更进而为海神，可说是神明职能发展的自然历程。

台湾玄天上帝庙中的神像，许多是在明、清时期自大陆奉请来台的，由一姓私奉。二次世界大战末期，日本人在台湾实施皇民化政策，禁止各项岁时祭祀与神诞祭典，并拆毁庙宇，焚化神像，民众为保护民族神与家乡神，流传着许多传说，以屏东斯文里真武宫为例，庄中耆老叙述：

> 本庄信徒恐圣灵遭难，是以密藏玄天上帝与福德正神之圣尊，朝夕拈香奉拜如仪。二次大战，美机轰炸台岛，黄氏乃背负上帝公神尊避难，每遇危难时，上帝公即显化救之，黄氏亲睹圣灵现身，并以战甲护佑，使其能化险为夷，奇迹屡经传诵，遐迩尽知。^③

---

① 李亦园：《宗教与迷信》，台北：巨流图书公司，1978年，第45—46页。
② 刘良璧：《重修台湾府志》，台中：台湾省文献委员会，1977年，第330页。
③ 台湾寺庙整编委员会编：《全国佛刹道观总览——玄天上帝》下册，台北：桦林出版社，1987年，第127页。

又如创建于清乾隆四年（1739）的彰化县芬园乡嘉兴村茄荖永清宫，有一则更传奇的建庙故事：茄荖地区约三四百户人家，以洪姓为大宗，当地的开辟与奉祀玄天上帝的永清宫渊源深厚。据述，清康熙二十六年（1687），湖北谷城县有洪姓三兄弟，因家园荒废，无地耕作，于是建造一艘小船，想以捕鱼为生。出海前却共同做了一个梦，有位老翁说要往东行，洪家兄弟认为这是玄天上帝的指示，前往武当山上帝庙求圣筶，奉迎一尊一尺高的檀香木刻神像，随船安奉启帆出发。谁知当夜遭遇飓风，一行人被吹到台湾海边，随风势一路推往大肚溪、猫罗溪，直到茄荖庄才风平浪静，洪氏兄弟历经狂涛巨浪，竟能平安抵达陆地，认为是神迹显应，恍然明白了老翁"往东行"的玄机，决意在茄荖庄定居，开垦家园，先是建一小庙奉祀神尊，乾隆四年更鸠工建庙于现址，成为茄荖村民的信仰中心。[①]

除了民间的这些生动有趣的说法外，玄武职能系统中还有作为道教北极七星信仰及斩妖押煞的功能，另作专节探讨。

（二）乞寿延年与北斗星君

当玄天上帝的神能越来越大之后，他乞寿延年的神能反而不能凸显，但生死的意义如此重大，专司长寿的北斗星以此仍保有一方信仰，未被玄武神完全遮翳，在许多祭祀场合中与玄天上帝同存并坐，不仅各自拥有香火，各自有经诀，也常在同一祭典中同时现身。例如刘枝万所绘制的台湾建醮平面略图中[②]，分三清坛与三界坛两大部分。三清坛的最左角祭祀北斗星君，三界坛的最右角祭祀北帝，北斗星君与北帝在整个"内坛"道场中，一居北西、一居南东，两端遥遥相望，各据一方，看不出两者的主从与高低阶。北帝往万能神之途发展，北斗星则以主掌寿夭的

---

① 台湾寺庙整编委员会编：《全国佛刹道观总览——玄天上帝》上册，台北：桦林出版社，1987年，第337—338页。

② 刘枝万：《台湾民间信仰论集》，台北：联经出版事业股份有限公司，1983年，第79、120、168、208页。

专职而屹立不坠，因而发生北斗信仰既特出于玄武之外，又内含于玄武信仰之中的现象。

有关添寿的神话，最早见于《楚辞·天问》："彭铿斟雉，帝何飨，受寿永多，夫何长（怅）？"[1]这是说，彭祖将雉鸡烹调成美味献给天帝，天帝享受了美食，就让彭祖长命寿考，彭祖因献食而长寿成为"添寿"传说的一种基型。此后司马迁《史记·楚世家》、刘向《列仙传》、葛洪《神仙传》都有记述，展开了神话"历史化"、神话"仙话化"的历程，随之产生彭祖长寿的各种趣味性解释，形成彭祖故事群。《天问》中，为彭祖添寿的是天帝，天帝是对自然界最高尊神的泛称。东汉以后，因道教的传播，神职经过调整分工，产生许多新的、专职的神祇，南北斗主掌寿夭，"南斗注生、北斗注死"之说流行一时[2]，北辰星被视为司命之神（图4-7）。晋人葛洪记西汉高祖时事说：

> 八月四日，出雕房北户，竹下围棋，胜者终年有福，负者终年疾病，取丝缕就北辰星求长命，乃免。[3]

崇拜北辰星以请命的"礼斗"之法，在汉魏时已成普遍信仰，附会的故事渐多，神卜管辂（209—256）为颜超请命的故事传诵一时：

图4-7　拜北斗七星以请命延寿
臧晋叔：《元曲选》，台北：中华书局，1972年。

---

① 朱熹：《楚辞集注·天问》，台北："国立中央"图书馆特藏组，1991年，第80页。
② 吕宗力、栾保群编：《中国民间诸神》上册，台北：台湾学生书局，1991年，第136—143页。
③ 葛洪：《西京杂记》卷上，《百部丛书集成》本，台北：艺文印书馆，1968年，第18页。

117

管辂至平原，见颜超貌主夭亡。颜父乃求辂延命。辂曰："子归，觅清酒一榼鹿脯一斤。卯日，刈麦地南大桑树下，有二人围碁，次但酌酒置脯，饮尽更斟，以尽为度。若问汝，汝但拜之，勿言。必合有人救汝。"颜依言而往，果见二人围碁，颜置脯，斟酒于前。其人贪戏，但饮酒食脯。不顾数巡，北边坐者忽见颜在，叱曰："何故在此？"颜唯拜之。南面坐者语曰："适来饮他酒脯，宁无情乎？"北坐者曰："文书已定。"南坐者曰："借文书看之。"见超寿止可十九岁，乃取笔挑上语曰："救汝至九十年活。"颜拜而回。管语颜曰："大助子，且喜得增寿。北边坐人是北斗，南边坐人是南斗。南斗注生、北斗注死。凡人受胎，皆从南斗过北斗；所有祈求，皆向北斗。[1]

　　故事有趣又贴近人情，使北斗乞寿这一故事母题，在《三国志·吕蒙传》[2]，《三国演义》的《卜周易管辂知机》《五丈原诸葛禳星》两节及"桃花女"故事群中一再出现。道教书籍中原本就流传许多"拔宅飞升""羽化成仙"的传说，对于这类原属民间的延寿长命的故事，自然会加以吸收，使其成为富有道家色彩的传说。许道龄说：

　　　　起初这种（礼斗延寿）迷信，社会上知者很少，等到（元戏剧作家）编成戏文以后，就会不胫而走，普遍于全国，人人相信北宫七宿和善卜的周公，善解禳的桃花女都掌管人类寿命的事，所以近代的真武庙中，多附设这两个神像，以崇祀之。这种传说，不但关内人民相信，连满族的帝王也相信。[3]

　　最初由天帝直接为彭祖添寿，到洞晓天机的神算人士禳星延寿，又进而以灯代星称作本命灯、添寿灯，其中的变化，显现了原始神话发展到宗教神话、方术神话的置换现象。中国道教以"恶死乐生"为旨，道教经典竭力宣扬北斗星信仰，尊奉北斗的《太上玄灵北斗本命延生真经》

---

① 干宝：《搜神记》卷三，台北：鼎文书局，1978年，第21页。
② 陈寿：《三国志·吴书·吕蒙》，台北：鼎文书局，1985年，第1273—1282页。
③ 吕宗力、栾保群编：《中国民间诸神》上册，台北：台湾学生书局，1991年，第91页。

（简称《北斗经》）载有"北斗净身咒"：

灵宝祖杰　安慰黄阙　白帝清魂　赤帝定魂　黑帝生杰　青帝养血　黄帝中生万神敢越

前有朱雀　后有玄武　左有青龙　右有白虎　侍吾之身　元神鼓舞　各按方位　共同朝斗府　急急如太上老君律令[①]

《北斗经》谓勤念"北斗净身咒"，有五帝四灵诸神环绕，妖邪远离，灾殃不侵。《北斗经》中还说明了简易祭拜斗神的方法与神奇功效："虔诚献礼种种香花，时新五果，或于观宇，或在家庭念此大圣北斗七元真君名号，当得罪孽消除，灾衰洗荡……凡有急难，可以焚香诵经，克期安泰。"又进一步宣扬"本命星"信仰，说：

有出身果薄，虽在人中贫穷下贱，纵知本命无力修崇，能酌水献花，冥心望北极稽首礼拜，念本命真君名号者，亦不虚过本命限期，皆行延生注福，灾厄蠲除。[②]

所谓"本命星"，就是将十二属相与北斗七星相配，某人的出生年干支与某个星君相应，这个星君就是此人的本命星。道教传说中有关北斗显灵的故事不少，人们祭拜自己的本命星，遇事便可逢凶化吉，北斗星显灵现身常是道人打扮，洪迈《夷坚丙志》叙述一则《无足妇人》，类似小型的白蛇与许仙故事，不同的是道人代替了和尚。故事说：宋代一位士人，见无足妇人乞食于市集，面貌姣冶。士人将妇人带回家作妾。但无足妇人却是妖怪，一年之后，出现一位道人，看出士人身上有妖气，说一定是没有脚的东西在作怪，这才识破妇人的真面目，将生着肉翼的妖怪赶走。最后道人告诉士人说："我即子之本命神，以子平生虔诚奉我，故来救护。"[③]又，洪迈所述另一则孝子救母的故事说：临江人周昌时母亲病重，周昌时在

①萧登福：《南北斗经今注今译》，台北：行天宫文教基金会，1999年，第401—408页。

②萧登福：《南北斗经今注今译》，台北：行天宫文教基金会，1999年，第401—408页。

③洪迈：《夷坚丙志》卷八，《续修四库全书》1265子部，上海：上海古籍出版社，2000年，第181—182页。

图4-8 武当山随侍北帝的灵官塑像
台湾寺庙整编委员会:《全国佛刹道观
总览——玄天上帝》,台北:桦林出版社,
1987年。

中秋夜晚向北斗星虔诚祝祷,表明愿意剖腹取肝为母治病,祷告完动手正要自剖,背部被击,回头却空无一人,只见一药包自天而降,纸上并写道:"周昌时供奉母病,累岁孝行,此药三粒,赐郑氏八娘。"周母服药后迅速痊愈。[1]

北斗星君每个月都会下临人间,这个特殊时间,带给人间很大的冀望,若善于把握时机斋醮求祷,不仅可以扭转生死,还可福寿绵绵。民间彭祖与周、桃斗法故事群,都是此类神话想象的再现。李丰楙曾对道教追求长生之旨有一段精简的论述,可借作此段的小结:

（道教）以大罗天为最高天界,中间散布庞大而复杂的洞天福地,同时也出现类似的地狱构想;至如经典科教,融合原始巫术及古来的礼仪,产生一套极具神秘色彩的符咒法术及斋醮仪式;与之相辅的为通俗化的伦理道德,成为劝善的各种戒律。凡此繁复的宗教结构,只为了一个长生不死的现实利益。[2]

（三）驱邪押煞与黑煞神

中国方术中举凡星占、六壬、太乙、符咒、堪舆等,都有北帝玄武的一席之地。祝咒请出北帝武身,可以差遣天兵天将、役使各路神灵（图4-8）;请出北帝文身,可辟邪消灾,伏压鬼气。所谓除秽恶,灭三尸,

<hr>

①洪迈:《夷坚丙志》卷一五,《续修四库全书》1265子部,上海:上海古籍出版社,2000年,第225—226页。

②李丰楙:《探求不死》,台北:久大文化股份有限公司,1987年,第68页。

消故气，鬼魅邪精永远不敢接近。道教大神中最具神威的驱魔大帝，非玄天上帝莫属，玄天拥有非比寻常的神威，与早期神话阶段的玄武关系不大，与道教黑煞神信仰较有关系。

在神话谱系中，玄武是颛顼氏的属臣，早期形象凶恶，所以被称作死神、杀神，传说中的颛顼子孙绵延，鬼子鬼孙繁多：

> 昔颛顼氏有三子，死而为疫鬼：一居江水，为疟鬼；一居若水，为魍魉鬼；一居人宫室，善惊人小儿，为小鬼。于是正岁，命方相氏帅肆傩以驱疫鬼。[1]

颛顼并非吉祥之神，除了有疟鬼、魍魉鬼和惊吓小孩子的小鬼三个儿子外，恶神梼杌及吹刮"不周之风、主杀生"的风神玄冥，都是颛顼神系的子孙及属臣，所以汉朝的蔡邕（133—192）直接称颛顼为"疫帝神"。一般以动物或植物为原型的神，除了极少数的例外，如西王母，或被视为图腾神的龙、虎、凤等外，都不被看做正神，不纳于官方礼制祭祀的对象，只能算民间淫祀之神，即便一朝一代受赐加封，成为正祀享有香火，仍有罢废的可能，如梼杌或初形是蛇的梓潼帝君（文昌君）等。在宋、明以前，玄武以龟蛇之状出现时，是令人感到恐怖的，唐人段成式（约803—863）说：

> 朱道士者，太和八年，常游庐山，憩于涧石，忽见蟠蛇如堆缯锦，俄变为巨龟。访之山叟，云是元武。[2]

又据五代（907—960）时人于逖所述，沈仲霄之子不经意之间见蛇缠一龟，以锄击杀缠龟之蛇，旬日之间数十口家人相继而亡。[3]

从段成式和于逖所说的事件中，形象怪异会施祸于人的玄武，与精

---

① 干宝：《搜神记》卷一六，台北：鼎文书局，1978年，第116页。

② 段成式：《酉阳杂俎·续集》卷三，《百部丛书集成》本，台北：艺文印书馆，1967年，第9页。

③ 陈纂：《葆光录》卷二，台北：艺文印书馆，1968年，第4页。

121

怪无异。但一因宋、明时期成功转化为官方的正祀①，二因黑煞神信仰的兴起，使政教系统将此一原始、次原始信仰加以吸收，玄武得以摆脱民间小神淫祀的行列。如果不是这番机遇，就颛顼被称作"疫帝神"而言，玄武神的发展演变，或许也像王爷信仰一样，由负转正，由原先的瘟神逐渐转变成为驱瘟神。黑煞神起源不可确知，最早见于宋人马令所撰的《南唐书》：

> 道士谭紫霄，泉州人也。……闽亡，寓庐山，栖隐洞。其徒百余人，有道术，醮星宿，事黑煞神君，禹步魁罡，禁沮鬼魅，禳祈灾福，颇知人之寿天。②

道士谭紫霄专奉黑煞神，作法时披发燃灯，以指捻诀，"禹步魁罡"中的魁罡就是北辰七宿中的北斗星。谭紫霄作法这一幕人们并不陌生，《三国演义》中叙述诸葛亮（181—234）披发仗剑、踏罡步斗，以禳星术延寿，与之近似。根据《南唐书》这则资料，刘枝万认为黑煞神在五代南唐（937—975）时，可能已成为南方民间信仰的神明，被巫觋术士如谭紫霄等奉为主神，但他在神仙班中并无赫赫之名，直到宋代张守真"神降终南山"事件，才使黑煞神的知名度打开，受封为翊圣将军，王钦若为黑煞神撰《翊圣保德传》，指称道家独尊玄天上帝，源于东汉张鲁（天师道教主，张道陵之孙）奉祀水官之故：

> 翊圣真君降盩厔民张守真家，太祖太宗皆崇信之，事殊怪妄。盖自张鲁之教有三官，天、地之外独有水官，而木、金、火、土不与。故道家独尊玄武。此所谓翊圣真君，即玄武也。③

① 明儒臣提出撤圣像罢淫祀之议，释迦牟尼、北极紫微大帝、祖师真君（张道陵）等都归入罢免或拆毁之例，唯有玄武神祭祀，维持洪武旧例，每年三月三日、九月九日用素馐，遣太常官致祭。

② 马令：《南唐书》卷二四《方术传》，《丛书集成初编》本，北京：中华书局，1991年，第162—163页。

③ 永瑢主编：《四库全书总目·子部·道家类存目》，台北：艺文印书馆，1964年，第1260页。

为名不见经传的黑煞神杜撰背景，误导黑煞神与玄武神二而为一，借以抬高黑煞神的地位。黑煞与玄武是否同一神或同神异名，有进一步澄清的必要。

在敦煌石室遗书中所见唐、五代以前的道教符印，有一幅"伯三八——写卷"的总符咒，道士画符作法之前，都要设坛行礼，这幅挂在祭坛中央"总坛式"上的总符咒，

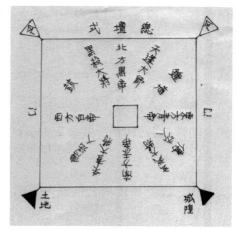

图4-9 设坛作法总坛式（据图绘制）
高国藩:《中国民俗探微——敦煌古俗与民俗流变》，南京：河海大学出版社，1989年。

排列出道士设坛祭祀的神祇（图4-9）①，除了东方青帝、南方赤帝、西方白帝、北方黑帝之外，还包括土地、城隍、玄武大将、朱雀大将、黑杀大将、天蓬大师、钟馗及传法人。

总坛式中的神祇，除四方神可算是同一系统外，其他附属的神将系统并不完整，也不对等。北方黑帝、玄武大将与黑杀大将同时出现，各自独立。一方面表明隋唐以前玄武的神格并不高，他是臣属于东、南、西、北四方"天帝"（据图标位置，不一定辖属于北方黑帝）之下的一员大将；另一方面也显现了民间对神谱系统漫不经心的本质。

前引杨亿《谈苑》中提到：终南山道士张守真被黑煞将军附身，自称与真武、天蓬等同为天庭大将，宋太宗即位后，封黑煞将军为翊圣将军。则翊圣将军与真武同为天庭大将，是二而不是一。

前引《朱子语类》说："今乃以玄武为真君，而作真龟蛇于下，已无义理，而又增天蓬、天猷及翊圣真君作四圣，殊无义理。"可知在宋朝时

---

① 高国藩:《中国民俗探微——敦煌古俗与民俗流变》，南京：河海大学出版社，1989年，第88—94页。

仍将玄武与翊圣真君并列为四圣之一。最后朱子再加一句说："所谓翊圣，乃今所谓晓子者，真宗时有此神降，故遂封为真君。"并未将翊圣与玄武混而为一。[①]

又据明人余象斗撰《北游记》情节，称黑煞神是上界的黑虎神，来到人间姓赵名公明[②]，共手下七员妖将作乱，助殷纣王与周武王为敌，后被玄天上帝收服并列为三十六员部将之一。[③]此外如清人小说《桃花女斗法》中，黑煞神是周公使咒押煞的对象，用来对付桃花女，周公原身则是玄天上帝剖腹洗肠的一把戒刀。虽说通俗小说对神仙的谱系素不在意，但普遍反映出黑煞神位阶不高，虽与玄天上帝关系密切，但却以负面形象居多。

台湾法教各派，多传自闽、粤沿海一带。李亦园指出，中国南方的教派，以符箓咒语为要谛，驱邪押煞为秘诀。道士施法，主要是请神、送煞、消灾、课诵、调营等五项，所谓"调营"，是指调遣五营兵将[④]，这部分最能展现法师请神押煞的本领，整套仪式有许多法门步骤，《桃花女斗法》中写周公请神押煞的经过，虽说文学之笔颇多夸饰，但过程生动、细节清楚：

> （周公）取了天罡神书，提了天罡宝剑，预备下桌子香花灯烛，新纸笔黄纸等物，待天交三鼓，把金冠摘下，打散了头发，照定天罡神书的符箓，用新笔写上，是朱砂在黄纸上面书道灵符。左手提剑，右手焚符念咒罢，用天罡剑往上一指，只听得起了一阵怪风，风响过从空中落下一朵烟云来，托着一员天将，好

① 黎靖德编：《朱子语类》第八册，北京：中华书局，1988年，第3006页。

② 赵公明始见于晋干宝《搜神记》，在道教中素被视为冥神、瘟神一类。隋唐后将赵公明列为五瘟神之一，《列仙全传》以赵公明为八部鬼帅，暴杀万民。赵公明以此煞气冲霄之形象与后起的黑煞神传说结合。

③ 余象斗：《北游记玄帝出身传》，见《明清善本小说丛刊》第四辑，台北：天一出版社，1985年，第60—63页。

④ 李亦园：《信仰与文化》，台北：巨流图书公司，1978年，第50—51页。

不利（厉）害。但只见：头戴金盔生煞气，面如黑竖染浓眉，眼似鳌山灯盏，胡须一部硬如针，竹节钢鞭手内擎。上天敕旨封大帅，黑煞二字鬼神惊。①

经过周公作法，黑煞神不但现形，还躬身向周公问说："法官唤吾神那里使用？"凭符咒就可以轻易驱遣的神，想来神格并不高。一般招请天界的勇兵猛将前来杀鬼斩妖，须作手印并念咒语来提高灵力。刘枝万收录的台湾闾山教所施用的"黑煞神咒"如下：

仰启北方黑煞将，化身真武大将军，赤袍独立黑云中，威武神通为第一；手接七星降魔剑，脚踏腾蛇八卦龟，永镇北方为上帝，浩浩无疆神通力。仰启天兵八煞将，出入岩湖救众生，左有青龙右白虎，前有朱雀后玄武，随吾下降亲巡喊，扫荡殿前不法人。吾奉上帝亲嘱咐，北帝门下指挥兵，先斩下方无道鬼，后斩内离不正神，天罡太乙随吾转，丁甲二将助吾行。吾今振动天门口，大开天门闭地户。弟子一心专拜请，北方煞将降临来，神兵火急如律令。②

若将小说中所叙述的那一套收魂巫法，与刘枝万所描述的台湾闾山教收魂法③作一个比较，则前者属于"个人巫术"，闾山教的"祭七星灯收斗魂法"属于"法师巫术"，两者虽有小巫与大巫之别，但施法的步骤及采用的器物十分近似。另一则民间流传的"北方黑煞将神咒"，提到左右康元帅，赵将军及三十六将官，应是受到《北游记》的影响：

拜请北方黑煞将，化身真武独天尊，身长万丈救凡间，统领天兵数千万。左有泰山康元帅，右有玄坛赵将军，三十六员诸官将，脚踏腾蛇八卦龟，手执降魔七星剑，披头散发与神通。……

---

① 梦花主人：《桃花女斗法》，台北：广文书局，1980年，第30—31页。

② 刘枝万：《中国民间信仰论集》，台北："中央研究院"民族学研究所，1974年，第233—234页。

③ 刘枝万：《闾山教之收魂法》，见《中国民间信仰论集》，台北："中央研究院"民族学研究所，1974年，第207—317页。

弟子一心专拜请，黑煞将军降来临，神兵火急如律令。[①]

将上述两则黑煞咒并观，虽说名为黑煞神，但所有的事迹内容都与玄武有关，可知源自闽、粤沿海一带的台湾法教系统，也是一体相承，把黑煞神视同玄天上帝。然而又有另两则直接名为"真武"、"玄武"的符咒。是安徽黟县所采用的"真武佑圣咒"，通篇四言，气韵平和，主要用于颂神而少煞气，倒像是宋朝流行一时的"青词"体[②]：

太阴化生，水位之精。虚危上应，龟蛇合形。周行六合，威慑万灵。无幽不察，无愿不成。劫终劫始，翦伐魔精。救护群品，家国咸宁。数终永甲，妖气流行，上帝有敕，吾因降临。阐扬正法，荡邪辟精。化育黎兆，协辇中兴。敢有小鬼，欲来见形。吾目一视，五岳摧倾。[③]

另一则是台南市北极殿刊印《玄天上帝醒悟真经》所载的"玄武咒"，措辞古朴，与上则咒语一样，看不出与黑煞神有任何关联：

二一真武神，脚踏天关蛇龟精，披头散发为上将，顶戴森罗七座星，来镇北方为上帝，兼管诸天挂甲兵，左青龙、右白虎、前朱雀、后勾陈，坐管千里虚空内，立照十方世界中。[④]

将两组"黑煞神咒"与"玄武咒"作比较，令人注意的是前组"黑煞神咒"都有"仰启北方黑煞将，化身真武大将军"之句，推测宋代道士借天师道之名，将黑煞神与玄武神合二为一后，道教中法教各派存此一说。然而黑煞神毕竟位阶不高，煞气太重，只能成为玄天上帝的一个面相。换句话说，黑煞神是玄天上帝符咒起乩、请神押煞方面职能的具形化。正如《桃花女斗法》中所说"黑煞二字鬼神惊"，以此发挥更强大

---

① 黄耀德编：《万法大观》，台北：武陵出版社，1990年，第241页。
② 道士斋醮，上告天神的表章，以朱笔写于青藤纸上，宋丞相严嵩等擅此体，成为一种文体。
③ 姚福均：《铸鼎余闻》卷一，见《黟县志》，台北：台湾学生书局，1989年，第83页。
④ 卓克华：《台南市北极殿创建沿革考》，见《台湾文献》第四十七卷第四期，南投：台湾省文献委员会，1996年，第37页。

的辟邪威力。黑煞神本身在神仙班中并不成气候，最新版"神仙传"即吕宗力、栾保群所编纂的《中国民间诸神》中，罗列传统大大小小约二百三十位各路神明，黑煞神未能跻身其中。但因黑煞神此一面相，又使玄天上帝成为法师（乩童）行业的保护神[1]，为持戒道士护法：

> 凡道士入室斋戒，有存修而数有不祥之物及奇怪血光，诸鬼精恶气来恐试人者，兆当行北帝咒鬼杀邪神方。[2]

法师或乩童最常用的法器是七星剑，剑身两面各镶嵌或雕饰北斗七星的图案，具有驱魔斩妖的法力，比剑更厉害的则是符印。杜光庭（850—933）《录异传》中曾记载这样一则错失符印的憾事：

> 吏将上天见官府，府君居处甚严，使人将瑀入曲房，房中有层架，其上有印与剑，使瑀取之，惟意所好。瑀短不及上层，取剑以出。问之：子何得也？瑀曰：得剑。吏曰：恨不得印，可以驱策百神。今得剑，惟使社公（土地公）耳。疾既愈，每行，即见社公拜谒道下，瑀深恶之。[3]

印与剑是一文一武，印的威力相当于神明世界的玉玺。《太上北极伏魔神咒杀鬼箓》中记录了两枚符印，一个"北极杀鬼印"，可以治一切疾病，另一个"北极酆都召鬼神印"，可以治妖邪缠身及神经错乱。对一般人而言，显然印比剑更有效用。受天宫既是台湾玄天上帝的信仰中枢，理所当然也成为流传玄天灵显事件的会聚之所，灵显事件难以一一枚举。《受天宫概史》中，记载了1912年前后五六十年间共十二事件，这些事件除了一般捡骨完坟、抽换屋梁、指点吉地及降雨灭火等使信众除病祛灾、财丁兴旺的灵异之外，归纳起来最多的是治愈神经错乱的病人。经

① 董芳苑：《台湾民间宗教信仰》，台北：长青文化公司，1975年，第296页。

② 张君房：《云笈七签》卷四五《秘要诀法》，《四部丛刊》本，上海：上海古籍出版社，1989年，第15—18页。

③ 杜光庭：《录异传》，见鲁迅《古小说钩沉》，台北：长歌出版社，1975年，第413—414页。

图4-10　傜族李天师图像，
右有长剑，左有龟蛇

阮昌锐：《中国民间宗教之研
究》，台北：台湾省立博物馆出版
部，1990年。

过玄天上帝出乩指示，或下灵符、作法，赐炉丹、灵符服用，受黑狗精、邪神、阴魔作怪致病的精神病患者就都获得痊愈。受天宫奉祀的三位上帝公中，以二上帝最擅于驱妖镇魔，所以医治精神病患者都是二上帝显化。

中国少数民族中仍然盛行鬼神崇拜，其中掺杂不少汉族的鬼神。据统计，湘西苗族崇拜的鬼神有七十多种，汉族鬼神占了一半，苗族的符咒法术，不少源自道教，也有"真武咒"。湘西地处山区，因此真武神的相貌以虎代替龟蛇，出现了虎头人身的玄武：

> 真武祖神大将军，头是猛虎身是人，不吃人间茶和食，专吞邪鬼过光阴。一年四季游天下，专驱妖魔不正神。今日奉请吾来此，邪鬼看见走纷纷。吾奉太上老君急急如律令敕。[1]

又据阮昌锐所收的傜族李天师图（图4-10），造型上，李天师玉面长髯，戴金冠，手持圭，右边有长剑，蛇躯盘缠剑刃，在天师左边有吐出长信的蛇首，蛇首下方有昂头向上的龟。这位李天师是谁？有人认为李天师是指大闹龙宫的哪吒之父李靖李天王，阮昌锐推测，从祭坛供奉的位置来比较："李天师与北帝在同一方位，北帝为北极玄天上帝，而玄天上帝也是脚踏龟蛇，从构图上来看，李天师可能就是北极玄天上帝。"[2]

---

① 石启贵：《湘西苗族实地调查报告》，长沙：湖南人民出版社，1986年，第532页。
② 阮昌锐：《中国民间宗教之研究》，台北：台湾省立博物馆出版部，1990年，第250页。

三、玄武信仰的性别意涵与神格

从两性的性别意涵来说，研究宗教的学者指出：妈祖最早从"女巫"、"湄洲林氏女"，地位不断提升到"夫人"、"天妃"、"圣母"，再到"天后"的最高地位，但在神明世界里，仍处于从属地位，无法取得正式的职权。反观天上的男性神祇，却各有官阶和职位，如玉皇大帝、三官大帝、城隍爷以及真武大将军、开天大帝等。另一方面，妈祖生前未婚，没有子嗣，却被冠以"娘妈"、"妈祖婆"、"姑婆"等女性长者身份的名称，意指妈祖如母亲般照顾地方子民，成为地方守护神，保护女性生育与祈子、育儿的母性神，被赋予了许多伦理意义。北港朝天宫建有圣父母殿，祭祀仪式中有"回娘家"的活动，妈祖册封成神后，其父母也受到朝廷加封，整体反映女性的社会属性。①回观玄武神，诗人杜甫（712—770）《魏将军歌》有"酒阑插剑肝胆露，钩陈苍苍玄武暮"，形容玄武星西沉的景象，玄武星是阳刚气十足的星辰，非酒非剑不足以称之。《北游记》叙述玄帝出身，套用"三世三身"、"铁杵磨针"、"情诱"、"割肉饲鹰、舍身饲虎"、"再挫再战"等民间及佛教故事，强调真武神充满各种考验与苦难的出身，玄天上帝剖腹洗罪的肉体自惩，更加强了他超自然的力量与巫术性的效验，造就了玄武威仪十足的严父性格。

作家陈千武（1922－2012）于日据时期出生于南投县名间乡，此地有祭祀玄天上帝香火鼎盛的受天宫，陈氏儿时常跟随父亲前往受天宫拜拜：

> 但是要进入幽黑的寺庙里面，总是感到害怕，常听说玄天上
> 帝的右脚踏着蛇，左脚踏在龟壳上。蛇和龟是玄天上帝驯服的精

① 黄美英：《香火与女人——妈祖信仰与仪式的性别意涵》，见汉学研究中心主编：《寺庙与民间文化研讨会论文集·下》，台北：天恩出版社，1995年，第531—541页。

怪，幼小时的精神世界对"玄天上帝"的存在感到害怕，并怀疑那是连他自己的存在也要从根底颠覆过来似的震慑感受。[1]

1941年太平洋战争爆发，时年21岁的陈氏以台湾"特别志愿兵"身份自高雄港出发，辗转雅加达、温鲁斯岛、帝汶等南洋战区，据陈千武自传性相当高的短篇小说《输送船》中所述，在直赴战场的输送船上，当兵的青年，身上都带着护身符。日本兵带的是"明治神宫和熊本神社的护符"，琉球青年带的是"那霸神社的护符"，台湾两位"特别志愿兵"带的是"土神"，即妈祖庙护符。陈千武说：

> "他"把像颈项链挂在胸脯前的护符袋拿出来显扬。"我"悄悄摸着自己的胸膛，我的护符袋里的神符不是妈祖的。那是我家松柏坑玄天上帝庙二帝爷的护符。二帝爷是武神，在战地该比妈祖神威显赫可靠。[2]

20世纪60年代陈氏约40岁，开始发表现代诗，诗中述及玄天上帝的诗共四首，《槟榔树》中，将槟榔树形而上化与玄天上帝意象叠合：

> 撑着破伞、宛如孤寂的老人，为偎倚细长的手
> 杖，霸占，乡村的每一个角落。……
> 你继承不可思议的传统，傲然仰空，
> 你信奉玄天上帝的道教，特权民间。
> 新锐的潮流，侵不蚀你领域，
> 甚么现代，甚么象征，甚么超现实派或者
> 摸象派，都不值得你主持的乩童的法术那么……幻惑（略）
> 你是旧礼教的遵奉者，
> 而你的姿态永恒青青。[3]

又，在《巫》这首诗中，形容玄天上帝"神的触须是无形的雷达"，有

---

① 彭瑞金主编：《陈千武集·输送船》，台北：前卫出版社，1991年，第31—54页。
② 彭瑞金主编：《陈千武集·输送船》，台北：前卫出版社，1991年，第31—54页。
③ 陈千武：《密林诗抄》，台北：现代文学社，1974年，第9页。

无所不知无所不在的控制力;《安全岛》一诗中，写明郑王室的王爷，一心攀附玄天上帝，企图重建王朝：

> 神不在
>
> 自从我诞生　神就不在了
>
> 然而
>
> 神并没有跑掉
>
> 在受天宫的广场上
>
> 反复念咒比画做姿势的男女乩童们
>
> 浮躁的心灵
>
> 混浊的眼神
>
> 听迷了
>
> 那镇坐在天空角隅的帝爷王爷们的
>
> 昭敕！……（略）[1]

另一首《飞行云》则将玄天上帝与神国天照太神类比，暗喻日本在台湾的愚民暴行。陈氏幼年参拜受天宫时感到震慑畏惧，行军时以二上帝护符佩在身上护身，稍后的诗，却将玄天上帝意象视作讽喻的对象，以玄天上帝象征传统权威、政治霸权。诗中的陈千武已从敬畏神明变成无神论者。

史蒂文·桑格瑞（P. Steven Sangren）就许多文化中对女性经期、性生活和生育能力的污染观，指出中国社会中普见的女神信仰及女神地位的崇高，和中国女性所属的社会地位并不相称。女神信仰的特质是拥有较好的包容性、调节性与联盟性，而男性神祇则拥有较多的权威性、正当性和阶级性。[2]以陈氏诗中玄天上帝与妈祖为例，二者都是陈氏在生活中混合着成长与记忆的饱满意象，一般宗教心理，都有以自己家乡的寺

① 陈千武:《鹿野》，台北：田园书局，1969年，第10页。

② P. Steven Sangren，*Female Gender in Chinese Religious Symbols：Kuan Yin, Ma Tsu, and the Eternal Mother*, 1983, In Signs 9 (1)：4-25。

庙为心中圣地的现象，具有浓厚的情感认同，陈氏诗文以"玄天上帝触须是无形雷达"与"妈祖的缠足"两意象在性别上形成的对比，恰是反映神明性别意涵很好的文例。

1998 年《联合报》刊登了一则标题为《玄奇》的新闻：南投鹿谷乡民柯献堂两年内连连七次被毒蛇咬伤，与他同住的四位家人却都没有被毒蛇攻击。蛇学专家或许有较为科学性的解释，柯献堂自己却说：玄天上帝神像脚踩龟蛇，象征掌控龟蛇二物，所以他不敢任意捕杀蛇，没想到蛇还是只咬他。但他父亲却说：柯献堂当过玄天上帝的乩童，曾酒后违抗神明命令，神明为教训他才使他接连遭毒蛇咬伤。[1]身为乩童的柯氏显然具有与玄天上帝神秘接触的身份，玄天上帝原始严父般赏罚分明的性格，迫使柯氏必须承受神力冲击来领受这既恐怖又"玄奇"的经验。柯献堂的遭遇令人想起《圣经·旧约》中上帝对乔布（Job）的袭击以及有关恕罪、畏惧等的信念。宗教学者喜欢强调宗教的基本特征就是万能神，"值得"畏惧并且"要求"畏惧，所有威严与荣耀都建立在神的愤怒与人的惊骇之上，没有愤怒的地方就没有恐惧。不能发怒的神也就不能爱，一位既不知道生气也不知道爱的神，是静止的泥塑木雕而已，不是能感应的神明。[2]玄天上帝似乎以他独特的方式来训练他的乩童，以他的恩威莫测与不可理喻，为信仰所需要的神秘留下想象的空间。而神的愤怒，实乃恶魔撒旦的根源，恶魔撒旦就是神之愤怒的实体化，柯氏的玄奇遭遇，似乎揭开了玄天上帝隐而不彰的另一个面相。

刘枝万曾以王爷为例，指出神明发展到万能之神，也就是神明功能演化的满足点，以此衡量玄武信仰，从他指引方向，善镇水火之灾，到显圣助战、歼灭妖魔，在董芳苑架构的神界社会组织中，将玄天上帝定

---

① 台北《联合报》第 19 版，1998 年 5 月 26 日。记者张弘昌鹿谷报道。

② 鲁道夫·奥托（Rudolf Otto）：《论神圣》（Idea of the Holy），成穷、周邦宪译，成都：四川人民出版社，1995 年，第 115 页。

位为主管生死、隶属中央具有驱邪功用的行政神①。回头看《北游记》中对玄武神能的形容：

> 武当山祖师大显威灵，逢难救难，遇灾救灾，江中风平波息，民感神恩。人家有孝子顺孙求保，父母妻子求嗣者，无有不验；名扬两京一十三省，进香祈福者不计其数，有虔心者，半空中自然飘飘然飞一红缎来，挂于身上，名曰挂彩。②

则玄武被称作保境安民的万能之神并无疑虑。但这仅指人对神能的感应而非伦理感应。玛丽·乔·梅多（Mary Jo Meadow）尝试就崇拜心理的内容分为主观崇拜与客观崇拜，她解释说，主观崇拜在表面上是针对神明，实际上只关系到信徒本身的需要与利益，客观崇拜是把注意力从个人的关心转移到神圣事物与灵魂世界。③宗教之所以享有神圣光圈，并不仅仅在于能够逢难救难、遇灾救灾，更在于在对神圣事物与灵魂世界的终极关怀中，产生自我的提升与内在神性，产生"觉"的概念。神性即是人性，是人类把自身的生命力、意志力外化投射到外界事象。通过人们的崇拜活动，世界万物本来就有的生命力，万物间本来就有的联系，重新运动起来。前引《佛山乡志》编纂者的话，说真武虽然是身份最尊贵的神明，但佛山乡民却只把他当亲切的大父母看待，此中原本大有契机，可是中国宗教未曾发展出地上之城与上帝之城以圣俗相对应的信仰基础，所以《佛山乡志》指的是神我之间虽"跳跃媟慢"无所怪罪，而不是指信仰者"内心发生与超越神沟通交谈、心灵交契的感受"。从陈千武诗与乡民柯献堂经验，则玄武虽是万能神，却不是充盈着至善及无限的包容者，而是威严至尊的大上帝。

---

① 董芳苑：《探讨台湾民间信仰》，台北：常民文化出版社，1996，第180页。

② 余象斗：《北游记玄帝出身传》，见《明清善本小说丛刊》第四辑，台北：天一出版社，1985年，第118页。

③ 玛丽·乔·梅多（Mary Jo Meadow）：《宗教心理学》（*Psychology of Religion*），成都：四川人民出版社，1990年，第162—163页。

宗教信仰也许从利己主义的动机开头，在信仰的喜乐中获得自我提升，产生一种觉悟或光照的经验。虔诚的心会产生积极情绪，用以激励人们面对艰难的现实，这才是信仰与伦理合而为一的终极境，也是人格神发展的终极境。玄天上帝是否完全达到神格圆满的境地，关键不在于玄天上帝是否大显威灵，而是社会是否始终存有原始巫术性格，期待奇迹的显现。宗教学者们强调，迈向更开明的信仰的过程中，我们会逐渐放下对一切外显式的奇迹的期待，人们不只会祈祷，更学会聆听，在祈祷中听到神的声音，知晓神的启示。

第五章　民俗信仰与民间传说的互染

一、除魔降妖宗教故事群

神话是远古先人留给后代的天眼与天听，随着时代的推移，自然神话往文化神话发展，神灵不再是自然力量的神化，而由政治、宗教及各行各业的英雄神取而代之，此一神灵演化的概括性历程，既是众神的总体走向，也可以某一神灵在神格上的潜移默转得到印证。转换的机缘，常需借助民间的信仰与传说相互推波，方克其功。我们看到玄武神的信仰与形象虽然深入人心，然而唐朝以前的叙事文学中，包括与玄武关系密切的北斗乞寿故事，都没有玄武神此一角色出现。明朝因永乐帝的崇奉，有关玄武神迹之类的传说日多，也就是说，最早真武神只在宗教文类中出现。元明时期因神怪小说及神仙道化戏剧的流行，才使神仙角色在民间叙事中渐渐活跃。车锡伦在《江苏靖江的讲经》一文中，提到靖江县独有的一种民间说唱，由兼具主持法会与讲经说书双重身份的"佛头"或称"先生"者，以简单的乐器伴奏说讲经卷，说讲的本子已知约二十种，包括《观音卷》、《血湖卷》(《目连救母》)、《梓潼卷》、《东岳卷》、《真武卷》、《财神卷》等等。这些源自民间宗教法会的讲经宝卷，特色都在叙述神祇出身的磨难过程：

> 总要做到有头有尾，有始有终，有苦有甜，有前有后，悲欢离合；先要讲到苦中之苦，难中之难，然后要讲到修仙成正，登

山显圣，流芳百世，方成宝卷一部劝善。①

这段出自《大圣卷（泗州大圣）》的开场白，虽不是针对《真武卷》而说，然而拿来形容真武修道成仙之事也无不妥，备受考验终于修道成神，原本就是神仙出身故事的固有模式。又如江苏盐城另一种"骚子书"说唱，也由兼具民间巫师及民间艺人双重身份的"骚子先生"演唱，演唱的文书，称"骚子歌"或"海盐文书"②，这种"海盐文书"在一般请神还愿或驱邪仪式中作穿插，既娱人也娱神，玄武神是此类传统神歌书中重要的一员。③民间这类"讲经宝卷"及"骚子歌"神歌书的陆续出现，固然反映了明清以来民间宗教的活力，也显示了民间信仰向口头文学、俗文学渗透的整体文化现象。单就玄武神而言，载于《道藏》叙述玄武除魔降妖的宗教叙事，是玄武信仰渐向口头文学、俗文学渗透的原发点。《道藏》一书集大成于明英宗正统年间（1436—1449），和继之而起的通俗小说《北游记玄帝出身传》时间互相衔接。

玄武事迹先后见于《道藏·洞神部·玉诀类》的《真武本传神咒妙经》、《道藏·洞神部·记传类》的《玄天上帝启圣录》、《道藏·搜神记》的《玄天上帝传》、《历代神仙通鉴·玄天上帝传》及《三教源流搜神大全·玄天上帝传》等等。这些道教的神明传记，内容来源相同，文学的成分薄弱，并无一般小说所铺陈的肉身成道过程。玄武生而神能，投生人间三世三劫，在灵鹫山修炼圆满，以殷纣失道，扫荡妖魔完成任务后，受封为荡魔天尊，重返天庭。以民间文学所说的"母题"即"情节单元"

①车锡伦：《江苏靖江的讲经》，载《民间文艺季刊》1988年第3期，上海：上海文艺出版社，1988年，第165—189页。

②胡永良：《新见海盐文书抄本述略》，载《民间文艺季刊》1989年第2期，上海：上海文艺出版社，1989年，第65页。

③顾希佳：《骚子歌初探》，载《民间文学论坛》1983年第3期，北京：中国民间文艺出版社，1983年，第75页。

来衡量，"情节单元"越饱满越有故事性，则上述这些神明传记多数是赋笔使用过多，"情节单元"稀疏而显得乏趣，只能算是"宗教"体传述，与余象斗撰写的《北游记》，在文类旨趣上是大大不同的。《北游记》的故事内容或不甚精彩，只能算是拾掇诸神修道及收妖传说的故习老套，却是玄武神步入民间叙事初露头角之始。

宗教人类学学者指出：神话的社会功能是为仪式提供模型，可以不时再现太古之初所发生的重大事件，透过神话，自然宇宙和人文社会都有机会复活更新。因此有关"成年考验"类故事，被诠释为"再现神话时期"的宇宙创生。故事中出现的宇宙树与再生意义有关，象征天与地之间的连接，是植物的典范意象；水的象征（包括洪水、洗礼）与太初混沌及禁锢的化解有关；大地之母则是繁殖的象征等等。①北游记》故事情节重点有三：一是玄武降生的缘由；二是修仙成道前的试炼；三是收魔荡秽、重返天庭。玄武谪降尘俗是因动念贪爱人间一棵七宝树，这使《北游记》具备了谪仙赎罪的故事类型，也出现了"英雄神话"类型中常见的诸母题及其转换：神话中的"宇宙蛋"转换为《北游记》中的"神界、阳界与魔界三界宇宙"；"宇宙树"转换为"七宝接天树"；"洪水、太初混沌"转换为"商纣失道"；"试炼"角色由"竹精、鳝精、群魔"担纲；"大地之母"由"皇后娘娘、当山圣母"等扮演；"回归"转换为"重建宇宙秩序"；等等。《北游记》依循古老的英雄神话母题，复制了一套合乎道教理念的英雄传说，将狞恶的原始混沌转换为各方恶魔，将原始治水英雄转换为护国英雄，人类的再生转变为道德秩序的再造。玄武在成道历程中备受磨炼，死而投胎，多次轮回，但开始时的"七宝接天树"意象，

---

① 布莱恩·莫里斯（Brian Morris）：《宗教人类学导读》（*Anthropological Studies of Religion: an Introductory Text*），张慧瑞译，台北："国立"编译馆，1996年，第208页。

早已暗示英雄最终必以神人身份重返天庭。

这类深具道教色彩收妖魔斗的故事，在神学上的意义，是把圣俗二分为众神世界和恶魔世界，原本宗教神话的特质即是把世界单纯化为神圣与恶魔、光明与黑暗、恒真与虚幻、善良与邪恶的生死斗争，在虚拟世界中树立假想敌人与对立力量。魔鬼概念的源起，从古代宗教神话进入现代，已经历了许多的意义变换与解释，从心理学的角度来说，魔鬼是指人们所厌弃的人格内容，即群体潜意识。人们尝试在道德体系中排除自我犯罪的感觉与负面形象，以一种权宜的方法，制造一个"替罪羊"，将人性的阴影投射并转移到外在世界，成为外在的异体，被斗争、惩罚与消灭，经此主客战斗的洗礼，自我获得净化。《北游记》像许多其他的魔斗故事一样，技巧性地将时代背景安排为商纣及隋炀帝这两个恶名昭彰、"淫心失道"的帝王的时期，魔王化身为苍龟巨蛇作乱天下，玄武大将协助武王伐纣，功成收魔摄于足下，商纣及隋炀帝即成了反衬玄武的"替罪羊"。源源出现的精、鬼、妖、魔，使《北游记》成为小型精怪故事的集锦，然而善恶二元并非宇宙的根本现象，这些精怪也只不过在封神榜上暂时无名无位，所以到处乱窜、四处害人，一旦被收服，即可纳入神明体系成为神仙集团中除暴安良之一员，今日追随玄天上帝降妖除魔的赵元帅、康元帅及龟蛇二将，前身也是祸人的妖怪，以今日之我歼灭昔日之我。魔斗故事看来无稽，从社会心理上来解读，它也是一场驱逐疫鬼的傩戏。

玄武的诞生就像所有其他英雄一样奇异不凡，是善胜皇后有孕一年又两个月后，从左胁诞生。有学者认为：把玄武说成元始化身、玉帝化身或太始化身，自皇后左胁诞生的模式，是受佛教故事影响，以便彻底改造原始的龟蛇形象，与释迦牟尼尊荣的地位相抗衡。然而自胁下诞生，上溯神话中颛顼的玄孙彭祖，也是从胁下动手术生产的，秦、汉《世本·氏姓篇》叙述鬼方氏女子名女嬇，怀孕三年后，自左右腋窝生下六个孩子，彭祖就是其中之一：

> 陆终娶于鬼方氏之妹，谓之女嬇，生六子，孕而不育，三年启其右胁，三人出焉，启其左胁，三人出焉。①

除鬼方的六名子女之外，另一神秘人物老子，也是以这种奇特的方式诞生的：

> 老子者，名重耳，字伯阳，楚国苦县（今河南省辖内）曲仁里人也。其母感大流星而有娠……母怀之七十二年乃生，生时剖母左腋而出，生而白首，故谓之老子。或云，其母无夫。②

彭祖与老子都因长寿的传说而被神仙家奉为祖师，不约而同的奇特降生，不仅借以表示英雄人物出生不凡，也是圣母"贞节受孕"意味的一种淡化式的表现，所以特别提到老子"其母无夫"。

玄武的三世三劫，一方面固然是道教三度故事的习套，以反复三次的度化作为超脱成仙的试炼③，其中尚有一层身心历练的意味。道教讲清静，"清静"不仅是指空虚寂静之境，且有动词意味，有摒除杂念，去私寡欲的意思。玄武三次投胎，修炼四十二年成道，通过好几次情欲的挑逗与挫败、死亡，终于一念不起，获得解脱。在精神意义上，一念不起的身心情境，意味着一种新人格的诞生。

玄武的原形是龟蛇，修道成神后反而常常将龟蛇当做斗争驯服的妖魔，踩在脚下。（图5-1）因而将龟蛇喻作潜伏的人性或人的劣根性，并不勉强。对于玄武封号"荡魔真君"，也可深一层以自我净化来解读。

①宋衷注：《世本·氏姓篇》。《汉书·艺文志·六艺略》有《世本》十五篇。刘向云："《世本》，古史官明于古事者所记，录黄帝以来帝王诸侯及卿大夫系谱名号。"台北：文艺印书馆，1968年，第6页。

②葛洪：《中国神仙传记文献初编》第一册，台北：捷幼出版社，1992年，第2页。

③陈器文：《就结构主义论民间故事的"成三"现象——民间故事叙事美学探讨之一》，见《通俗文学与雅正文学学术研讨会论文集》，台中：中兴大学中国文学系，2000年，第235—262页。

图 5-1　玄武降伏龟蛇二精

余象斗：《北游记玄帝出身传》，见《明清善本小说丛刊》，台北：天一出版社，1985 年。

二、真武神与桃花女传说的互染

玄天上帝与桃花女原本各属不同的传说系统，在杂剧作家傥来之笔的牵凑下合流，产生了新的桃花女故事。

元杂剧有关桃花女的故事有两个传本，一是臧晋叔（1550—1620）"雕虫馆"所传的《桃花女破法嫁周公》①，玄武神从始至终都未出现；另一本是赵琦美"脉望馆"所传的《讲阴阳八卦桃花女》②，真武神在戏本最后一支小曲中匆匆上台，牵凑之迹明显可见，却成为后世周、桃与玄天上帝传说互染的"始作俑者"。至于桃、周斗法的原作者究竟是谁，可供研究的资料很少，据严敦易的推测，可能是元成宗或武宗时的王晔（约生于公元 1295 年或 1308 年）③。至清通俗小说《桃花女阴阳斗传》（1848）出，以民间文学的嵌入法，将整个周桃斗法嵌入玄帝出身传说中，使周、桃的缠斗有了一个神话性架构。周公与桃花女的原身，在元杂剧中是桃精与门槛精，在清通俗小说中变成玄天修道剖腹所遗的戒刀与刀鞘，刀与刀鞘隐含男女二性，两者缠斗不休，为阴阳斗法提供了丰富的联想，也为玄武提供了人间舞台，玄武神与周桃斗法传说的合染，常会遮蔽"桃

---

① 臧晋叔"雕虫馆"所传《桃花女破法嫁周公》，见明刻《四部备要》集部第三册，台北：中华书局，1972 年。

② 赵琦美"脉望馆"所传《讲阴阳八卦桃花女》，杨家骆主编《全元杂剧》第十六册，台北：世界书局，1968 年。

③ 严敦易：《元剧斟疑》下册，北京：中华书局，1961 年，第 463—469 页。

花女"作为婚俗推原的根本主题,原本属于"择日禁忌"的婚俗源起故事,在玄武介入后,已转换为道教趣味中最常见的度化故事类型。玄武假桃花女故事的流播走出宗教的藩篱,在民间故事中存身。明末清初,北平一带所创建的真武庙,纷纷仿效武当山神殿,在神像旁并立周公与桃花女,为民间信仰与传说的互染留下一个民俗坐标。(图5-2、图5-3)

图5-2 武当山金殿前桃花女塑像
台湾寺庙整编委员会编:《全国佛刹道观总览——玄天上帝》,台北:桦林出版社,1987

图5-3 武当山金殿前铜铸的周公像
台湾寺庙整编委员会编:《全国佛刹道观总览——玄天上帝》,台北:桦林出版社,1987

(一)元杂剧中的桃花女故事

元杂剧中的桃花女故事有两祖本流传,至于何者为先、原本文字如何、情节又如何,现今试作进一步的探讨。以两祖本的文学品味作比较,选本来自臧晋叔家族私藏的《桃花女破法嫁周公》者,可能较雅驯;以民间信仰与文学的相互影响而言,则抄校自内府的赵琦美《讲阴阳八卦桃花女》一剧影响较大。将刊行时间先后相差不到一年的这两本戏文加以比对,可以发现产生差异的主要因素,一在于文学因素,缘于臧晋叔个人在修辞造句上的精求;一在于时代背景,缘于玄天上帝信仰日盛一日，宗教活动投影于文学、民间文学吸纳宗教信仰形成的新变。在进入正式比对之前，试将元杂剧《桃花女破法嫁周公》内容简述如下：

洛阳村中有三姓：石、彭、任。石婆婆有子，名叫留住；任二有女，名桃花女；彭大无子。留住做小本买卖滞外不归，彭大的主人周公善卜算，自诩"阴阳有准、祸福无差"，以银一锭为信，算不准甘愿赔钱受罚。石婆婆前去卜问留住的归期，周公算后说是命中注定早夭，三更时辰三尺土下板僵身亡，石婆婆悲伤痛哭，刚好桃花女前来借针，安慰石婆婆说：还有得救，教石婆婆夜晚三更坐到门限上，披散头发，拿马勺敲三敲，叫三声留住，可以保住性命。当天晚上石留住在回家路上遇到大风雨，躲在破窑里，突然听到有人叫他，留住应声出窑，窑即倒塌，逃过一死。留住回家与石婆婆相见，石婆婆前往周公处索取罚银，周公无话可说，闭门谢客，郁郁不乐，心中起疑。又拿彭大的生年月日卜算，算后大吃一惊，说是三日后板僵身亡。彭大伤心回家，遇到桃花女，桃花女又说还有得救，教彭大在北斗七星下凡时，以香花灯果祭拜，可添百岁，果然彭大又逢凶化吉。事后，周公知道两次被桃花女解禳延寿，十分痛恨，设计叫彭大为媒，娶桃花女为媳，从新娘出门登车，一直到成婚入洞房，都埋伏下凶神恶煞，一犯就死。桃花女头戴花冠、罩米筛，破日游神及金神七煞；以车倒拽、以香帕蒙头，避过太岁；以净席铺地，将黑道换为黄道；以马鞍搭在门限上，挡去星日马；以镜、碎草、五色米谷，破鬼金羊、昴日鸡；过三重门，张弓射三箭，破丧门吊客；入卧房后请周公的女儿腊梅代为坐床，腊梅犯白虎丧命，桃花依然无恙。周公恨极，算出桃花女的本命是棵桃树，迫使彭大砍倒城外东南一棵小桃树，想要厌死桃花女，彭大砍树未断根，桃花女死而复苏，央请彭大用桃树干敲门槛，敲一下死一人，周家三口一一死去。最后桃花女不计前嫌，将三人救活，周公终于心悦诚服，乐于接纳桃花女为子媳，结局是"一家儿团聚喜融融"。①

以上情节主要取自臧晋叔的《元曲选》本，赵琦美《全元杂剧》本的故事结局则是周、桃缠斗方酣时，散发陀头扮的真武神出现，点醒周、桃二人原身是天上的金童玉女，如今业障满毕，归返真武神部下云。②学界凡曲学、民俗学、神话学或婚姻史学者，引述桃花女事迹多本《元曲选》版，以结婚团圆为结局，着眼点在桃花女故事所反映的婚俗仪式。而自清通俗小说《桃花女斗法》以下，民间口传及地方戏曲则多祖祧"脉望馆"版，以神仙点化结束，取其炫奇热闹。由此形成同一故事在不同的渠道上传述两个祖本的现象。

在情节结构上，臧晋叔本使事件发展及人物刻画在一个尽可能合乎自然的人间世界里，赵琦美本则夸张许多。例如前者写桃花女生下来"左手上有桃花纹"，后者则写"左手上有个桃字，右手上有个花字"；前者写彭大求寿得百岁，后者彭祖得八百岁；前者是周公娶桃花女为媳，翁媳斗法含义就丰富许多，后者则改为周公子增福年幼，周公本人硬娶桃花女。两本除了上述之不同外，最主要的区别，则是结尾的歧异。

林锋雄曾比较《元曲选》及《全元杂剧》中的桃花女故事③，认为后者文字较质俚，不刻意修饰，可能保留元本原貌较多，结尾真武神出现召唤周、桃二人回返天庭，臧氏却予以删节，是刻意"合理化"的结果。在文字"质俚"或"雅驯"的问题上，林锋雄的推论大抵甚是，然而在"真武神出现"的问题上，却复杂很多。笔者以为，臧晋叔确曾可能将杂剧《桃花女》的结局重新处理以求合理化——维系一个人间世界，但赵琦美本中"真武神"此一角色的出现是否属于作者王晔的原本原貌，抑

---

① 臧晋叔校：《桃花女破法嫁周公》，见《元曲选》，台北：中华书局，1972年，第1—17页。

② 无名氏：《讲阴阳八卦桃花女》，见《全元杂剧》第十六册，台北：中华书局，1968年，第1—47页。

③ 林锋雄：《台湾悬丝傀儡戏桃花女探研》，载《汉学研究》第8卷第1期，1990年6月，第523页。

或别有蹊跷，必须再作检视，而事实的真相有三种可能：（1）臧晋叔本删省；（2）赵琦美本添加；（3）两者各有增减。先就臧晋叔本来讨论：将臧氏其他剧本一同检视，可以发现臧氏确曾有删节"鬼神显现"、"仙佛度脱"的成例①，为求"合理化"而删去原本真武神点化周、桃二人的情节，是有可能的。

回到杂剧《桃花女》的文本来看，没有任何伏笔叙述周、桃二人具有贬仙身份，这与度化故事必先点明前世因果的叙事模式不合；而且剧中周、桃二人的行事、年龄差距与金童玉女的神格全不搭调，周、桃二人缠斗得不可开交时，出现真武神点破真身，十分突兀。故事中多处述及桃花女的"本命"是桃树，周公砍断桃树是周桃斗法的重要情节，以桃花女原身是"桃仙"、"桃精"，既合乎自然的叙事逻辑，也迎合民间的叙事习惯，况且民间的神话传说中，桃实或桃种一直都有驱灾延寿的神异功能，与桃花女在故事中救石留住、彭祖，禳除各路凶煞的精神相符。臧晋叔即便有所改动，也可能是将"桃仙"现形的场面删除，只以桃花女得意扬扬自称"我这桃花元是那上天的种"一句台词轻轻带过，让桃花女始终维持一个待嫁女儿、人间新妇的形象。

再就赵琦美本结尾"真武神出现点化金童玉女"的部分加以讨论：臧晋叔《桃花女破法嫁周公》杂剧的乐曲，用的是杂剧宫调四套曲的标准式②，而赵琦美本一到三折每折都比臧晋叔少了一支小曲，差异最大的是第四折结尾，赵琦美本只剩下四支小曲，尾煞也消失不见，比臧晋叔本

---

① 如乔梦符《两世因缘》杂剧，据息机子本《元人杂剧选》、陈与效《古名家剧选》、顾曲斋《古杂剧》等三本，开首楔子，有梓潼帝君上场，明说男女主角是金童玉女下凡，结尾由帝君接引二人证果朝天，三个文本都相同，只有《元曲选》直接由第一折开始，并无梓潼帝君的情节。又，李好古《张生煮海》第二折，有酒、色、财、气四仙女唱曲，《元曲选》全部不载，可见臧氏确曾有意删节所谓"戏不够、神仙凑"的俗套。

② 郑骞：《元人杂剧的结构》，见《中国古典文学论文精选丛刊》，台北：幼狮出版社，1980年，第379—387页。

足足少了五支曲牌，形式很不完整。按杂剧的体例，曲文只有主角一人独唱，《桃花女》杂剧是旦本戏，所有曲牌都由桃花女唱，其他角色只有宾白。赵琦美本的剧尾以收场诗取代正规的尾煞，长达八句的收场诗由真武神唱出，桃花女的戏份移给了真武神及随从"执旗"、"捧剑"，有违常例。何以赵琦美本要以此易彼，以非常态的"破格"成品，取代杂剧原有的形式格律？推想一方面是元末以后戏曲格律的观念已渐淡薄，无须严守；一方面与当代盛极一时的玄天上帝信仰有关。

《桃花女》杂剧最晚约明洪武年间（1368—1398）已在戏场上流传，真武神是明成祖后当红的神祇，在元杂剧前后的神系传说中，金童玉女与真武神没有任何关联，周公与桃花女无论是什么来历，归于真武神部下都显得突兀。但若从明代背景来看，"内府"钞校的杂剧院本，多数是宫廷演出本，也是宫廷内各种传统的应承戏。[①]传自内府的赵琦美本桃花女杂剧，添上真武神现身以取悦当朝，为当时流行的信仰凑趣，却是再顺理成章不过了。真武神的圣诞在三月，桃花女的故事背景是春天，为三月十五生日的石留住攘灾招福，推论赵琦美本桃花女故事由无生有添上真武情节，舞台上演时热闹非常，作为庆贺神诞的应景戏以娱神也未可知。

真武神在元杂剧中戏份牵凑，从杂剧改写为章回小说作第二阶段流传时，已与玄帝出身传说水乳交融，这一走向，原属民间故事踵事增华、追求玄奇的常态，看来偶然，却与时代背景、民俗信仰乃至政治作用大有关系，足征民间故事与宗教信仰间的微妙互动。

（二）清章回小说《桃花女阴阳斗传》

《桃花女》杂剧在元末明初已见流传，朱权《太和正音谱》、贾仲名《录鬼簿续编》、《宝文堂书目》都曾著录，但因属私人创作，刊刻付印广

---

① 张庚、郭汉城：《中国戏曲通史》，台北：丹青图书公司，1985年，第385页。

加流传的机会不多，迟至二百余年之后，拜通俗文学热潮的推动及印刷术的增进，明万历后才有全本《桃花女》杂剧出现。因具有解释婚俗源起功能与民俗趣味，桃花女故事传承不坠，并因时因地有新说与变体的产生。但明清之际蓬勃于各地方的小戏如梆子、乱弹等戏文本事，很难留下记录，所以距杂剧本流传后又二百年，在清道光年间，方才出现章回小说《桃花女斗法》，可以作为第二阶段演变的文本来加以讨论。《桃花女斗法》将原本万余字的戏曲敷演为三万五六千字的小说，据郑振铎《西谛书目》著录①，此书分别有联益堂、上海书局及上海铸记书局等版本，其后又有续出，实同而名异，书题常有三五字的出入，令人眼花缭乱，今列简表如下以便一览：

(1)

书名	《桃花女阴阳斗传》
年代	清道光戊申年（1848）
版本	联益堂木刻四卷
副题	封面双行： 右刻"周公善卜神通卦" 左刻"桃花破解压魂符" 内页题："新镌绣像异说阴阳斗传奇"
序文	有序，序未署姓氏
附图 三页	绣像六幅（周公、桃花女、彭剪、石婆子、石宗辅、天香）

(2)

书名	《绣像桃花女斗法奇书》
年代	清光绪甲午（1894）初刊 光绪丙申（1896）再刊 1917年三刊，易名为： 《绘图桃花女阴阳斗宝传奇》
版本	上海书局石印本
副题	《绘图阴阳斗异说传奇》
序文	序末有"梦花主人题"字样
附图	绣像八幅（周公、桃花女、彭剪、石婆子、石宗辅、任太公、蒋妈妈、天香）

(3)

书名	《绣像桃花女斗法》
年代	未署年月
版本	上海铸记书局石印本
目录页题	绘图阴阳斗异桃花女传奇
序文	梦花主人题
附图	合二人为一幅，共四幅

(4)

书名	《桃花女斗法》
年代	1980年
版本	台湾广文书局
作者及序文	梦花主人撰并序
附图	无

---

① 郑振铎：《西谛书目》目四"小说类"，台北：文物出版社，1963年，第76页。

《桃花女斗法》的作者梦花主人，生平不详。至于写作的年代，据柳存仁《伦敦所见中国小说书目提要》中记载，英国博物馆也藏有联益堂本的《桃花女阴阳斗传》，序文最末行，有"时道光岁次戊申孟冬月新录"字样，可知这本小说成书时间最晚不迟于1848年，是当今所见最早的一本。但既说是新录，则非初版，成书时间可以再推早些。上海书局曾三次印行《桃花女斗法》，上海铸记书局也曾刊行石印本，都附有书中主要人物绘像，根据这种出版频繁的现象推测，此际应是《桃花女》章回小说流传最盛的时候。台湾普见的版本，是王静芝主编套书《中国近代小说史料汇编》第三册，首页写"梦花主人题"，有序文一篇，序末署"时光绪甲午春正梦花主人题"，未曾注明版本来源，错讹字不少，唯据所署年时及序文作者，应源于上海书局初刊本，梦花主人究竟是作者或序者，各版本语焉不详。

清季小说显现惊人的繁荣，《桃花女斗法》是大量批评时政、反映现实的小说涌出之前，最后一波翻写、续作的通俗说部之一。梦花主人约两百字的序文中，阐述阴阳斗是"阳背乎阴"，又进一步畅言"形影不离"、"阴阳和合"之道，看来是老生常谈，但是以玄天大帝的戒刀修成阳体，刀鞘修成阴体的神话寓意，为阴阳之说提供了迥异于元杂剧的另一层新意。杂剧《破阴阳八卦桃花女》所谓的阴阳，是"阴阳有准、祸福无差"的阴阳，亦即是五行生克、占星择日的卜卦之术；小说以戒刀与刀鞘分别影射周公与桃花女，鼓吹"两性好合"、"男女平权"，更暗藏了"动"与"静"、"出"与"藏"、"无情"与"有待"等等多层而微妙的两性关系，为阴阳斗法提供了时代新思维。

从元杂剧的万余字扩充近一倍变为章回小说，除了添写两小段周公神算的故事，强调卜算的灵异之外，主要的更张，是将整个周桃斗法的情节嵌入玄天上帝的传说中，从第一回《荡魔山戒刀成形》及最后第十六回《识本来二圣还原》，采用民间故事最常见的包孕法，形成一个历劫收妖的叙事架构。影响所及，20世纪三四十年代民俗文学运动所采录的多则周桃斗法故事，及较后起的台湾明华园歌仔戏《周公法斗桃花女》、宜兰《桃花女》傀儡戏等，都采用苍龟、巨蛇下凡作乱，玄天上帝收妖一事，"周桃斗法"与"玄天上帝"业已相融互渗。在杂剧的桃花女故事中，点化周、桃的真武神如果换个名字叫做"天帝"、"圣母"、"玉皇"或其他神称，丝毫不影响情节寓意，缘于两者之间并无任何内在的关联。发展到章回体的周桃斗法故事，真武神的包孕框架为周公与桃花女的缠斗找出了神话性的解释。其中有关玄天上帝的部分，多从《三教源流搜神大全》及《北游记》采录而来，试将其中第一回《荡魔山戒刀成形》的开始情境录之如下：

> 话说三皇之世，北俱芦州，有个净乐国王，娶妻善胜夫人，怀胎一十四月。生下一位世子，乃是苍帝化身。后来长大成人，弃国修道，成了正果。在上天为玉枢掌教北极天尊，在中为荡魔无上上圣，在下为玄天真武大帝。①

用《三教源流搜神大全》中所描绘的玄天上帝出身加以参照：

> 玄天上帝乃元始化身，太极别体，上三皇时下降为太始真人，中三皇时下降为太元真人，下三皇时下降为太乙真人，至黄帝时下降为玄天上帝。开皇初劫下世，紫云元年，岁建甲午，三月初三甲寅庚午时，符太阳之精，托胎化生，净乐国王善胜夫人之腹孕秀一十四月，则太上八十二化也。

> 玄元圣祖八十二次化身，化为玄武大帝，大帝即凡而玄妙哉！然其玄武应化之因，故知武曲显灵之验。②

---

① 梦花主人：《桃花女斗法》，台北：广文书局，1980年，第1页。

② 王秋桂编：《绘图三教源流搜神大全》，台北：联经出版事业股份有限公司，1980年，第33页。《绘图三教源流搜神大全》源自叶德辉所据明刻绘图本。明刻本则是元版《搜神广记》的异名，又增入明洪武以下神号，杂取释、道、佛相关小说，民间口头传说而总其成之杂纂。

看得出来大众文学与宗教经文，各有本色，下段引文稍长，在于凸显宗教类文体叙事善用赋笔之一斑。《北游记》源于《道藏》玄帝事迹，在叙事的节奏与情节的多寡上大有不同。以玄武降世历劫而言，《道藏·元始天尊说北方真武妙经》只说六天魔王以坎离二气化为苍龟、巨蛇，与玄帝战于洞阴之野；而《北游记》中玄帝一路收服龟蛇二妖，黑虎神，关羽金刀神，麻痘瘟，雷田二将，昆仑山天、地、日、月、年、时六毒，华光神，五雷五音，黄云遮天帐，十三太保骷髅妖，王恶行瘟神，铁头将军和尚，雷电神等等，情节热闹滚滚。十分有趣的是1989年由台湾寺庙整编委员会主编的《全国佛刹道观总览——玄天上帝》一书，将《北游记》全文收于辑中，认为《北游记》"亦有所本，非全出杜撰"，意在推尊玄武[1]，再次显现道教经文体系吸纳民间叙事的活动在持续进行中。

周桃斗法故事含有许多原始的思维特征，如植物崇拜、灵魂观念、鬼神观念、精灵的信仰、不死幻想与黑白巫术斗法等；周公卜卦之际必然掐算"乾坎艮震巽离坤兑"，意在感应"天地风雷水火山泽"的天威天怒。桃花女则动用米筛、花冠、净席、木箭以及日常用品如镜、瓶、马鞍、铜钱等器物一一化解，说起来是十分天真的初民心态，也是中国民间素来以人与超自然灵力交感互通，以"应天顺时"为岁时行事的心理反应。一般解释事物源起的推原神话，发生的年代都较早，桃花女故事迟至元末才见流传，却迅速得到民间的追认，推论原因，故事中看来无稽的斗法情节，非仅留下阴阳五行、谶纬灾异之说侵入民间礼俗的痕迹，而且也是中国及人类共通的某些渊源深远的潜意识中片断、支离的部分，在元朝一位杂剧作家手中，得到重新组合，以一出戏曲整体呈现。桃花女原本只是元朝文学上的新兴人物，名不见经传，却很快地发生了故事学上

---

① 台湾寺庙整编委员会主编：《全国佛刹道观总览——玄天上帝》，台北：桦林出版社，1987年，第80页。

所说的"箭垛化"现象，许多婚俗仪式的源起，牵附于已成型的桃花女传说上，进行加工附会，产生新的细节或新的传说。周公、桃花女更被塑造成神像，在玄武神崇拜最高峰时并列于玄天上帝之两旁，神格虽不高，却也备受崇拜。推究起来，桃花女这个角色才一出现，很快就被认同，在《西游记》及许多巧算、斗智的口传故事中出现，除了因桃花女具有民间故事中巧媳妇角色的讨喜素质之外，也在于桃花女的禳祈行为，将传统社会中对天地自然的敬畏，对灾煞夭死的忌讳予以叙事化，将潜存于民间的禁忌意识予以戏剧化之故，这部分将于第六章另作探讨。

从戏剧史的发展来看，类似周、桃的魔斗，并非只是比招套式，徒增热闹，也提供新兴剧种如梆子、乱弹等与戏剧的进一步结合。同时，正如任何一则民间故事一样，周桃斗法传说从诞生伊始，历经各阶段演变，原是民众连续性的文化参与及创造，它的母题基型，历时的或共时的变体，无不受到当时文化思潮、社会风俗及审美心态的影响，头绪繁多。所以观察桃花女与真武神互染后的流变，又可分为两大类，一类是戏曲类，包括俗曲说唱及地方戏曲、傀儡戏等，另一类是地方口述传说，将分置于第七、八章讨论。

据民间文艺学者的研究，作为玄武圣地的武当山，会聚着各式各样不同曲调及内容广泛的民歌。其中原因，除了唐代李显被武则天流放湖北房山后，士兵垦荒务农以唱歌鼓舞士气，所以此地有工作之时伴以敲锣鼓唱民歌的风俗，又因明永乐帝征调三十万民工大修武当山，民工来自大江南北，劳动之余引吭高唱，这使武当山流传着丰富的口头文学及民歌。作为武当山大神的玄武事迹，自然而然在多种民间俗曲及口头文学中流传。①

---

① 台北《联合报》第 13 版，2001 年 8 月 12 日，大陆新闻中心综合报道。

三、玄天上帝出身新传说

"虔心修炼，忠诚不惑"是神明出身志传类的宗教故事所阐发的基本主题，一旦宗教故事向民间故事倾斜，则内在情感上的虔诚、神圣等情愫也随之减弱。入清乃至民国以来，神佛魔斗故事渐渐不再流行，现实因素及新叙事技巧取代了神佛出身历难的基本叙事模式，不仅尊神敬道的庄严气氛已见衰退，情节也往往只是撷取片段趣味话题或单一母题而显得简省。将清朝以后及宋明时期的玄武传说加以比较，可以发现整体情节简化、神明角色概念化、考验与试探之精神弱化等现象。文类上严格意义的宗教传说，已不可能成流成派大量产生，老神明的新故事多数是吸收文化小传统中讨喜有趣的叙事类型，向民间文学方向倾斜，产生许多形式简约、母题单纯的短小故事。

（一）屠户的保护神传说

纪晓岚（1724—1805）《阅微草堂笔记》中提到几个行业神的出处：

> 百工技艺，各祀一神为祖。倡族祀管仲，以女闾三百（管仲在都城临淄开办的"女市"）也。伶人祀唐元宗，以梨园子弟也。此皆最典。胥吏祀萧何、曹参，木工祀鲁班，此犹有义。至靴工祀孙膑、铁工祀老君（《西游记》中老子有八卦炉炼制金丹，与冶炼有关之行业）之类，则荒诞不可诘矣。①

中国行业神数量庞大，纪晓岚所谓"百工技艺，各祀一神为祖"，其中尤以道教人物转为行业祖师最普遍，这与道教对下层社会的深入影响有关。据李乔的归纳，玄武是描金、屠宰及命相家的行业神②。玄武被视为描金业之祖师，或源于明成祖以镏金为玄武塑身的想象；被视为命相

---

① 纪晓岚：《阅微草堂笔记》卷四，台北：新兴书局，1956年，第67—68页。
② 李乔：《中国行业神崇拜》，台北县：云龙出版社，1996年，第128、152页。

家祖师，则因玄武与精于卜算的周、桃传说相互袭染；上帝公成为屠户的保护神，则是相当晚起的说法。

玄武剖腹的情节源自《北游记》玄天上帝出身志传，书中说护法天尊见祖师（玄武）渐入仙道，但未除五脏之秽，于是找两个瞌睡虫钉在祖师身上，让他一时睡去，剖肚神将祖师当胸一剖，取出肚肠，换上一件仙衫做肚子，一条飞带做肠子，待祖师醒来，护法天尊还假意责怪祖师不勤于修道，竟然昼寝。此后祖师打坐自觉身轻，道心更见坚定。当日脱下的肚肠，成为龟怪与蛇怪，在人间作乱，强娶闺门室女成亲，被祖师降伏，封为水火二将。[①]明代民间将玄武神称为祖师，特别在尊崇中透露出亲切。

"剖肚"这个母题，相当受民间传说的青睐，许多后起的故事，都以这一点别作发挥。据清施鸿保《闽杂记》载，上帝公是五代时泉州人氏，姓张，以杀猪为业，母亲喜吃猪肾，每杀猪一定留下猪肾孝敬母亲，母亲过世后便洗手不再屠宰，因忏悔杀生过多，罪孽深重，便在洛阳桥畔以屠刀剖腹洗罪，取出五脏六腑，脱壳升化。各地不同传说在细节上又有变化，或说玄武晚年悔悟杀生，放下屠刀前往武当山求道，途中看到产妇辛苦，动了恻隐之心，为产妇清洗妊布，突然看见河中浮现"玄天上帝"字迹，或说以竹篙挑起妊布，成为绘有螣蛇与元龟的黑皂旗，这才知道妇人是观音大士显灵，玄武受到感召剖腹洗罪，取出脏腑。不料脏腑秽气竟蜕为龟蛇，祸害人间，玄武亲自下凡来收拾，从此龟蛇便效忠于玄天上帝。[②]这类玄武出身新说，与清水祖师原为屠户，为扮成老太婆的妈祖洗污秽的衣服，妈祖见他善性犹存，加以感化，[③]情节都很类似。

---

①余象斗：《北游记玄帝出身传》，见《明清善本小说丛刊》，台北：天一出版社，1985年，第45—51页。

②钟华操：《台湾地区神明的由来》，台中：台湾省文献委员会，1979年，第127页。

③钟华操：《台湾地区神明的由来》，台中：台湾省文献委员会，1979年，第103页。

诸如此类"放下屠刀、立地成佛"模式的传说，不见于吕宗力、栾保群所收录有关玄天上帝的诸多资料中，属于较后起的地方性说法，又与广东东莞"洪盛大王"未得道前以屠宰为业，悔悟杀生过多而剖腹洗罪的事迹类似，民间故事层层相染，趋于类型化的趋势可见一斑。又据佛家流传的另一说法，认为剖腹的玄天上帝就是十八罗汉里的开心尊者，"放下屠刀、立地成佛"讲的就是玄武脱胎成佛的经过。[①]玄武剖腹情节上，各地还流传着许多大同小异的说法。蔡相辉认为，这是清人为了贬低玄天上帝地位所编造的，玄天上帝因此成为屠宰业的守护神。

（二）洪水始祖传说

人类起源神话系统中最普遍的是洪水神话。河南沈丘县流传"玄武、女娲、伏羲和黄帝"的洪水故事说：女娲、伏羲兄妹两人住在黄河边，一天，一只乌龟变成的老人警告他们，不久就要天塌地陷，洪水横流，要他们存九百九十九个馍。果真到了天塌地陷那天，兄妹两人躲进乌龟壳内，随着乌龟到水里去了。女娲与伏羲在乌龟壳内住了三年，用五色石补天上漏洞，让天上有了星星，用骨针缝天上的裂缝，成了天上的星河。等天地长好，他们就回到地上。两人为了不忘乌龟老人的恩情，因为乌龟就是玄元，所以把住的山叫玄元山，住的洞叫玄元洞，叫着转了音，就成了轩辕山、轩辕洞。女娲与伏羲滚石磨结了婚，用黄土捏了许多小泥人，黄种人就是这样来的。第一个黄土人特别聪明能干，就成为玄元（轩辕）黄帝，并以玄武做自己的祖先。玄武以伏羲画的八卦图帮大禹治水，天帝因为玄武有功于人类，就将乌龟封为天神玄武帝，管理北方，这就是北方的玄武星。河南沈丘人认为，寺庙里祭祀玄武，在旁边都伴有乌龟塑像，就是这个来历。[②]

① 姚诚：《花莲的寺庙与神明》，花莲：花莲县立文化中心，1999 年，第 35 页。

② 张振犁等编：《中原神话专题资料》，耿如林讲述，耿瑞、张振犁记录，郑州：河南省民间文艺家协会，1987 年，第 128—129 页。

这则"玄武、女娲、伏羲和黄帝"传说，稚气未脱，将玄武还原为乌龟形象，俏皮地借"玄元"音转成"轩辕"，牵合神话中女娲、伏羲和黄帝等创世纪人物，并将洪水神话、始祖神话、治水神话及北方玄武信仰混而为一，有趣地印证了前引布莱恩·莫里斯（Brian Morris）所说的理论：神话的社会功能，可以不时再现太古之初的重大事件，让人们有机会重温"梦幻时期"的宇宙生发。

四、真武神与地方风物传说

道教宫观，最早源于张道陵创天师道设立二十四治，"治"就是教区，当时不过是"置以土坛、戴以草屋"，筑土成高台做祭场，规模尚简。往后日渐讲究，改称为庐、馆、寺、堂、宫观等，唐宋以后更在山峦清幽之所大兴宫观，唐朝杜光庭撰《洞天福地岳渎名山记》及司马永祯辑《洞天福地·天地宫府图》，先后描绘天下神仙修炼栖息的洞天福地共百余处，而玄武得道飞升的武当山，便是道教著名的洞天福地之一。传说在武当山得道飞升的神仙有尹喜、孙思邈、陈抟老祖陈希夷、阴长生、张三丰及玄虚子孙碧云等。武当经明代帝王十数年的大力经营，在山峰绵延、云翳雾遮中，成就无数规模宏大的道院，沿途宫观桥楼随势而出，大都为奉祀玄武而建，宗教崇拜与自然景观相得益彰。每年朝山进香者络绎于途，入眼间凡一花一树一鸟一兽无不感染仙气，当地传说不胜枚举。如武当琼台天门，有专植榔梅的榔梅祠，榔与梅原是异种，传说玄武受当山圣母调戏后心生烦恼，下山而去，遇到仙人以铁杵磨针及锥岩透水两件事开悟，激励道心，玄武折下梅枝插在榔树上，起愿说：予若道成，则此树当花开果成，发过誓后重返岩寺坚心苦修。这则原出于《玄天上帝启圣录》的"折梅寄榔"，成为武当特殊风物景观之一，榔木梅实，花色

154

如桃杏，树能兆验年岁丰歉，果核能够治愈诸病，相当罕得。再如由南岩而上的乌鸦岭，据说每逢正月香期，乌鸦麇集，绕飞于香客头顶，并不避人，被视为神鸟：

> 灵乌者，秉北方之黑色，为武当之灵神，预报吉凶，验其慈厉，靡不应者。旦则群噪为之报晓，然物我相忘，略不惊避，晨夕二供，飞翔伺食。内一红喙者，或隐或现，见之者为嘉瑞云尔。[1]

因为玄武尚黑，不仅乌鸦成为武当的灵神，传说中还有当年护卫玄武坐岩的黑虎：

> 玄鬃黑色，如狮子之形，或大如牦，或小如豹，或雪里而现其迹，或泥中而显其踪，见之者不祥，梦之者获庆。[2]

诸如此类灵异事物，尚有不少。武当七十二峰、三十六岩，真迹处处，许多景观都附会着别具巧思的小故事。

（一）小武当与七星树

关于黄龙洞旁小武当山的由来，传说真武大帝在武当山修行得道，选中了最高的天柱峰要造殿，然而天柱峰山顶耸立陡峭，难以造殿安身，真武大帝用七星宝剑把山头削平，山头轰地落在黄龙洞下，成了小武当。小武当上有七棵大树，是天上七颗星星掉下来变成的。每到夜里，大树就放出光芒，使武当方圆八百里都能看见，树枝上都长七片叶子，叫做七星树。[3]

（二）庙上庙

武当山每座宫观的屋脊上，都安放着一间小巧的石庙。这是姜子牙与真武间的故事，传说武当山原由姜子牙独占，真武找地方修行，开口说："只占一伞之地。"姜子牙听说只占一伞之地，不以为意，谁知小黑

① 何定栋：《湖北名胜选辑》（一），台北：《湖北文献》1960年1月第54期，第69页。
② 何定栋：〈湖北名胜选辑〉（一），台北：《湖北文献》1960年1月第54期，第69页。
③ 山鸥、李征康整理：《桃花洞》，武汉：长江文艺出版社，1984年，第128—131页。

伞撑开，"迎风变大，上杵天，下杵地，方圆八百里，把武当山大小山头全盖了"。姜子牙无立足之地，真武师祖为安慰姜子牙，就在各宫观屋脊上，给姜子牙盖座小庙，成为武当山宫观的一种特殊构造。[①]

（三）玉石院与玉石河

祖师爷在武当山修行，得道成仙，金殿修得美轮美奂，就是少了个人们跪拜敬香的好场地。祖师爷使法术让山西员外家的玉石院子，升空飞到武当山，其中有块玉石掉在河里，成了今天的"玉石河"。[②]

（四）嶯山

"强"指脾气刚强、勇于抗逆权威之意。嶯山故事说真武成仙后，成了武当山上的大神，要天下的山都向他朝拜，所以产生了"七十二峰朝大顶、二十四涧水长流"的景观。但有一座小山脾气倔强，偏偏不肯低头朝拜，祖师发火，便说："叫你朝，你不朝，一年拔你三万六千毛。"从此以后，这座小山上的树就怎么都长不大，人们常到这座小山上挖树根做拐杖。[③]

风物传说多具有解释当地景观与物产的特质，以上这些传说，富有清新的民间气息，玄武行迹也更活泼有人性。回溯玄武原形，由星辰而动物化成为龟蛇，由动物而人形化端坐神殿脚踏龟蛇，更进而成为独尊武当一方的护国神。时至今日，圣王神话也许难以再有新的文本，但盘踞八百余里、山脉曼延的武当山岳，却可能是玄武新传说的梦工厂。从神话与传说的流变现象来看，最值得观察的是随玄武神形象的蜕变及地位的抬升，除了玄武本身传说之外，另一支周桃斗法故事，也随玄武的发迹过程展开了阶段性的演变，这使玄武与周桃各自独立的传说系统，因

山鸥、李征康整理：《桃花洞》，武汉：长江文艺出版社，1984年，第134页。
李征康选编：《伍家沟村民间故事集》，北京：中国民间文艺出版社，1989年，第145页。
李征康选编：《伍家沟村民间故事集》，北京：中国民间文艺出版社，1989年，第149页。

纠合互渗而衍生新说。随着玄天上帝故事的扩染，周桃斗法故事中玄武神的情节也越趋多元，玄武神与周桃斗法传说互染之后续，是从叙事学的角度观察神话此一文类发展为传说、民间故事、笑话乃至小说等等各种新文类的一个生动饱满的例子。

第六章　周桃斗法故事的原始主题①

一、多层文化经验整合的类型剧

按人类学功能派者的分类②，元杂剧《桃花女破法嫁周公》可以视为"仪式和习俗起源"的神话式剧曲③，是一出使中国民间传统婚俗中各项仪式得到普遍心理认同而传述的风俗剧。功能派的开派人物马凌诺斯基（Bronislaw Malinowski，1884—1942）认为这一类的起源故事，"常是指出一个先例，为该仪式、该习俗的流传不息及进行程序的实际方向设立一个概念和一个辩证"，因此这类型的故事在原始文化中发挥了不可缺少的功能，包括"表现、加强和整理信仰，护卫和励行道德，保证仪式效力，容纳指示行为和实际规则"④。"起源故事"与信仰、仪式、传统三者关系密切，可说是文化事实的一座纪念碑。

堪任文化事实纪念碑的《桃花女破法嫁周公》在民间流传极广，始

① 陈器文：《一出禁忌系统的婚姻类型剧——桃花女破法嫁周公》，见"中国"古典文学研究会主编：《文学与社会》，台北：台湾学生书局，1990年，第149—183页。

② 马凌诺斯基（Bronislaw Malinowski）：《巫术、科学与宗教》（*Magic, Science and Religion*），朱岑楼译，台北：协志工业丛书出版股份有限公司，1978年，第75—90页。马氏将民间故事分为三类，其三是圣谭或神话（sacred tale or myth），在仪式、典礼、社会规范或道德教条需要被证明时，发挥其作用。（"马凌诺斯基"为"马林诺夫斯基"的台湾译名，因此处为台版书的作者名，仍用台湾译名。注④同此。——编者注）

③ 《元曲选》题目正名是《七星官增寿延彭祖，桃花女破法嫁周公》，作者不详，明臧晋叔校。据严敦易《元剧斟疑》及罗锦堂《元杂剧本事考》等，皆论定作者是王晔。

④ 马凌诺斯基（Bronislaw Malinowski）：《巫术、科学与宗教》（*Magic, Science and Religion*），朱岑楼译，台北：协志工业丛书出版股份有限公司，1978年，第80页。

终活跃于舞台及口头文学。但中国戏曲类型，并无"风俗剧"此一名目，多把周桃斗法归类为"显示灵怪，叙述变异"的神怪剧，"是场上之戏而非案头之曲"①，也就是看起来舞台上喧哗热闹，读起来却兴味淡薄。因此戏剧史的文案上，元剧《桃花女》始终是附骥聊备剧目之一格而已。历来研究《桃花女》的学者，或着眼于桃花女与周公的"斗"，或认为它是一出抽象观念剧，前者以西谛为代表，后者如方光珞之论。西谛认为《乐毅图齐七国春秋后集》中叙述乐毅、孙膑二人的争斗，以及诡怪不可究诘的《前后七国志》等，情节全与史实不符，这是受了元剧《桃花女》的坏影响之故，他说：

> 为什么元代会产生了这样诡异无稽的东西呢？我们如果见了元剧中的《桃花女斗（按：应为破）法嫁周公》一类的东西，便知道像这《乐毅图齐七国春秋后集》的产生，是毫不足怪的事，像那样的原始性的半人半鬼的术士式魔斗，其根源恐怕还不是元代而在更远，恐怕不在本土而在他方。②

如果我们能够理解元杂剧中有公案剧及侠盗剧，此中表现了对社会不公不义的抗议，有神仙道化剧，是借以抒发现实之压抑与苦闷，那么在元朝这样一个社会阶级矛盾激化的时空背景下，何以不能产生斗法剧？西谛所说"原始性的半人半鬼的术士式魔斗"，可以说是一种社会心理症，以隐喻的方式去显现社会集体性的矛盾与对立。如果我们一贯地漠视社会与文化中心这种矛盾与对立的存在，以统合的表层文化现象为中国文化的全相，认为中国文化是完全整合的文化，据此认为这些"魔斗剧"非本土所宜，则不免因错误的认知而无从解读文学的真实意涵了。即使在社会阶级并不因政治因素特别发达时，人们还是处于对立的社会

---

① 罗锦堂：《元杂剧本事考》，台北：顺先出版公司，1976 年，第 448 页。
② 西谛：《论元刊全相平话五种》，见《中国文学中的小说传统》，台北：木铎出版社，1985 年，第 149 页。

阶层中，如老与少、男与女、富与贫、贵族与平民、劳心与劳力等。所以冲突与矛盾在每个社会每个时代中，都是以大小不等之程度潜存或显现的。人类学学者论及神话的文化功能，强调说：凡是发生社会学紧张的地方，凡是发生重大历史变迁的时代，神话所起的作用就特别突出。所以这些"魔斗剧"发生的根源，未必不是元代，未必不是本土，文学上任何一种主题或素材成为流行，必然与社会气氛相呼应。

方光珞的《桃花女中的生死斗——元人杂剧现代观》①，则是从"观念剧"的角度解读桃、周之"斗"，将桃与周视为"生"与"死"的象征，"生死斗"即为贯彻全剧之主题。这个论点，是完全排除《桃花女》以大量独特的民间宗教语汇与礼俗动作密致地架构了中国婚嫁事件的深层文化心理，以及周公、桃花女这两个内容丰富的字源所暗示的社会意义。②

人类学心理学派发展至贝特森（Bateson），建立了一套比弗洛伊德早期以有严重性压抑的病人所做的研究更广泛且更人类学式的象征理论，他认为：

> 潜意识心灵的象征设计，根本不是关于性，或生育力或死亡之类的"东西"，而是一些对称性冲突、统制、倚赖之类的"关系"，借着性、生育力、死亡之类表达出来。③

亦即是说，人类心灵的象征设计，是各种对应的关系架构而成的，非单一性的概念架构而成的。贝特森更进一步阐述：

> 各种不同潜意识（艺术、仪式、神话、梦等）的演化性功能，虽说人类的智力已证明能御万物，但却有片断的、分裂的经

---

① 方光珞：《桃花女中的生死斗——元人杂剧现代观》，载《中外文学》1967年2月第4卷第9期，第64—74页。

② 台中"镇澜宫"签："渡河行船遇太岁，周公战桃花女"。诗云："命中正逢罗孛关，用尽心机总未休，作福问神难得过，恰是行船上高滩。"此类诗签，通行于台湾一般寺庙。

③ 基辛：（R. Keesing）：《当代文化人类学》（Cultural Anthropology：a Contemporary Perspective），于嘉云、张恭启译，陈其南校订，台北：巨流图书公司，1981年，第301—302页。

验。仪式、神话、艺术等潜意识心灵历程所控制的领域，就是从支离的部分重新构成一个整体，呈现出整合和类型化的一面，将心灵和肉身重新结合起来。①

我们就《桃花女》这出戏来检证贝特森的理论——中国某些根源深远的群族潜意识中片断、支离的部分，在元朝杂剧作家王晔手中，又重新组合成一艺术整体，并且得到民众的普遍认同，成为一出活跃至今近六百年的婚姻类型剧。这出婚姻剧中用以襄灾避祸的各种手段，成为民俗婚礼的神圣仪式，可能源自三个潜意识层面的整合：（1）人类共有的原始禁忌；（2）中国民间信仰的禁忌；（3）元朝社会宗教仪式独占化而产生之禁忌。下文先就婚礼过程中的禁忌作探讨。

（一）人类共有的原始禁忌——天地之间

弗雷泽（J. G. Frazer，1854—1941）在他的巨著《金枝》一书第六十章《天地之间》中②，列举了八十至一百个调查资料，说明世界上许多未开化的原始部族中，那些具有神秘素质的"神人"（包括具有神性、魔性，以及接受神圣仪式的人如帝王、祭司、少女、初潮女、月经期及怀孕期之妇女、新娘）都须接受禁忌约束，头不可露天，脚不可触地，不得见太阳，必须隔离，几乎变成绝缘体。弗雷泽推测形成这些禁忌的心理因素：

　　一方面是恐怕接触了天地之后，神人的毁灭力量将发泄于天地，危及他人，另一方面又怕神人具有的微妙神性，一泻无余，今后不再能执行其佑庇众人的神职。③

除了这些在原始部族中广泛流传的信仰和习俗外，弗雷泽又从古神话和民间故事中找到佐证。一则是希腊神话故事，丹娜被幽禁在铜塔，宙

---

　　① 基辛(R.Keesing)：《当代文化人类学》，(*Cultural Anthropology：a Contemporary Perspective*)，于嘉云、张恭启译，陈其南校订，台北：巨流图书公司，1981年，第301页。

　　② 詹·乔·弗雷泽（J. G. Frazer）：《金枝》(*The Golden Bough*)，徐育新、汪培基、张泽石译，北京：中国民间文艺出版社，1987年。

　　③ 詹·乔·弗雷泽（J. G. Frazer）：《金枝》(*The Golden Bough*)，徐育新、汪培基、张泽石译，北京：中国民间文艺出版社，1987年，第861页。

斯化作"金雨"前来幽会，使丹娜受孕。一则是西伯利亚的先祖故事，被幽禁在铁屋里的姑娘走到光明世界，"神的眼光"落在她身上，姑娘就怀孕了。弗雷泽认为"金雨"、"神的眼光"，表示的就是"太阳"或"阳光"。[1]在初民的意识中，阳光能使女子受孕、受伤害。——中国"婚"字的本义，按《说文》解释是"《礼》：娶妇以昏时，妇人阴也，故曰婚"[2]，是否也透露出这一层禁忌心理？《桃花女破法嫁周公》中，桃花女戴花冠以驱日游神、罩米筛以避金神七煞、香帕兜头蒙面以避太岁凶神、用两领净席铺地以避免踏上黑道，种种为禳被凶煞而有的动作，与原始社会女子不得见天日，不得触地，必须"绝缘隔离"的禁忌是极类似的。尤其所谓日游神、金神、太岁、黑道所指为天地日星之义甚明。元剧与原始社会不同的地方，是元剧以象征性动作完成禁忌，取代了原始社会某些极悲惨的实际禁制行为。如爱斯基摩人中的科尼业加部落，他们的姑娘一到成年期就关在一间小屋里，头六个月蜷手蜷脚地躲着，后六个月则把小屋加大一点使姑娘能将背伸直，在这全过程中姑娘都被认为不洁，没有人跟她接触往来。[3]这使人恍然大悟，得以解释福州平话《阴阳斗》中说侯娘（桃花女）因生产而身带秽气，被托塔天王吊在半空，既不在人间，又难返天庭此一景象的意义。

（二）中国民间信仰的禁忌——三煞说

元杂剧的成就，整体而言，是在金院本的基础上逐渐形成的，从二者的剧目上可以看出有不少的元杂剧是将金院本加以润色改编而成的[4]。

---

①詹·乔·弗雷泽：(J. G. Frazer)：《金枝》(*The Golden Bough*)，徐育新、汪培基、张泽石译，北京：中国民间文艺出版社，1987年，第855页。

②段玉裁：《说文解字注》，台北：艺文印书馆，1966年，第620页。

③詹·乔·弗雷泽：(J. G. Frazer)：《金枝》(*The Golden Bough*)，徐育新、汪培基、张泽石译，北京：中国民间文艺出版社，1987年，第853页。

④将这些杂剧名目与金院本名目作一对照，两者计有四十五出取材相同，见张庚、郭汉城：《中国戏曲通史》第二编，台北：丹青图书公司，1985年，第89页。

相较之下，《桃花女》算是一出崭新的剧目，在题材上一无依傍，然而它所取样的角色，如周公、桃花女、彭祖，却都是有丰富历史及神话渊源的人物，它看来无稽的情节，更是潜存于民间的禁忌心理戏剧化的呈现。元杂剧《桃花女》意识之所本，导自汉朝儒生方士化、儒教神学化、儒学与阴阳家合流，阴阳谶纬灾异祸变之说侵入礼俗仪式中，形成一套克煞刑败的禁忌系统，其中董仲舒（前179—前104）的《春秋繁露》、班固（32—92）的《白虎通义》是这股潮流的代表著作。将想象中的灾异神格化、形象化，就成了中国传说及演义中替天行道的各形各色先行官、天罡地煞，如《封神演义》的哪吒、《水浒传》的一百零八条好汉等，也正是杂剧《桃花女》中各路凶煞之所出。以下比对两则资料，可看出阴阳五行、谶纬灾异之说侵入民间礼俗的痕迹，据高承《事物纪原》推原婚俗中撒谷豆的起源说：

> 汉世京房之女，适翼奉子，奉择日迎之，房以其日不去，以三煞在门故也。三煞者，谓青羊、乌鸡、青牛之神也。凡是三者在门，新人不得入，犯之损尊长及无子。奉以谓不然，妇将至门，但以谷豆与草禳之，则三煞自避，新人可入也。自是以来，凡嫁娶者，皆宜置草于门阃内，下车则撒谷豆，既至，蘼草于侧而入，今以为故事也。[1]

又据赵翼推原婚俗中撒帐的起源说：

> 撒帐实起于汉武帝，李夫人初至，帝迎入帐中，预戒宫人遥撒五色同心花果，帝与夫人以衣裾盛之，云多得子也。[2]

这二则婚俗传说，分论撒谷豆与撒帐的源起，实则撒谷豆或撒五色同心花果，都是一种原始巫术的感应原理，不外祝祈新婚夫妇多子多孙的增殖仪式，不仅在中国，也是世界各地通行的"增殖"风俗，汉人京

---

[1] 高承：《事物纪原》卷九，《百部丛书集成》本，台北，艺文印书馆，1967年，第235页。
[2] 赵翼：《陔余丛考》卷三十一，台北：华世出版社，1975年，第103页。

房、翼奉却将"三煞"说杂糅其中，成为免祸于青羊、乌鸡、青牛之神的禳煞仪式，久而寖寻成风，成为习俗。如南宋孟元老追记汴京婚娶风俗：

> 新妇下车子，有阴阳人执斗，内盛谷、豆、钱、菓、草节等，咒祝望门而撒，小儿辈争拾之，谓之"撒谷豆"，俗云压青牛等煞神也。[1]

比孟元老稍晚的吴自牧记杭州婚俗说：

> 克择官执花斗盛五谷、豆、钱、彩果，望门而撒，小儿争拾之，谓之撒谷豆，以压青阳煞耳。[2]

汉以后，婚俗中撒谷豆的仪式，由单纯的祈求多子，转而成为压禁凶煞，或称为"青羊、乌鸡、青牛"三煞，或称"青牛等煞"，或称"青阳（羊）煞"，这些煞神，似乎都是嚼食米草之兽物，数目与名称并不完全一致，居于尚未完全定型的混沌状态。事实上，三煞并不单指婚嫁时出现的三个煞神，而是指中国择日信仰之下一切的时日冲犯。举例而言，在广西蒙山县一带，当地人们为求人口平安，后世子孙受荫庇，忌犯三煞。所谓"犯三煞"，是葬棺入土之际，时日有误或葬地与死者的命相冲克，以致祸及家人，犯三煞而死，死者之数恒为三，所以叫三煞。[3]所以周桃斗法故事中周公及一子一女相继而死，以应故实。然而既是择日，原是"三煞在门"之凶日才需行此禳煞之礼，但在鬼神祸福气氛浓厚的文化环境中，无论吉日凶日都成为婚礼中必行的常仪了。元杂剧《桃花女》，即是将禁忌潜入礼俗仪式的过程以戏剧作了最生动的展示。

（三）元朝社会的禁忌——独占宗教权

宗教社会学家韦伯（Max Weber, 1864—1920），对社会阶层与宗教意

---

①孟元老：《东京梦华录》，《百部丛书集成》本，台北：艺文印书馆，1965年，第35页。

②吴自牧：《梦粱录》，北京：文化艺术出版社，1998年，第168页。

③冯义坚：《广西蒙山县的习俗与迷信》，见《中国民俗搜奇》，台北：金文书局，1977年，第119—122页。

识的关联性作辩证时，分论了知识分子、农民、市民、官僚、僧侣的宗教意识，指出僧侣阶级宗教心态的特质是：

> 有欲独占宗教仪式、圣灵知识、救赎等各手段的趋向，在大部分的情况，敌视那些不由僧侣之手以获取个人救赎的努力或自由宗派的形式。[1]

就社会角色而言，元杂剧中的桃花女，是个极具自主性的自由派，在得知石婆婆卜得恶卦后，她安慰道："阴阳不可信，信了一肚闷。"又在阴阳八卦对命运的严密掌控中，死中求活，禳救了石留住及彭祖。她破了周公对她施展的压镇之法后，笑吟吟说："羞杀你晓三才的孔明、知六壬的鬼谷、画八卦的伏羲。"不计前嫌救活周家三口后又道："算人间死与生，较阴阳高共低，再休提天文地理星家历。"就宗教成分而言，周公却是另一个阶层的人物，他"自幼攻习《周易》之书，颇精八卦之理"，在市街卖卦，自信满满地挂了三十年的大言牌："阴阳有准、祸福无差"，成为夭寿穷通权威性的代理者。《周易》之为卦书，并非简单明了，人人可解。中国占筮信仰的发展中，由早期草占骨卜，逐渐发展成为复杂且专技化的方术系统，其中部分原因出于垄断心理：

> 《易》占这种占卜形式，从使用八卦发展到使用六十四卦进行占卜时，已成巫觋、卜史垄断的专用工具，俗间一般人是难于使用的。至于进一步使用三百八十四爻进行占卜，并不是由于卜问范围扩大，原有的六十四卦无法应付，而是由于巫觋、卜史想更牢固地垄断《易》占，以抬高自己的地位。[2]

《易》的后续作品如《系辞传》、《十翼》等得兆的方法，更是"极变化而行鬼神"，配合天地人三才、太极、阴阳、术数等神秘体系相互推算，确非一般人可窥其究竟。势之所趋使江湖术士、庙祝、巫祝及元剧中如

① 金子荣一：《韦伯的比较社会学》，李永炽译，台北：水牛出版社，1988 年，第 106 页。
② 朱天顺：《中国古代宗教初探》，台北：谷风出版社，1986 年，第 168 页。

周公之流，成为"独占宗教仪式及圣灵知识"的宗教特权分子。据容肇祖排制的《占卜源流表》及《周易演变表》来看①，宋以后取卦占卜各有家数，托古的占卜如《玉灵秘本》、《测字秘牒》、《洪范皇极》、《灵杯图》、《推背图》、《烧饼歌》等，推波助澜以秘术相标榜，而托名西周王诩的鬼谷相法、托名麻衣道人陈图南（？—989）的麻衣相法、以星命见长的子平术等，各以真传奥义号召，流传广大，命术之机括性越加森严、命理的纽带更见紧密。元剧则以一个平凡的绣花姑娘，动摇了这股独占宗教仪式与解释权威的力量，所以桃花女受到的谋算冲煞，当然非同小可。

元人以征服王朝之姿入主中原，阶级的分化比起以往各朝代尤有甚之，社会底层心理的紧张与焦虑，较诸以往有增无减，因此需要更多戏剧化的仪式动作达到舒压效果，使社会性的紧张得以发散，故此周公压镇桃花女，共计有九煞神出现，比起汉代的三煞，规模阵仗都可观许多，而桃花女从容以对，令人又敬又爱。

以此观之，元剧《桃花女》确是隐含了多重的文化经验，将民族记忆中片断、分裂的记忆予以重新整合，呈现出完整的类型意义。同时透过深层的解读，可进一步确认玄天上帝与《桃花女》的灾异禁忌分属不同的信仰系统，玄天上帝初在周桃斗法故事中出现，实属偶然。民间叙事中这种不同系统相互流动的现象，正足以微妙地透露出时代与社会的新信息。

二、周桃斗法故事中的煞神与禳解仪式

从元至正（14世纪中叶）北杂剧开始，《桃花女》故事流传至今已六

---

① 容肇祖：《占卜的源流》，见《迷信与传说》，台北：东方文物出版社，1970年，第2—3页。

七百年，就传说的地点而言，遍及南北各地，甚且深入云南彝族，据山东《新泰县志》，也有周公庙及桃花女墓相峙，令人惊诧。元杂剧中说周公是洛阳人士，有意暗示此"周公"即是建都于洛邑的彼"周公"，这番影射，使全文有了更明确的指向。至于桃花女这一角色，虽非实有其人，却也不能凭空塑造，必有所本，方能与"周公"所象征的丰厚内涵旗鼓相当。据南朝梁人宗懔的《荆楚岁时记》说：

> 桃者，五行之精，厌伏邪气，制百鬼也。①

又，应劭《风俗通义》：

> 谨按黄帝书上古之时，有荼与郁垒昆弟二人，性能执鬼，度朔山上章桃树下，简阅百鬼，无道理妄为人祸害，荼与郁垒缚以苇索，执以食虎。于是县官常以腊除夕饰桃人，乘苇茭，画虎于门，皆追效于前事，冀以卫凶也。②

又，王充《论衡·订鬼》：

> 沧海之中，有度朔之山，上有大桃木，其屈蟠三千里，其枝间东北曰鬼门，万鬼所出入也。上有二神人，一曰神荼，一曰郁垒，主阅领万鬼，恶害之鬼，执以苇索而以食虎，于是黄帝乃作礼，以时驱之，立大桃人，门户画神荼、郁垒与虎，悬苇索以御凶魅。③

元杂剧说桃花女是"天种"，晚出的粤南传说中，则直指桃花女是"桃精"。若将桃花女的行事与上述桃神话比对，则所谓"桃者五行之精"、"桃人"、"大桃人"，应该就是桃花女之所本，必然如此，周公与桃花女在象征的分量上才算相当。因此可以说王晔之前，桃花女的原形——桃精、桃

---

① 宗懔：《荆楚岁时记》，《百部丛书集成》本，台北：艺文印书馆，1965 年，第 3 页。记楚俗凡三十六事。

② 应劭：《风俗通义》卷八"桃梗"条。台北：台湾商务印书馆，1966 年，第 198 页。

③ 王充：《论衡·订鬼》引《山海经》，今已佚失，《百部丛书集成》本，台北：艺文印书馆，1967 年，第 17 页。

人，在民俗信仰上虽有一席之地，却尚未登上历史舞台；王晔之后，桃花女的行事已成为中国婚礼风俗之滥觞，在形象上桃花女虽是元朝的新兴人物，但在内涵上却是深具根底的文化角色。

一则传说或民间故事，必须有了明显的戏剧动作或说出、写出的文字记录之后，才会有精确的细节可供把握，以下我们根据见诸文字的十一则故事，分就"周、桃与玄武神关系"、"煞神"及"禳解仪式"各项，制作表格如下。十一则故事中，有七则都是以玄武神现身收服周、桃结尾的。其他的第三、六、八、九共四则，并不是因为情节简单省去玄武神做结尾，主要因为这四则故事重点是解释当地婚俗的源起而不是周桃斗法，所以玄武神是否出现，无关紧要。

篇名	周、桃与玄武神关系	煞神	禳解仪式
（一）元杂剧《讲阴阳八卦桃花女》	周、桃二人为仙苑中金童玉女，业障满毕，归返真武神部下	1. 出门触日游神 2. 上车犯金神七煞 3. 上路冲太岁煞 4. 下车踏黑道 5. 入门犯星日马 6. 入墙犯鬼金羊 7. 入院犯昴日鸡 8. 入三重门犯丧门吊客 9. 坐帐犯白虎 10. 砍倒本命树	1. 米筛遮头 2. 头戴花冠 3. 车儿倒拽三步 4. 净席铺地 5. 马鞍搭在门限上 6. 照镜 7. 撒碎草米谷、五色铜钱 8. 射三箭 9. 李代桃僵（小姑代死） 10. 高叫姓名三声还魂
（二）清章回小说《桃花女阴阳斗传》，又名《绣像桃花女斗法奇书》、《绘图阴阳斗异说奇传》、《桃花女斗法》等	戒刀、刀鞘肉体归位，二圣还原，返回北极天尊属下	方位四恶煞： 1. 四绝灭星在东北 2. 哭丧星在北 3. 天罗地网在东 4. 斗木杆、鬼金羊、卯日兔、星日马等煞星在东北 拦路四凶神： 1. 黑煞鬼 2. 丧门正神 3. 吊客尊神 4. 白虎神	身穿大红蟒袍 足穿黄缎道鞋 宝瓶盛五谷 红绫盖头 父亲抱上轿 红煞神架住钢鞭 绣刺十八洞天仙 柏叶芸香熏轿 桃木弓桃木箭射门上正中 跨马鞍 李代桃僵

篇名	周、桃与玄武神关系	煞神	襄解仪式
（二）清章回小说《桃花女阴阳斗传》	戒刀、刀鞘肉体归位，二圣还原，返回北极天尊属下	凶神恶煞： 1. 黑犬镇压魔治之法 2. 摧煞符 3. 天罡剑斩尸 4. 六丁六甲神扛尸	木杖三根连敲门闩 右足踢开大门 重身法护尸
（三）清笔记小说《闻见异辞》①	无	周家门限尽变飞蛇	老媪四人穿红衣 执剑、米筛、宝镜
（四）粤南传说《周公桃花娘》②	周、桃被玄天上帝收为神将	三煞日出现丑脸煞神 天煞、地煞、金鸡煞	以素服为底衣 上轿大哭 素衣冠，像出丧 纸伞遮天，以席盖地，撒谷豆
（五）武夷山故事《武夷山桃花女》③	白帝祖师赠黄印	柳树精施妖术	将黄印向东方亮三亮
（六）洛阳故事《桃花女成亲辟妖邪》④	无	红蛇精 青蛇精 花蛇精 白蛇精 黑蛇精	大红布遮挡 花轿上扣"千里眼"筛子 大石贴"花红盖之" 鸣炮 手执火草把，烧犁铧 撒草料（花生、大枣、白果、梨膏糖） 天地桌上放大铜镜
（七）福州平话《阴阳斗》⑤	玄帝收袁天罡与吕侯娘——桃花女做部将	1. 婚礼：煞月煞日煞时 2. 生产：踏罡步斗飞刀	穿麻衣麻裙、外罩大红衣 轿前挂张天师画像 柳枝宝剑护身 裙裤挂产房 三张血符贴房门、眠床及柳剑

① 许秋坨：《闻见异辞》卷一，《笔记小说大观》正编四，台北：新兴书局，1972年，第2659页。

② 刘万章：《周公桃花娘故事》，见吴玉成：《粤南神话研究》民俗丛书第116集，台北：东方文化书局，1970年，第165—169页。

③ 中国民间文艺社编：《中国地方风物传说选》，北京：中国民间文艺出版社，1982年，第438—440页。

④ 郑土有、陈晓勤编：《中国仙话》，上海：上海文艺出版社，1990年，第434—438页。

⑤ 佚名：《阴阳斗》，福州词曲第十三函，编号116微卷28，台北："中央研究院"傅斯年图书馆。

(八) 彝族（漫湾、后箐、忙怀）传说《桃花仙女与鬼谷子》①	无	鬼谷子作法，飞沙走石，妖魔鬼怪、虎豹豺狼向轿子扑来	以金竹做长号、短号、大筒吹响器
(九) 彝族（禄劝县）传说《哭出嫁的来历》②	无	毒酒青棚下设陷阱	毒酒泼在马鬃钻入另一个青棚把门槛锯断
(十) 浙东故事《金童与玉女》③	周公与桃花女原身是金童与玉女，收归为真武大帝身旁小神	黑道黑时上轿煞凶神缠身	芸香檀木暖轿黄色嫁衣怀揣经书内挂明镜
(十一) 彰化故事《周公斗法桃花女》④	玄天上帝收服周、桃即龟、蛇，踏于脚下	三煞时、三煞日	一棵竹子、一块猪肉、一个米筛，上轿时撒米、盐

黄石曾单就元剧《桃花女》与章回小说《桃花女》作了比较，胪列两者详略繁简相异之处有五，可供参考。⑤本文则就周桃斗法故事群之前后嬗变作比较，不在于繁简的不同，而在探讨周桃斗法故事与玄武神角色的关系，要点有二。

（一）原始禁忌意识的转移及淡忘

杂剧《桃花女》是禁忌潜入礼俗仪式最典型的模式，剧中周公行事，必念咒诀"乾坎艮震巽离坤兑"——也就是"天地风雷水火山泽"八种自然灵力，这是因自然界与人世之间有"天人感应"，而流露出"畏天命"

① 《桃花仙女与鬼谷子》，见李缵绪主编：《山茶》总第75期，昆明：《山茶》杂志社，1993年，第19—22页。

② 《哭出嫁的来历》，见钟宝良：《中国风物传说》，哈尔滨：黑龙江美术出版社，1994年，第244—250页。

③ 《金童与玉女》，见郭相时、邵文川：《中国乡俗故事》，台北：汉欣文化公司，1995年，第107—110页。

④ 《周公斗法桃花女》，见胡万川主编：《彰化县民间文学集5》故事篇（三），彰化县：彰化县文化局，2002年，第94—125页。

⑤ 黄石：《桃花女的传说与民间的婚俗》，见吴玉成：《粤南神话研究》，台北：东方文化书局，1970年，第173—178页。

的意识。所以桃花女出嫁当日的各路凶神恶煞，是当值的祸神，是天威天怒，"顺之者昌，逆之者不死则亡"，周公仅是配合天威天怒作了一番设计罢了，凶煞神并不是听命于周公的。此外，上列表格中唯有第一则元杂剧的凶煞与禳解仪式，可用数字一一对应，表示禁忌与仪式规范严整，约束力强。

清章回小说《桃花女阴阳斗传》中的凶煞，都听令于周公。其中，石宗辅（即石留住这个角色）禳祸及彭祖延寿两节，已显现作者炫法术、耽于神怪趣味的取向，桃花女出嫁时出现方位四煞（实又不止四位），拦路四凶神、黑犬镇压魔治之法、摧煞符、天罡剑、六丁六甲神等等极为纷沓的神鬼情境，与婚俗仪式动作也不尽吻合，显现好事文人踵事增华、变本加厉的渲染。使风土人情意味浓厚的风俗剧，一变而成为夸诞的神异小说。但是这篇小说却有值得注意之笔，梦花主人以北极天尊之戒刀修成阳体、刀鞘修成阴体转化为周、桃二人，序曰：

> 形不离乎影，影必依乎形；阳不背乎阴，阴必随乎阳；然形离影必至消乏，阳背乎阴必至乖戾，是此书名之阴阳斗，是阳背乎阴矣，阴阳背戾，阴阳安得不斗耶。①

这是清小说承继五百年前元剧中，女性意图突破（破法）重重传统禁制之外，进一步表现出清朝中晚期女性及其社会地位广受讨论的时代思潮，阴阳缠斗不休，颇能象征男女两性的永恒战争。

第四则刘万章的《周公桃花娘故事》，说周公选了个"三煞日"来暗算桃花女，这"三煞"之说，不但比元剧及章回小说的众多凶煞简略很多，而且是唯一溯及《事物纪原》所称汉世三煞说的桃花女故事。但是"三煞"在此只是"一个"丑脸煞神，并非京房所谓的"青羊、乌鸡、青牛"三个煞神，可知周桃斗法故事虽以"三煞"说为主干发展而成，但

---

① 梦花主人：《桃花女斗法》，台北：广文书局，1980 年，第 1 页。

是推演至清末民初，它的原始记忆仅剩残痕罢了。

（二）白巫术与黑巫术

元剧中，周公有子名增福，所以周公虽然始于骗婚，尚能善了，终于接受桃花女为子媳，完成一场人间婚姻大典，所谓："若不是这些懵懂，怎能勾一家儿团聚喜融融。"本质上，元剧的凶神恶煞是属于马林诺夫斯基所云"基于善良的愿望"而行使的"白巫术"，是父系社会宗族至上的意识下，加强女子身份转换时的痛苦戏弄，以考验其新身份的适应能力，又使成婚仪式难度加强以增加其文化功能。

清章回小说《桃花女阴阳斗传》中，周公并无子，无法完成真实的婚姻情境，这也是中国婚姻制度发展到绝对形式婚（有别于事实婚）的绝大讽刺，不管有没有新郎这个人，有婚约新娘就得履约下嫁。周公设计的天罡地煞种种陷阱，成为充满仇恨而施行的"黑巫术"，既无新郎可娶新娘，婚礼势必破局，则故事中所有的行煞与禳煞，徒然成为一场无可化解的闹剧，这是后世改写者下意识对原始文本进行的解构。章回小说的叙事趣味从婚俗仪式移至巫术斗法，大小神灵魔怪出没其中，出现捉对厮杀的场面，神与魔的名堂，是所有周桃斗法中最令人眼花缭乱者，但它却不像元杂剧的凶煞个个有来历，倒像武侠小说的门派招式一样，争玄斗奇，属于通俗小说常用的哗众手法，难以深究。

从元杂剧到清章回小说，周桃斗法故事分歧为两个趣味核心，若是强调婚俗的源起，则玄武神的出现可有可无，两者形成松散式的结构；若是强调魔斗，像第七则福州平话《阴阳斗》，情境惨烈超乎常情，一般阴阳斗法，多少有些游戏意味，《阴阳斗》中翁媳生死缠斗，必须更高阶的神明出面收拾残局，因而玄武神的介入，不仅是神职上有此需要，有时也是故事形式上更高一层收束法的需要。

三、《桃花女》的表层与底层象征

在民俗信仰与传说的数据中，可以整理出有关"桃"的两重属性，本节据这两重属性的积极性与消极性区分表层与底层象征，进一步探索《桃花女》杂剧的底层文化心理与社会意义。

表层：生产、增殖、成就婚姻，并经死而复活的生命现象，获得更大之能源，成为新的保护神。

底层：驱魔避邪。如民俗中桃木（桃茆、桃弧、桃棓）、桃符、桃人的信仰。

先就表层象征而言，弗雷泽的《金枝》中，提到北欧、美洲、东印度群岛及其他许多国家①，民间都有一种十分古老的"植物信仰"，认为某种植物的精灵，可以带来生产、丰收、增殖的效果，并将这种植物视为女性偶像，称之为"五谷妈妈"、"五谷闺女"，或将这种植物编成花冠戴在女孩头上唤做"五谷新娘"。古代祭拜某一植物以求丰收的信仰，有以下各特点：

（1）执行仪式并无专门祭司，人人可以执行；

（2）执行仪式并无特定神殿，任何地方都可举行；

（3）植物被视为精灵而非神，两者之不同，在于前者的活动力限于自然的某些部门，所以精灵的名称都是普遍名称，如新燕闺女、大麦妈妈，而非专有名词，他们作为"类"而存在，不是个体性的存在；

（4）举行仪式是巫术而非祈祷，透过巫术的交感或相似律来影响自

---

① 詹·乔·弗雷泽：(J. G. Frazer)：《金枝》(*The Golden Bough*) 第四十五、四十六章，徐育新、汪培基、张泽石译，北京：中国民间文艺出版社，1987年，第586—613页。

然进程。①

中国的民间信仰及传说中，因拥有神秘力量被用于巫术的植物，首选是桃。中国是米食国家，当然也有谷神信仰，也有谷精的存在，刘枝万在《中国稻米信仰》一文中说：

> 五谷信仰终于发生谷神，曾备受崇信。其代表为众所周知之稷神，起自周代，乃与社神（土地神）并驾齐驱，为天子诸侯所祭，地位崇高。只因五谷长自土地，即谷灵为地灵所涵育，致呈谷灵乃地灵分身之想法，稷渐为社所包含，遂有轻稷而重社之趋向。社稷信仰下降于民间，致成土地神一枝独秀，谷神却微而不显之局面，到如今，几濒绝迹。除稷之外，尚有百种、谷父、麦神、豆神、粟神、黍神等等，但均微不足道。②

所以虽有谷灵，但流传比较广泛、渊源较久远，历来增损附会兴致始终不减，与文学想象十分契合的植物，不是五谷却是谷精之外的桃。在神话世界中，有许多将桃子视为长生果的描写：

> 不周之山，爰有嘉果，其实如桃，其叶如枣，黄华而赤柎，食之不劳。③

> 七月七日，西王母至，命侍女更索桃果……母以四颗与帝，三颗自食，桃味甘美，口有盈味，帝食，辄收其核，王母问帝，帝曰：欲种之。王母曰：此桃三千年一熟，中夏地薄，种之不生。④

桃子被称为嘉果，又是仙界异品、罕世珍异，由《山海经》的食之不劳，渐渐成为食之添寿。元明杂剧中，有许多以蟠桃庆寿为题之作，如

①詹·乔·弗雷泽（J. G. Frazer）：《金枝》（*The Golden Bough*），徐育新、汪培基、张泽石译，北京：中国民间文艺出版社，1987年，第597页。

②刘枝万：《中国稻米信仰》，见《中国民间信仰论集》，台北：联经出版事业股份有限公司，1983年，第206页。

③袁珂：《山海经校注》，台北：里仁书局，1981年，第40页。

④班固：《汉武帝内传》，见《笔记小说大观》三编第八册，台北：新兴书局，1974年，第8页。

元无名氏《宴瑶池王母蟠桃会》、明朱有炖《群仙庆寿蟠桃会》等等。小说《西游记》中孙悟空偷食西王母蟠桃一节，对仙桃予以极高的赞美，远较西王母的不死药更令人垂涎：

> 前面一千二百株，花微果小，三千年一熟，人吃了成仙了道，体健身轻。中间一千二百株，层花甘实，六千年一熟，人吃了霞举飞升，长生不老。后面一千二百株，紫纹缃核，九千年一熟，人吃了与天地齐寿，日月同庚。①

中国人追求长生不老，似乎对桃子一物最寄予厚望。桃花女所以能救石留住，使彭祖延寿，也是神话思维的必然联想了。然而就《桃花女》杂剧的整体情境推想，桃花女与石留住、彭祖间的关系，还有一个更广泛的社会性主题，值得推敲。公元前4世纪的希腊哲学家狄奥多拉斯（Diodoru Siculus）认为：

> 如果搬演（模拟）一次假装活动，使一个孩子甚至一个大胡子男人降生人世，即使他的血管中没有你的一滴血，从原始的法律和哲学来看，他实际上就真的是你的儿子了。②

在某些原始巫术中，"模拟诞生"是一种收养子女的方式，也是一种已死之人起死回生的方式。因此桃花女拯救石留住与彭祖，是使她成为"原母"角色的神话式叙述，在象征意义上，她已成为二者之母。元杂剧《桃花女》形容周公说："独擅阴阳二十秋，犹余妙理未穷搜。"可以引申为：在男性对政治、社会的绝对控制力之外，还有一种力量，一种至高无上的力量，不在男性控制之下，这当然就是生育繁殖的能力。基辛曾就男性无法生育这一点深入发挥说：

> 男人为妇女所生。无论男子获得何种政治控制，无论他们树

---

① 吴承恩：《西游记》，台北：桂冠图书公司，1988年，第52页。
② 詹·乔·弗雷泽（J. G. Frazer）：《金枝》（*The Golden Bough*），徐育新、汪培基、张泽石译，北京：中国民间文艺出版社，1987年，第24页。

立何种象征体系，他们都无法获得或控制创造生命的力量。有相当多的人类学证据显示，男子对妇女生育能力的嫉妒，是许多社会的主题，不过这个主题是潜隐的、象征性的。男子的成年礼，秘密仪式，可能局部地代表男子对其终极之无能的补偿，即对他们无能去创造生命或甚至无能去控制生育力的补偿。[①]

周公对桃花女的嫉恨，就社会阶层而言，是术士独占的宗教权受到威胁；就人类的底层心理而言，则是只能"板僵身死"、"打点送终"的男子对子息绵延的"原母"人物的嫉恨。

一如原始部落植物信仰中的谷精、五谷妈妈、五谷新娘，桃花女除了兼有这三重身份及其象征意义之外，更有一段"死而复生"的情节，完全吻合"金枝"（不死树）牺牲与复活的基型。弗雷泽认为"死而复生"在原始信仰中的意义，一是获得更大的生命能源，二是身份的完全转移。例如某些原始族群中，孩子到了青春期，按习俗要举行一定的成年礼，常见的做法就是假装被杀死再使他复活，这些成年礼的本质，即是与祖灵图腾交换生命的仪礼，以此汰弱换强，获得更大的生命能源。[②]"死而复活"往往也与"灵魂寄存于体外"的原始观念有关，例如槲寄生是橡树的灵魂[③]，因此掌握槲寄生即等于掌握橡树的灵魂，橡树是槲寄生的本命，一如通灵宝玉是贾宝玉的本命一样，桃树是桃花女的生命树、命根子。周公命彭祖拿斧头去砍桃树，桃花女恳求彭祖道：

伯伯,你砍那桃树儿去,休要连根儿刨了,你只半中间砍折。[④]

①基辛(R.Keesing)：《当代文化人类学》(*Cultural Anthropology：A Contem Proary Perspective*)，于嘉云、张恭启译，陈其南校订，台北：巨流图书公司，1981年，第296页。

②詹·乔·弗雷泽：(J. G. Frazer)：《金枝》(*The Golden Bough*)，徐育新、汪培基、张泽石译，北京：中国民间文艺出版社，1987年，第977—989页。

③詹·乔·弗雷泽：(J. G. Frazer)：《金枝》(*The Golden Bough*)，徐育新、汪培基、张泽石译，北京：中国民间文艺出版社，1987年，第990—1104页。

④无名氏：《讲阴阳八卦桃花女》，载于杨家骆主编：《全元杂剧》第十六册，台北：世界书局，1968年，第42页。

桃花女与本命桃树，一荣皆荣、一枯皆枯，两者生命交感的关系十分密切，周公砍断桃树，意即要砍断桃花女与超自然法力间的联系。就文化功能而言，在人类生命礼俗中模拟"死而复生"的仪式，意在杀死一个旧的形体，让生命得到新的形体，仪式越隆重，越可以使转移达到"社会化"及"神圣化"的效应，桃花女从出闺门到入宗庙遭遇各种凶煞的考验，即是加强此一过渡仪式的隆重性。唯有如此这般，桃花女的身份方能得到社会认同，成为生产、增殖、完成婚姻以及宗族的保护神。

再就《桃花女》驱魔避邪的象征加以探讨，如果元杂剧中所塑造的桃花女，吻合弗雷泽所说的与神秘法力有交感管道的植物精，那么桃花女法力的源头，应该是传统中国人对桃木驱魔避邪的信仰。

有关桃的神能记载，最早见于《礼记》与《左传》中说桃茢能扫除不祥，桃茢是用苇花做的桃木柄扫帚。桃茢、桃弧（箭）、桃剑常常成为各种禳祈仪式中驱魔消灾的法器，桃木何以有此异能，推原可能与羿死于桃棓（棒）有关。将粗大的桃木雕成人形，就成为前文提到过的桃人，大桃人与神荼、郁垒矗立门板，成为驱魅的守门神，桃人进一步简化成为较平面的桃板，又成为至今通行的桃符。民间深信以桃木所做的法器都有驱邪作用，说明了桃花女是位"功能神祇"，与周公"乾坎艮震"所代表的"理论神祇"恰成对比，也透露出非古典的民间信仰与官方的宗教组织之间有了裂痕，产生了抗衡意识。

从桃花女故事的后续发展来观察，可看出桃花女驱魔的能力日益高强，魔斗渐成故事的趣味中心，因此底层意义翻上表层，原属婚俗、增殖的本义却隐而不彰，周桃斗法故事在主题上既产生了变化，玄武神也成为周桃故事习惯上的伙伴了。

四、戒刀、门限的意象与宗族意识

章回小说《桃花女》中戒刀与刀鞘的比喻，作为男性象征与女性象征，是十分具有现代感的手法，全文总名之曰"阴阳斗"，则寄喻更是明显了。但是刀名之曰"戒"，有惩戒约制之义，似乎还有更复杂的影射。

据心理分析学家卡丁纳（Abram Kardiner）之说①，任何超自然灵物都是心理投射的创造物，所以"一个会惩罚人的神明是严父的心理投射"。在此，我们无意将周公与桃花女之斗解释为父系社会与母系社会的斗争；周公之成为社会人物中严父的角色，在元朝社会所指涉的意义，应当是以男性长老为主的宗族（《尔雅·释亲》：父之党为宗族）意识，这与周公的另一个超自然的象征物——门限精所隐喻的意义是极相合的。

《荀子·非相篇》摹述周公的相貌是："文王长、周公短"，又云："周公之状，身如断菑。"杨倞注："木立死曰椔，椔与菑同。"②以一截立死的短木来形容周公，则民间说周公是门限精，是十分逗趣的活泼联想。在桃花女故事群中，门限、门槛意象出现频繁：

（1）救石留住的禳解之法：晚间三更前后，倒坐在门限上，披散了头发，将马勺儿在门限上敲三下。（元杂剧、清章回小说）

（2）桃花女出嫁的分节仪式：出门、上车、上路、下车、入门、入墙、入第三重门、入房。（元杂剧、清章回小说）

（3）桃花女自救：将那桃枝去门限上敲一敲，咒周家死一口，敲两敲死两口，敲三敲死三口。（元杂剧、清章回小说）

---

① 基辛（R.Keesing）：《当代文化人类学》（*Cultural Anthropology：a Contemproary Perspective*），于嘉云、张恭启译，陈其南校订，台北：巨流图书公司，1981年，第296页。
② 荀况：《荀子》册二，《百部丛书集成》本，台北：艺文印书馆，1967年，第1—3页。

178

（4）桃花女执箭并筛，兼藏宝镜，以辟妖魔，否则周家门限尽变飞蛇。（清笔记小说）

（5）周公是门限精，扮作术士，为人看相。（粤南传说）

（6）向门口的老爷，点起香烛、禀明儿子去处，一面叫他名字，一面喊"快些回来"。（粤南传说）

（7）桃花女把一条门限弄断，周公七窍流血死去。（广东陆安）

（8）侯娘（桃花女）将裙裤挂在房门上，画血符贴在房门。（福州平话）

（9）掌管天门赵元帅，开声大喝桃花女："休得无礼，触秽天宫，吾把此门，不许你进。"（福州平话）

（10）桃木弓与桃木箭，射了左扇门射右扇门，丧门吊客无踪影。（北平鼓词）

（11）阿妈拿儿子穿过的衣裳，蹬住门槛叫三遍名字。（云南禄劝县彝族）

（12）妮娥硕咪知道布老讷刺是门槛命，把门槛锯断，布老讷刺就死了。（云南禄劝县彝族）

对于"门"的意义，陶希圣阐释说：在古来礼俗上，门以内以"恩"制，即门以内主仁，彼此有血统关系；门以外以"义"制，是异姓的关系，而夫妻是兼仁与义两重关系，因此婚礼是个很重大的礼。[1]按传统说法，女嫁曰"归"，女子未婚在娘家近似寄养，等到过门成为妇人，行庙见之礼，承担了"上以事宗庙、下以继后世"的责任，才满足了社会与文化上的要求。因此周公被喻为门限精，显然即是宗族家庭对来归女子的关键考验。再引申而言，"门里门外"，是资格与身份的认同与排斥，是

---

[1] 陶希圣：《生命礼俗研讨会讨论发言》，见《生命礼俗研讨会论文集》，台北：中华文化复兴运动推行委员会，1984年，第100—101页。

核心与边缘之别。许多民间故事中，也都借"门里门外"表达相似的情境，如关汉卿的《感天动地窦娥冤》，窦娥的鬼魂几番欲入门而受拦阻，她道：

> 我是那提刑的女孩，须不比现世的妖怪，怎不容我到灯影
> 前，却拦截在门栏外。

在现代小说中，也有类似的描写，如鲁迅《祝福》中的祥林嫂，被视为不祥不洁之人，东家祭祖上供不准她沾手，旁人劝她：

> 你到土地庙里去捐一条门槛，当作你的替身，给千人踏、万
> 人跨，赎了这一世的罪名。①

祥林嫂到土地庙求捐门槛后，东家仍不准她插手取香。在群族社会，被视为"非我族类"以致不得其门而入，往往使当事者心理上产生极大的恐慌。

门槛的禁忌，并非中国独有，女性尤其是新娘不可踏到门限的风俗，在世界上许多其他民族也一样。阮昌锐《从中外婚礼的比较谈婚礼的意义》一文中，提到 19 世纪的英格兰、印度、开罗、摩洛哥，近代欧洲（英国）都有这种习俗。他说：

> 在我国民间新娘也是禁踏门坎，大门的门坎代表公婆的命
> 运，踏了会克死公婆，故进门时好命婆就会说："脚若举得高，
> 生子生孙中状元。"进了正门，再进新房，新房门坎代表新郎，
> 若踏了就会克夫，好命婆就说："脚若举得起，红暝床、金交椅"。②

不论好命婆的说辞如何，传统以"门限"代表家族权威的意识，至今仍未消失。更进一步来看，"门"或"门内"也就象征文化正统、文化主流了。

---

　　① 鲁迅：《祝福》，见《鲁迅》，台北：海风出版社，1989 年，第 119—141 页。
　　② 阮昌锐：《从中外婚礼的比较谈婚礼的意义》，见《生命礼俗研讨会论文集》，台北：中华文化复兴运动推行委员会，1984 年，第 65 页。

历史上的周公，定宗法制礼乐，可以视为主导中国文化传统的"大宗师"，其父周文王是传说中演《易》之八卦为六十四卦的人，可以视为中国术数信仰的"祭司长"。"大宗师"与"祭司长"联手，神权与政权严密统合的意识形态，一直是中国传统文化的事实。统治阶层为统御百姓、加强礼乐制度的神圣不可更易，一概委称礼法"本于天"、"本于鬼神之所欲"，如《礼记》载孔子的这一段话：

> 夫礼，先王以承天之道，以治人之情，故失之者死，得之者生。……是故夫礼，必本于天，殽于地，列于鬼神，达于丧祭、射御、冠昏（婚）、朝聘，故圣人以礼示之。[1]

将礼法制度托之于天地鬼神的说法，固然早已受到质疑，文化人类学者更严正地指出：

> 一个民族的男性长老，往往可以大幅度地创造该民族的礼仪和意识形态，并加以传达、控制，施之于人，而这些男性长老只是该族群的一小部分而已。[2]

比如说，两性极化现象，妇女不洁的禁忌，使妇女政治经济的地位从属化的意识形态等，都可说是以男性长老社会为主导的统御手段。桃花女故事中周公设计让桃父在不知情时吃肯酒、受红定，周公诓婚欺之以方，桃花女却无法可逃的情节，已微妙地将传统文化的窘境作了深刻的表达，严敦易也曾为桃花女发出不平之鸣：

> 桃花女既是这样一个出色的人物，却不得不答允周公家的亲事，并在多次制胜了她敌对的亲属之后，仍然取得和解，去做人家的儿媳妇，这是封建制度和道德下，所加于妇女们的一种无形的惨酷的重压和圈箍，在当时作者的笔下，这样抒写，一方面，

---

① 陈澔：《礼记集说·礼运篇》，台北：世界书局，1957年，第121页。
② 基辛（R.Keesing）：《当代文化人类学》(Cultural Anthropology: a Contemporary Perspective)，于嘉云、张恭启译，陈其南校订，台北：巨流图书公司，1981年，第332页。

说明了作者思想的时代局限，另一方面，看出了当时妇女所处的地位如何悲惨。①

元杂剧中，可以观察到周公除了他那一套危危乎失灵的"乾坎艮震"外，几乎是孤独的。不要说村坊中任、石、彭三户人家与他对立，他身旁的老仆以及自己的女儿也常出言讥诮他的"乾坎艮震"，更有趣的是周公之子新郎官，只有影子般的形象，一句台词也没有，是彻底没有声音的人，在此更凸显了宗族意识长老权威的文化本质。所以桃花女之"破法"，是凭着幸存于民间的一种质朴的生命信仰，对一个板僵的"万神殿"的攻坚。

在桃花女身上，可以看到宗教既是一种保守力量，有时也是一种革命的力量。以桃花女这样一个热情且充满生命力的姑娘，最后竟被中国封神观念的黑洞吸纳，成为玄天上帝左右副将，又或更成了玄天上帝脚下踩踏的乌龟，不免令人感到纳闷、惋惜。

五、三煞说与祖灵崇拜、长生思想

前文曾言，桃花女的故事是以三煞为主干发展而成的婚姻类型剧。最早可考的资料，始见于汉的京房、奉冀，在原始增殖的仪式中，掺入"犯之者损尊长及无子"的禁忌，流露出"尊长"的神圣及对"无后"的恐惧心理。"煞"而称"三"，是个并不见于通典经传的特称，可能基于中国古来数字观念以"三"最具有神秘素质。三煞之说既不见于通典经传，却能潜入婚俗仪礼之中，行之久远，使原属个人的禳祈行为，变成社会公开的仪式，背后必有强而有力的情绪和动机：

公共仪礼和集体关系可将私人的心理冲突戏剧化，在过去，

---

① 严敦易：《元剧斟疑》下册，北京：中华书局，1961年，第465页。

这种仪式和宇宙论体系是由一些具有幻想力的人所提出并加以改进的。如果没有引起其他人共鸣的话，那么也就根本无法制度化。所谓共鸣可能就是清楚地表达出许多同胞共有的心理冲突，如果仪式仅是公共的表演，对于个人的心理经验不再有意义，那么这些仪式就无法持续下去。①

这段话简约地说：个人心智的活动，唯有对他人心理上构成意义时才能被接受，成为象征性的普遍主题。缘于一二人的发难，而能长久潜存于婚姻仪式中的禁忌，究竟反映了许多同胞什么样的心理纠结？我们读到一则民族志，记载塔伦西族父母与长子间的紧张关系，其中关系到家庭内部与文化模塑的问题：

塔伦西人将亲子之间的紧张加以惊人的戏剧化与仪式化……结婚与生育子女对塔伦西人是最重要的。事实上一个男人若要满足心理与文化的要求，就是必须有一个儿子。一个人若无一个男性继承人，则将来便不能变成一个祖先，也因此不能在塔伦西人的宇宙中拥有一个永恒的地位。留下后代，是一个人最高的荣耀，更是一生中最有价值的目标，所谓幸福，就是死的时候知道自己会变成祖先。②

衡诸人类心理，塔伦西的实例绝非特例，若将这一段对继承人念兹在兹的叙述，移于中国"宗族意识"及"祖灵崇拜"的文化现象，尤为中肯近切。然而，想必如塔伦西人一样，中国人并非真的急于成为祖先，如果现世长寿可期，祈禳有术，当然优先考虑阳世的长生。

金元以来，流行谈星命，所谓命宫贵贱，必与星宿同参，其中，尤其对主掌寿夭的北斗星表现出最高的尊崇之意。北斗星乃寿星的信仰，中

① 基辛（R. Keesing）：《当代文化人类学》（Cultural Anthropology：a Contemproary Perspective），于嘉云、张恭启译，陈其南校订，台北：巨流图书公司，1981 年，第 562—578 页。
② 基辛（R. Keesing）：《当代文化人类学》（Cultural Anthropology：a Contemproary Perspective），于嘉云、张恭启译，陈其南校订，台北：巨流图书公司，1981 年，第 293—295 页。

国自古有之，前文已述，不再复赘。元杂剧臧晋叔版《桃花女破法嫁周公》中，彭祖得享百岁长寿；赵琦美版的《讲阴阳八卦桃花女》中，彭祖香灯祭祀北斗七星，阳寿整整添至八百岁之多，彭祖直喊"够了、够了"，北斗七星却又送了他一首打油诗："老彭八百岁，牙齿拖着地，饭也吃不得，教你活受罪。"[①]这恐怕是中国人最快意的狂想曲了。整个桃花女故事群中，出现的最高神祇，称为"真武神"、"北极天尊"、"玄天上帝"或"白（北）帝祖师"，所指都是寿星神格化的尊称，可说是传统社会谈星命的流行思潮中，通过神圣的婚姻仪式，追求长寿永生意愿的流露。长寿永生可以两种方式达成，一是胤嗣不绝、香火传承，一是禳星求寿。可以说中国社会是在婚姻意义的认知上，流露其终极关怀。玄武神在桃花女故事的情节起承上虽然毫不着力，却长相左右，端在人们心理的联想，即神格上的气味相投，桃花女故事中的长生欲望，因玄武星座中北斗星的赐寿而获得了舒解。

---

① 无名氏：《讲阴阳八卦桃花女》，载于杨家骆主编《全元杂剧》，台北：世界书局，1961年，第18—20页。

第七章　周桃斗法的俗曲说唱与地方戏

一、周桃斗法故事的俗曲说唱

俗曲说唱是中国民间最简朴的大众化娱乐，以一支弦子配醒木或鼓击节为顿挫，充分发挥民间语言中自然生动的本色，其渊源远自唐代的变文，发展至清代与地方戏同步流行，两者的素材，有相互影响、交流和继承的错综关系。今日所见有关桃花女的讲唱文学，就韵、散不同的组合而有三种样式：

（1）全属韵唱的闽歌七字调，见于歌仔册者七篇。

（2）以散文说表为主，以韵唱为辅的福州平话一篇。

（3）以七言加衬字，韵与散相调剂的北平鼓词二篇。

以上三种，除部分资料由私人收藏，无法取得翻阅外，全见于台北"中央研究院"傅斯年图书馆的俗文学数据文件中。①

（一）闽南歌仔册《最新桃花女全歌》

七字调是清末民初闽南方言地区，包括福建东南及台湾等地，乡间普遍流行的曲调。全歌都是七字成句，四句或八句换韵。短篇曲子的内容包括民谣、褒歌、斗洞房歌、艺旦歌；长篇则有教世歌、白话小说、神

---

① 曾永义：《"中央研究院"所藏俗文学资料的分类整理和编目》，见《说俗文学》，台北：联经出版事业股份有限公司，1980年，第1—10页。如该文所述，这部分资料来源是1928年至1932年刘复（半农）主持中研院史语所民间文艺组时搜集所得。1965年由赵如兰拍制为显微胶片。

话、传说等叙事歌谣，如《孟姜女哭长城》、《梁山伯与祝英台》、《陈三五娘》、《白蛇借伞》、《昭君和番》等民间故事，都借着七字歌仔调成为家传户晓的故事。歌唱者称为歌仔仙，业余或职业的歌仔仙自娱娱人，走唱江湖，无须戏台，常拉起弦子就地吟诵踏唱，或沿街弹唱，所以又称为"落地扫"。①

七字调是台湾歌仔戏曲调中被广泛采用的古老曲调，因此又被称为"歌仔调"。闽南歌仔的说唱底本称为"歌仔册"。荷籍人士施博尔在1964—1965年殷勤搜集，取得歌仔册五百余本，发表《五百旧本歌仔册目录》②，其中"桃花女"七字调歌仔册有三种：

（1）编号83：《最新桃花女全歌》，厦门会文堂石印本，1927年刊行，全册16页。

（2）编号88：《最新桃花女斗法歌》上、下本，上海开文书局民国印本，分别是8页和6页。

（3）编号121：《周公桃花女斗法新歌》，1933年台中瑞成书局刊行，上、下各4页。

又，王顺隆于1994年发表《闽南歌仔册书目曲目》③一文，收录的规模更广，有关桃花女的七字歌仔册，再添以下四种：

（1）编号118：《桃花女》，厦门文德堂出版，清刊本。

（2）编号345：《桃花女歌》，厦门博文斋出版，清刊本。

（3）编号543：《桃花女斗法歌》，台北帝国大学东洋文学会编《台湾歌谣书目》，1940年。

---

① 《宜兰地方戏曲系列专辑——歌仔戏》录像带，宜兰：宜兰县立文化中心，1993年。
② 施博尔：《五百旧本歌仔册目录》，载《台湾风物》第十五卷第四期，1965年10月，第41—60页。
③ 王顺隆：《闽南歌仔册书目曲目》，见《台湾文献》第四十五卷第三期，南投：台湾省文献委员会，1994年，第171页。

（4）编号 1194：《桃花女周公斗法歌》（图 7-1），新竹竹林书局出版，1960 年刊行，全三本。

共七种歌仔册中，七之一《最新桃花女全歌》全长约 5800 余字，起于"商朝一官名周乾，前世乃是天上仙，学了八卦甚精通，人人都叫伊周公"，迄于"二人相战腾空起，玄天上帝来收伊，各归本位上天去，做了神仙几万年"。又七之七

图 7-1 七字调《桃花女周公斗法歌》
新竹市，竹林书局，1987 年。

《桃花女周公斗法歌》全长约 5500 字，起于"商朝一官名周乾，前世乃是天顶仙，学习八卦精通练，周公命里算真现"，迄于"双个战甲袂出围，不顾战输着老愧[1]，好得玄天紧到位，圆满乎因有所归"。二者皆以闽南方言说唱，情节本于章回小说《桃花女斗法》，可视为《桃花女斗法》的删节本，此二者现藏于"中央研究院"傅斯年图书馆，可供誊抄及微卷翻印。

（二）福州平话《阴阳斗》

平话就是评话，以口语说讲历史演义、鬼神故事、侠义公案等，偏重说白，讲话时以铙钹敲点，兼以醒木、扇子为道具，上台一直说到下台，为求精彩生动，必须将情节添枝加叶，绘声绘影。福州平话流行于福建福州方言地区，相传是评话家祖师柳敬亭弟子于南明隆武帝即位福州时（1645）传入。就这篇取名《阴阳斗》（图 7-2）的桃花女故事来看，全长约 9000字，原福州市益新书局石印本，今收于"中央研究院"傅斯年图书馆。[2]

---

① 老愧，闽南语发音，意即丢脸。
② 佚名：《阴阳斗》，福州词曲第十三函，编号 116，微卷 28，台北："中央研究院"傅斯年图书馆。

图7-2 福州平话《阴阳斗》书页封面
佚名：《阴阳斗》，福州词曲第十三函，编号116
微卷28，台北："中央"研究院傅斯年图书馆。

为求字字入耳，亲切易懂，民间讲唱必然使用乡音土语，所以手抄本多拟音字，如桃花女安慰毛大雅（福州平话中桃花女受贬在凡间人称吕侯娘，毛大雅即石留住此一角色）说：

> 侯娘听见障（这样）讲。心中思想。呵原来是只（这）下缘故。难怪伊不啼。侯娘心怀恻忍。倚救两老。屈指一算。心中明白。就讲下（些）。伯公伯母。二只（位）大人，无须忧虑。但哥哥今晡果然务只代鞋（事）。

乞瓦窑压死半路。那使务一下厌法。鞋（是）救的哥哥。①

平话是商业性的演出，为使书客乐意听、爱听，常常寻奇造异，《阴阳斗》的情节，一半是桃花女传奇，一半与唐代袁天罡、吕侯娘的翁媳斗传说叠合，成为双料演出。传说中袁天罡精于相人之术，著有《九天元女六壬课》一卷，新旧《唐书·方伎》中有传，他的形象与精于术数的周公类似，所以《阴阳斗》编出翁媳斗法的相似情节，斗法的过程十分惨烈，今扼要叙述本事于后，一以见桃花女故事的异文，二以见民间说书的地方色彩。

---

① 佚名：《阴阳斗》，福州词曲第十三函，编号116，微卷28，台北："中央研究院"傅斯年图书馆，第5页。

唐高宗时期，江西吕员外夫妇拜玄女庙求子，九天玄女遣桃花女下凡为吕员外之女侯娘。侯娘八岁自道人手上接过三卷天书，日夜钻研，法术高妙。

邻人毛氏单生一子，贩卖鱼货为生，一日出门久久未回，毛家断炊。毛氏出门典当时路过袁天罡命馆，求得一卦。袁天罡谓毛氏之子将被瓦窑压死，若果不灵，愿以白银五十两为偿。毛氏呜咽悲哭，惊动侯娘，侯娘以厌法救出毛大雅。袁天罡心生怨恨，召唤五雷轰击侯娘，反而被侯娘轰回，吕员外居中劝解而暂时罢手。

天罡请媒人提亲娶侯娘为媳，择煞月煞日煞时暗中谋害，侯娘里穿麻衣麻裙，外罩大红衣，轿前挂张天师画，又以柳枝宝剑护身，凶煞一一避过，完成婚礼。数月后侯娘得孕，袁天罡日夜禳祭一把飞刀等待时机。待产时，侯娘将裙裤挂在房门上，又画三张血符贴在房门、眠床及柳剑上，袁天罡踏罡步斗排八卦，将飞刀飞入房，侯娘则赤身露体，以柳木剑刺向天罡，天罡身首异处。侯娘难星已满，将归真返元做桃花女，但因生产而身带秽气，难返天庭，托塔李天王将她吊在半空，叫做罗侯天吊婆，袁天罡则魂魄四处游荡无去处，幸遇武当山玄帝，将二人收做部将，一人掌剑，一人持旗。毛氏念桃花女恩情，塑像奉祀，安置于玄帝旁。

袁天罡与吕侯娘两人间的仇恨，甚至连侯娘成为袁天罡子媳、怀孕、待产都无法化解，最后仍须玄天上帝收拾残局，各归其位。侯娘原身是桃花女，产后带秽被罚变成天吊婆的悲惨景象，特别凸显了视妇女生产为秽亵不洁的观念。传统社会中女性从待嫁到入门成妇，须经过许多象征性的动作，新妇入门前的过火或跨火炉，以及这则故事中在产房外挂裙裤、贴血符等，都是除秽避邪的仪式。女方进入男方家里，好比由俗入圣，既须消灭外界妖邪，也要消除体内污秽，才能完成身份的转换，获得新生。

（三）北平鼓词《桃花记》（图 7-3）

鼓词以鼓击节，又称鼓子词、鼓儿词，是明清时期流行于北方的讲唱表演。北平鼓词韵散交错，开讲定场诗后，散文说白先行表述，随后韵文重复描摹。韵文以七言为主，又每每加衬三字的冠词或虚字，成为三字一停、七字一顿，讲唱者自持鼓棒、响板，有高低清浊快慢之节奏，足以制造气氛。醒木一拍，所有配乐暂停，说白再起。

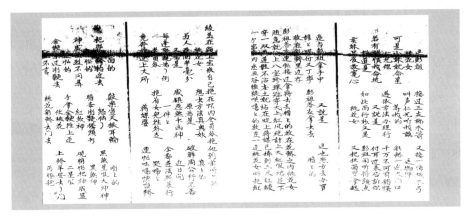

图 7-3 北平鼓词《桃花记》书影

佚名：《桃花记》，鼓词第三函，微卷永和斋手抄本，编号 096；鸿吉号手抄本，编号 097，全 12 册。

现存鼓词稿本有《阴阳斗法》及《桃花记》两种[①]，皆藏于"中央研究院"傅斯年图书馆，可供誊抄及微卷翻印。前者是永和斋手抄本一至十册残本，中缺第五及第七回；后者是鸿吉号手抄本，全十二册，每册 20 页，文长约 3 万字。鼓词的取材，一般以历史侠义为主，如《三国志》、《杨家将》、《包公案》等，铁马金戈，今古兴亡，常连月讲唱，因此《桃花记》比起同是俗曲的闽南七字调、福州平话等的讲唱稿本，固然幅长可观，但就鼓词而言，则只是小型作品。同时鼓词较重唱艺的渲染效果，

---

① 佚名：《桃花记》，鼓词第三函，微卷永和斋手抄本编号 096，残存 8 册；鸿吉号手抄本编号 097，全 12 册。台北："中央研究院"傅斯年图书馆。

如《桃花记》说到周公强娶，桃花女将诸事准备妥当，双方分别以黑煞神与红煞神出战的一段唱词：

桃花女	想出方法真奥妙	真真的
另（令）人难测半分	原为是	破解周公行不善
又为是	威镇恶煞冲凶神	近日间
每逢娶亲为了例	一件件	全都遵法照样行
外面的	鼓乐宣天振耳轮	刚上的
把那彩轿抬近（进）去	恼怒了	黑煞星辰大帅神
连忙的	暗降刚（钢）鞭搂头打	黑煞神
神威猛烈不同寻	红煞神	观听忙把神威显
连忙的	手拿金鞭往外迎	二星辰
金鞭架过刚（钢）鞭去	任桃花	上轿平安出了门①

以三字、七字排句唱来，顺口押韵，节奏感十足。鼓词稿本措辞雅驯，入耳熨帖，充分发挥民间语言抑扬顿挫、自然生动的本色，趣味焦点在于显现丰富的语言之美，并不刻意作怪求奇，因此情节仍本章回小说《桃花女斗法》一脉，更改不多。

上述这些闽歌七字调、福州平话及北平鼓词等诉之于语言声韵之美者，都没有先设伏笔，解释周桃二人与玄天上帝的关系，只在周桃二人相持不下时应势而出，以化戾气为祥和、所谓打圆场的结局收尾，与元杂剧《桃花女破法嫁周公》的情境相近。显然，这与传播的载体有关，耳听的讲唱与眼看的场面都是瞬间即过，情节多直线进行，节奏求快，构思不像书面小说可前后呼应，预设伏笔，因而玄天上帝在这些唱本中虽然都曾现身，却只是应卯，成为大团圆故事的形式要件。

---

① 鼓词《桃花记》未列页码，未分回，此段出现于婚嫁段，括号内字为作者所加。

二、 周桃斗法的地方戏及傀儡戏

元末明初南戏继北戏兴起，明中叶之后更有昆曲蒸蒸日盛，明万历至清乾隆（1573—1795）二百多年间昆曲风靡天下，原属北杂剧曲的《桃花女》，业已退出剧坛主流。乾隆以后，花部乱弹各腔渐渐流行[①]，这些民间戏曲演出的戏目数量上需求很大，除了从当时流行的演义小说、宝卷、鼓词中选取素材之外，还大量改编旧有剧种的脚本及民间传说。桃花女故事以浓厚的小市民趣味再度回到剧场，乾嘉时期戏曲学者焦循在《剧说》[嘉庆十年（1805）刊] 中提到：

近（安徽）安庆梆子腔剧中，有《桃花女与周公斗法》（略）

等剧，皆本元人。[②]

焦循另一部著作《花部农谭》（1819 年刊）中，谈到当时甘泉（扬州）流行的花部乱弹剧目十五种，位列其首的就是《桃花女》。[③]扬州是乾嘉年间戏曲活动的重镇之一，可知桃花女戏目在新兴的地方剧种中受到喜爱。然而《桃花女》的舞台演出经焦循提点之后，在文献记录上又有近百年的空白。直到近代，学界对地方戏曲及民俗技艺的日渐重视，使得相关的资料及研究渐多，失载的这一页才逐渐浮现轮廓，花部乱弹演出的剧目数量虽然很多，但剧本刊刻的机会却很少，一般只凭艺人间的口传心授或简略的梨园抄本交付，难有完善的刊刻本流传。如今部分存于民间的抄录本或口述抄本逐渐面世，对观察周桃斗法故事传承展布之

---

① "花部"是指雅部昆曲以外的各腔，包括弋阳腔、高腔、京腔、皮黄、梆子腔、秦腔等许多地方新兴剧种。参阅孟瑶《中国戏曲史》第二册，台北：传记文学出版社，1979 年，第406—424 页。

②焦循：《剧说》卷一，《中国古典戏曲论著集成》第八册，北京：中国戏剧出版社，1959年。第 95 页。

③张庚、郭汉城：《中国戏曲通史》，台北：丹青图书公司。1985 年，第 46 页。

际与玄武神的离合，很有参考价值。

（一）明清以来周桃斗法戏文

据梁沛锦《粤剧剧目初编》①，两粤地方流传《桃花女》、《桃花女三气周公》、《桃花女斗法》等名称各异的桃花女故事，可惜《粤剧剧目初编》只有剧目而无剧情提要，难知详细内容。今有粤剧残本《周公卖卦》藏于"中央研究院"傅斯年图书馆②，剧中单述周公卖卦，算出石宗辅将丧命于破窑，桃花女授以拍打旧鞋、叫名、祭星、点灯等脱灾添寿之法。残本上记有人物"下"、"介上"、"做手"等简单动作，都是第一人称代言而非第三人称旁述，推测应是简单载述的戏文，而非讲唱文。《周公卖卦》本止于"有周公卦命如此灵验，有任姑娘如此见法，若不听闻母亲唤，孩儿定死"，仅存残本。

又据《中国梆子戏剧目大辞典》，明清时期蒲州中路梆子戏目有《八卦图》、《桃花女》，今山西临汾蒲剧院藏有蒲州梆子抄录本③，剧情大要以章回小说为底本，附记云"其中折戏《五龙捧圣》可单折演出"④，可知此剧以道教神仙装点场面，已成为大型舞台戏曲；又西路秦腔剧目有《桃花传》、《周公遇桃花》等"正生、花旦唱做工并重戏"，今陕西艺术研究所藏有刘兴汉口述抄录本⑤。将《中国梆子戏剧目大辞典》这段记录，与陶君起所述的剧目并观：

　　秦腔有《桃花女》，徽剧亦有此剧目，桂剧有《周公与桃花》，

---

① 梁沛锦：《粤剧剧目初编》，九龙：学津书店，1979年，不示页码。

② 佚名：《周公卖卦》，粤剧第四零函，编号021，微卷113号，台北："中央研究院"傅斯年图书馆，第282页。

③ 山西、陕西、河南、河北、山东艺术、戏剧研究所合编：《中国梆子戏剧目大辞典》，太原：山西人民出版社，1991年。

④ 山西、陕西、河南、河北、山东艺术、戏剧研究所合编：《中国梆子戏剧目大辞典》，太原：山西人民出版社，1991年，第53页。

⑤ 山西、陕西、河南、河北、山东艺术、戏剧研究所合编：《中国梆子戏剧目大辞典》，太原：山西人民出版社，1991年，第54页。

滇剧有《双八卦》，豫剧有《火里桃花》。[①]

再与焦循《剧说》、《花部农谭》中所述相互印证，可知《桃花女》的舞台演出，流传极广，遍及大陆中原各省。此处所谓的梆子戏，是泛称用梆子（枣木挖空）为节拍的戏，而非专指某一种腔调，秦腔是它的雅称，这部分可参阅孟瑶《中国戏剧史》。[②]

又，陶君起搜集清道咸至民国以来在北京、上海两地演出的平剧戏目，编《平剧剧目初探》，录有《乾坤斗法》一剧，云：

> 《乾坤斗法》一名《桃花女破周公》。见元人《破阴阳八卦桃花女》杂剧及《桃花女演义》。富连成曾排演，以彩头砌末为主。间亦反映旧时婚礼之许多传说，秦腔有《桃花女》，徽剧亦有此剧目，桂剧有《周公与桃花》，滇剧有《双八卦》，豫剧有《火里桃花》。[③]

陶君起这则资料，恰可弥补道光以后作为主流的皮黄剧目上的失载[④]。

又据曾白融主编的《京剧剧目辞典》，收有李万春藏《桃花女》戏本，所述剧情大要与清章回小说近似，并有附记云：

> 一九四零年前后富连成于华乐戏院演出之《桃花女破周公》即此戏，吴素秋亦曾演出。[⑤]

林锋雄曾与"富连成班"老生哈元章面谈，进一步证实说：

> "富连成"确有此戏，排演于民国三十年至三十一年间，为连演五天的连台大戏，系据小说新编而成，他曾扮演周乾一角，可惜到台湾以后未曾再演出过此戏。[⑥]

---

① 陶君起：《平剧剧目初探》，台北：明文书局，1982年，第414页。

② 孟瑶：《中国曲剧史》第二册《花部诸腔》，台北：传记文学出版社，1969年，第408—452页。

③ 陶君起：《平剧剧目初探》，台北：明文书局1982年，第414页。

④ 清乾隆以后四大徽班成为剧坛主流，其后又被皮黄（京戏）吸收并取而代之。四大徽班剧目272出及黄剧202出中，皆未收《桃花女》剧。参阅孟瑶《中国戏剧史》，台北：传记文学出版社，第二册第442—447页，第三册第509—529页。

⑤ 曾白融主编：《京剧剧目辞典》，北京：中国戏剧出版社，1989年，第32页。

⑥ 林锋雄：《台湾悬丝傀儡戏桃花女探研》，载《汉学研究》1990年6月第八卷第一期，第527页附注。

推知直到 20 世纪三四十年代，在地方戏及京戏中，《桃花女》仍是常见的戏码，并且是创办于光绪二十九年（1903）"富连成班"的重头大戏之一。

《京剧剧目辞典》所载另一则相关资料，由常春恒、安舒元编写，上海恒记第一台演出的《桃花女》剧情大要如下：

> 刁宰相外甥向民女周天香逼婚，天香不从，幸得周公相救。刁宰相做寿，周公、桃花女以幻术辱之，刁宰相大怒，三陷桃花女，反而一中空箱之计，再中假人之计，三中夹底空棺之计。
>
> 石宗辅因接彩球，招为驸马，遭刁宰相陷害，幸得彭剪相救，刁宰相命子刁旦假充驸马，加害任太公，亦得彭剪救走。桃花女深宫见驾，揭破假驸马奸谋。刁差七星道人行刺皇帝，桃花女彭剪双救驾，妖道借火遁逃。①

除了人物姓名雷同，剧情与桃花女本事可说风马牛不相及，这是因为周公与桃花女已成为巧于幻术的代表人物，所以有讲求舞台炫奇效果的改编，其中所谓"空箱之计"、"假人之计"、"夹底空棺之计"云云，想是机关布景的运用，也就是传统戏剧术语所指的"以彩头砌末为主"的戏。这出戏反映出清末以来舞台设备的水平，以及当时彩砌耀世的流行风。②与 1985 年神仙剧团在电视台推出新编《周公与桃花女》歌仔戏，大玩"DPE"电子特效，发挥桃花女这类戏剧"显示灵怪，叙述变异"的着眼点是一样的。

（二）周桃斗法草台歌仔戏及电视歌仔戏

台湾歌仔戏的前身就是本地歌仔"落地扫"，"落地扫"登上草台，从旁述体转换为代言体。其中一支始终以民歌为主要的音乐配腔，保持特有的乡土性；另一支则"吸收（北管）四平戏、乱弹戏，以及平剧等大

---

① 原刊于 1928 年 2 月 9 日上海《新闻报》，转载于《京剧剧目辞典》第 32 页。
② 张庚、郭汉城：《中国戏曲通史》，台北：丹青图书公司，1985 年，第 142—153 页。

型剧种的身段、服装、道具"①,成为新的剧种,日据时期完成从歌谣到戏曲的演进历程,在光复初期蓬勃发展,成为台湾地方戏的代表。就长者的回忆,20世纪五六十年代曾经观看过桃花女歌仔戏,但正式的记录,迟至七八十年代才出现:

> (搬演桃花女故事)宜兰县"建龙"与"宜兰英歌剧团"有档案可考察的演出记录,均在民国六十八年以后,此戏曲于民国七十年间在宜兰地区演出甚多,"建龙歌剧团"在该年中演出十四场,"宜兰英歌剧团"则演出十六场。②

明华园继"建龙"与"宜兰英"等歌剧团而后起,在1985、1986两年间创下演出四十八场的惊人纪录,成为明华园的招牌戏之一,并随着明华园的戏剧列车,深入乡间学校、寺庙,作经常性的演出。1995年高雄市观光节,明华园推出《周公法斗桃花女》一剧(图7-4),在舞台演出两个小时,剧本由该团编导陈胜国改编,采武当山苍龟巨蛇神话为序曲,从龟精私逃下凡为周乾,蛇神投生为阴桃花以克制周乾开始,最后以周乾与阴桃花虽死而魂魄不散,被玄天上帝收服剧终。全剧共有私逃、慈母、问卦、卖油、求寿、说媒、迎亲、洞房等八场③,情节基本架构仍

图7-4 1995年高雄市观光节,明华园歌仔戏演出《周公法斗桃花女》剧照

①宜兰县立文化中心主编:《台湾戏剧馆专辑——歌仔戏》,宜兰:宜兰县立文化中心,1993年,第31页。
②林锋雄:《台湾悬丝傀儡戏桃花女探研》,见《汉学研究》1990年6月第八卷第一期,第513页。
③明华园《周公法斗桃花女》剧本未刊本,承文建会商借阅览,在此致谢。

属于章回小说及俗唱、平话等系统，但为了场面热闹及喜感效果，为彭祖添寿的北斗星改为八仙，又加入鬼王与索命的小鬼群，在对话及动作上，掺入许多台湾婚俗及婚谚，饶富在地色彩，如上轿前丢一把扇子，念"新娘放性地，过厝好理家"，如七块红瓦排成北斗七星状，由新娘踩破，念"新娘入厅踩破瓦，除妖兼避邪"等。明华园采取以念白为主的表演方式，剧情流畅，灯光布景快速变化，巨型龟蛇在冰雾中游走，再加上丑角的滑稽逗乐，使观众笑声连连，有极热烈的现场反应。①

在歌仔戏已从黄金时期趋于没落的年代，《桃花女》这出元明时期的神怪剧，竟再度在台湾的乡间及都会复出，殆非始料所及。最后玄天上帝出场之时，兼有各方神仙登台露面，舞台已成人间天上，观众此刻心满意足，同时达到看戏与酬神的双重目的。

在电视演出方面，1985年3月神仙歌剧团在"中华"电视台推出《周公与桃花女》歌仔戏共三十集，每集播出约半小时，为编剧狄珊所称电视歌仔戏"第二波改良剧"的开始。②为应付长达三十集的演出，周、桃婚嫁斗法的故事，已扩充为二男四女二世姻缘的多角爱情故事，四女是大小桃树精、蚌精、蝴蝶精，二男是武生扮相的周公及传说中素来老者扮相的彭祖，此剧中的彭祖则以风流小生样貌出现。斗法部分，更是不惮艰繁，采用了天罡术、地煞术三十六变、七十二变和一些民间传说去铺排，包括喷水、吐珠、含沙射影、搬移腾挪法、摄魂大法等电子特技，③缔造了"近百分之三十五的空前收视率"④，非仅是周桃斗法

---

① 参阅《明华园》1995年2月号刊，笔者亦曾于现场观赏。

② 《华视综合周刊》第699—702期（1985年3—6月）刊出部分本事，全套剧情录像带存于"中华"电视台之处，亦存于宜兰台湾戏剧馆。

③ 《周公与桃花女》剧，于1996年3月在台湾"中华"电视台中午时段回放，当年"DPE"电子新奇效果，10余年后已觉陈旧。

④ 《华视综合周刊》第701期《周公与桃花女创下的奇迹》，1985年3月，第30页。

的盛事，也使台湾歌仔戏得到发展，进入了电子特效时期。曾永义在《台湾歌仔戏的发展与变迁》一文中说：

> 这样的"第二波改良剧"，可以称之为"神话特技奇情歌仔戏"，其情节中颇有聊斋的影子……其新奇而千变万化的特殊效果，很能引起观众的好奇心，造成收视的佳绩，于是电视歌仔戏吹起一阵"神话特技"旋风，影响所及，连其他各类型连续剧亦竞相模仿，使电视上一时充斥五彩缤纷的神话特技。[①]

就耳目之娱的舞台效果而言，回顾 14 世纪中叶元杂剧"场上之戏"的剧场设备，罗锦堂曾指出：

> 元代剧场之设备，戏班之组织，均甚简陋，实不适于表演大规模之神怪剧。[②]

然而从"脉望馆"本所载《桃花女》的"穿关"（各种道具），发展到花部乱弹"音节、服饰极俚"的草台戏，到平剧"彩头砌末"的机关布景，到明华园的金光歌仔戏，到电视电子合成特技，人物穿梭时空，可大可小，完全突破了传统戏曲结构的形式限制。则周桃斗法的舞台流变，成为各种民俗艺术，包括口语朗诵、民间杂技、武术、现代舞台科技、舞台美学、电子特效等的综合运用，这固然是"重在关目之新颖、排场之热闹"的神怪剧如《桃花女》等随时代而有的新变，同时也是一页具体而微的中国舞台艺术发展小史。

就情节内容而言，狄珊编写的《周公与桃花女》强调"是新撰的故事，并非传统的歌仔戏"[③]，男女姻缘情爱成为故事主线，改变最大的是周公扮相："歌仔戏是女小生，歌仔戏里的周公必然多一分秀气，所以在

---

① 曾永义：《台湾歌仔戏的发展与变迁》（下），载《中外文学》1988 年 3 月十六卷第十期，第 138 页。

② 罗锦堂：《元杂剧本事考》第八节，台北：顺先出版公司，1976 年，第 448 页。

③ 狄珊以此言为《周公与桃花女》电视歌仔戏宣传，载《联合报》1985 年 3 月 4 日第 13 版。

歌仔戏里美化周公乃成为很自然的事。叶青的扮相以武生为最好看，所以我让她以武生扮相来演周公……这样的周公必然和人们脑中的周公形象有着相当的差距，但精神内涵却是一样的……他身上若干特征都是身份证明，像前襟的太极图，披风上的八卦纹，都显示出他是深入道门的人。"①情节发展至此，每个人物都有不可小觑的变通能力，玄天上帝这个角色也就可有可无了。电视桃花女故事破格或解构式的演出，并未发展成为阶段性的新基型，1995 年 8 月，金宝歌舞团在有线电视的霹雳频道推出乡土戏剧《上帝公捉妖——周公斗法桃花女》，仍遵循元剧及清小说一脉而来，与早期"宜兰英"及"建龙"歌仔戏团一样，同属传统派的演出。

（三）傀儡戏《周公斗法桃花女》

由人操弄的悬丝傀儡又称提偶，由漳、泉两地传入台湾，是台湾地区傀儡戏的主要剧种。台湾傀儡又分南北，南部泉州系统以高雄、台南为中心地，东、北部漳州系统以宜兰为中心地。除了傀儡造型有大小、乐器乐曲分南管北管、戏文有长短、戏神崇拜对象有不同外，南傀儡演出场合多属婚嫁、酬神、吉庆之用，而北傀儡的演出主要为驱邪除煞。②民间无故不会演出傀儡戏，演出时仪式禁忌繁多，有时甚至拒绝人们观看，故又称为"家礼戏"。《宜兰地方戏曲系列专集——傀儡戏》中介绍说：

禁忌、传说与宗教仪式上神秘繁复的法术，构成了傀儡戏丰

富而又神秘的表演形式，传达出中国一脉相承的宗教文化。③

针对北傀儡仪式性的"出煞"演出，其过程依序有请神、定棚、出煞、扮仙戏、正戏等五个步骤，《桃花女》即是以正戏的地位，呈现在观

---

① 《华视综合周刊》第 701 期《周公与桃花女创下的奇迹》，1985 年 3 月，第 21—30 页。

② 林锋雄审稿：《台湾戏剧馆专辑——傀儡戏》，宜兰：宜兰县立文化中心，1993 年，第 64—88 页。

③ 宜兰县立文化中心：《宜兰地方戏曲系列专辑——傀儡戏》录像带解说，1993 年。

众之前。①傀儡戏《桃花女》是宜兰林福来（1876—1954）创办的新福轩傀儡戏团的家传拿手好戏，亦是唯一曾演出《周公斗法桃花女》的傀儡戏团。据载，从 1985 至 1988 年间，林赞成担任新福轩团主时，曾密集演出。又，1985 年尹建中教授主持"中国民间传统技艺与技能调查研究"时，曾完整录制《周公斗法桃花女》录像带，成为学术单位借以探讨"出煞"仪式的傀儡戏代表性剧目。1987 年台湾文艺季"中国偶戏之夜"即以《桃花女斗周公》为主要演出戏码，先后在台湾艺术教育馆、台湾大学视听教育馆、台北县立文化中心等地演出。②新福轩全本《周公斗法桃花女》演出约四小时，如今在宜兰的台湾戏剧馆收藏有约一小时长度的录像带，内容是桃花女出嫁时行礼如仪，实则每个动作都是周桃斗法的招式。上场人物远较同是乱弹福禄系统的"赵匡胤困罗通"、"韩信问卜"等只有两三偶人为多，小小一方舞台，有鬼面舞、青龙白虎互啮、红煞神君杀虎、人蛇缠斗及阵阵电光火石助威，是所谓热闹有趣的"金光傀儡"。而桃花女娇媚的整冠动作，轻摆款摇，展袖掀帘，低头弯腰入花轿等等细致的身段，竟可用"风情万种"来形容。（图 7-5）

傀儡戏《周公斗法桃花女》的剧情，大致上以清章回小说为底本，但为迎合傀儡演出的仪式性格，彭祖添寿增福的情节置于全戏末尾，林锋雄解释说：

> 桃花女以正戏的地位演出，一方面表现凶神煞气的存在，与强化依赖禳解的法术是可以达成去凶除厄之目的。一方面呈现没有灾厄，没有凶煞，没有斗争的人间，是经由神明赐福添寿的老彭，最终拥有的那一个多寿、多福、多财的人间，是传统中国百

---

① 林锋雄：《台湾悬丝傀儡戏桃花女探研》，载《汉学研究》1990 年 6 月第八卷第一期，第 523—534 页。

② 林锋雄：《台湾悬丝傀儡戏桃花女探研》，载《汉学研究》1990 年 6 月第八卷第一期，文内注 4、5。

图7-5 台湾民间傀儡戏主要在镇宅、入厝、除煞、普渡等场合演出。宜兰新福轩傀儡戏中桃花女、周公、精怪图像

宜兰县立文化中心:《宜兰地方戏曲系列专辑——傀儡戏》录像,1993年。

姓人人艳羡的对象。所以傀戏中将老彭祈福添寿的情节,移至戏剧的末尾。[1]

既将彭祖添寿的情节放在戏尾,玄武神无再出场的必要,就玄武神与周桃斗法故事的搭配系统而言,傀儡戏《周公斗法桃花女》是唯一使玄武见首不见尾的剧种。

---

[1] 林锋雄:《台湾悬丝傀儡戏桃花女探研》,载《汉学研究》1990年6月第八卷第一期,第531页。

在中国民俗活动中，原本即有镇灾禳祸的传统戏剧，最常见的就是为防止瘟疫、超度横死而演的"目连戏"。山阴张岱曾叙述家乡搬演此戏的情景说：

> 余蕴叔演武场搭一大台，选徽州旌阳戏子，剽轻精悍，能相扑跌打者三四十人，搬演目连，凡三日三夜。四围女台百什座。戏子献技台上，如度索、舞絚、翻桌、翻梯、觔斗、蜻蜓、蹬坛、蹬臼、跳索、跳圈、窜火、窜剑之类，大非情理。凡天神地祇、牛头、马面、鬼母、丧门、夜叉、罗刹、锯磨、鼎镬、刀山、寒冰、剑树、森罗、铁城、血澥，一似吴道子《地狱变相》，为之费纸扎者万钱，人心惴惴，灯下面皆鬼色。戏中套数，如《招五方恶鬼》、《刘氏逃棚》等剧，万余人齐声呐喊。①

张岱形容看戏观众"万余人齐声呐喊"，声势惊人，想必禳煞效果绝佳。此类具有禳煞作用的仪式剧，又叫"平安神戏"②，是整体民间信仰文化的一环，如果我们注意到周桃斗法中人物的遭遇，凡有灾殃者都因祸得福，主要人物包括石留住、彭祖、周公一家三口及桃花女本人都曾死而复生，可知"消灾纳福"的意味十分明显。在这一点上，新福轩的《周公斗法桃花女》可视为一出微型的"目连戏"，周桃斗法的仪式性格与文化功能，在台湾傀儡戏中得以具体实现。

---

① 张岱：《陶庵梦忆》卷六，《百部丛书集成》本，台北：艺文印书馆，1968 年，第 2 页。
② 赵景深：《目连故事的演变》，见王秋桂编：《中国民间传说论集》，台北：联经出版事业股份有限公司，1980 年，第 219—236 页。

第八章　周桃斗法的地方传说

一、周桃斗法故事流传时、地及内容梗概

本章述及十则有关周桃斗法的地方传说，有别于前述具有表演或商业性质的讲唱文学及戏曲，纯粹就最狭义的民间传说作探讨。搜取资料的方向有四：中国传统笔记小说；民国初年，北京大学、中山大学等大学成立民俗学会，广征全国民间故事及民俗资料予以刊印的民俗书刊；大陆民俗学者于 20 世纪 80 年代后，重新投入中断近四十年的采风工作，发行地方风物传说类书；台湾学者近年投入地方所作的乡野调查，等等。此外，如杨逢时叙述"拉青与八卦筛"起源，以及一般叙述"哭嫁、冲丧"婚俗所引叙的周桃故事，情节上有或多或少的异变，但这些叙述习俗的文章重点不在说故事，而且故事情节不尽完整，暂时置之不论。十则口传故事最早出现的采于海昌，内容是杂剧及章回小说的具体而微，细节却另有光景，并非纯是缩节本，可能是不同系统的民间传承。从这一个实例来推想，桃花女的地方传说在明清时期，未必绝无仅有，但地方采闻资料多出于民国之后，文献不足，难有具体的结论。以下十则周桃斗法故事，分就采录时期的先后，简述本事如下。

（一）　广州海昌《周公与桃花女》①
时间：约 1846 年

---

① 许秋垞：《闻见异辞》卷一，见《笔记小说大观》正编四，台北：新兴书局，1972 年，第 2659 页。

地点：广州海昌县（许秋垞笔录）

字数：约 250 字

周公得到异人传授，成为法术高明的术士，有一天想要谋害某乡人，乡人求救于桃花女，桃花女破解了周公法术，周公怀恨，请媒人说亲，要桃花女嫁给儿子阿郎。成亲之日，周公令阿郎变成大蜂，螫刺桃花女，反而被桃花女张开的蛛网缚住。

（二）广东陆安《周公桃花娘故事》[①]

时间：1917 年

地点：广东陆安县（刘万章口述）

字数：约 2000 字

周公是门限精，桃花娘是桃精，二人都会预知凶吉，替人占卜。有个婆子单生子在外开矿，许久没有回家。婆子请周公占卜，周公竟说："汝儿快要死了，不如回去替他引魂。"婆子悲哀啼哭，桃花娘告诉婆子说，还有方法可救：向门口老爷点起香烛，用七样花卉朝着儿子的方向，拿平日常穿的衫叫他名字，喊"快些回来"。婆子依法一连做了三天。婆子的儿子在百来人的大洞里开矿，好像听见有人叫他，他由洞里跑出来，轰的一声山洞陷了，伙计百多人都生葬了，他却得逃生。此后，桃花娘卦铺生意百倍，周公却门可罗雀。周公十分嫉恨，选一个三煞日，央媒说亲，想把桃花娘煞死。桃花娘知道周公有意相害，出阁时穿素服，带了符纸，上轿时大哭，避去了凶煞。洞房之夜，桃花娘装死，躲过煞神，倒把周公儿子煞死，周公哪肯甘休，把桃树砍倒，桃花娘也把一条门限弄断，二人七窍流血死去，继续在阴间斗法。

武当山的玄天上帝，修道五百年，看见一只牛走过，说："这只牛很

① 刘万章：《周公桃花娘故事》，见《粤南神话研究》民俗丛书第 116 集，台北：东方文物出版社，1970 年，第 165—169 页。

肥。"师父说他荤心不死。再投胎出世五百年，看见两个女子，说："都很漂亮。"师父说他色心不死。如是又五百年，一日独自在寺内念经，忽然大雨倾盆，有女子在寺门外求宿，他心中才动念，想起修道的艰辛，拒绝了她；这时师父笑着出现说："汝可以成佛了。"

玄武脱胎成佛，脱下的胃变成龟，肠变成蛇，在山中作祟，周公桃花娘斗法来到武当山，碰见龟蛇，相互求助又厮杀几场，玄天上帝云游经过，以佛法一一收服，左龟右蛇踏在脚下，又以周公桃花娘为左右神将，以便差遣。

（三）江苏云台山《石人头里的天书》[①]

时间：1929 年

地点：江苏云台山（林兰编采）

字数：约 2200 字

云台山的老周在海边打鱼，捉到偷吃饼的狐狸，狐狸告诉老周抓乌鱼精的方法，老周以三道网抓住乌鱼精，取出乌鱼脑，治好黄小姐的奇怪病。老周不要黄小姐做老婆，也不要她家产，只要山下石人头里的天书。石人头中飞出三本天书，老周一扑没扑到，却被桃花涧的桃花公主得到。第二次又飞出三本，老周这次扑到了，前三本能破解生死，后三本只能预知生死，所以桃花公主总比老周高明。有一天，老周为人算生死，算出老彭第二天要见阎王爷，老彭求桃花公主救他，桃花公主告诉老彭在十字路口办桌酒菜，让拘他的阴差吃过，阴差嘴馋，只得回去偷偷将老彭名字移在生死簿纸缝里让人看不见，老彭安安稳稳活过八百零八岁。这八百零八年中，许多女鬼说是老彭的女人，阎王觉得奇怪，派小鬼捉拿老彭。小鬼假装在桥边刷煤炭，老彭见了哈哈笑，说："老彭活

---

① 林兰编：《金田鸡》，台北：敦煌书局，1971 年，第 11—18 页。

到八百八，未见煤炭上水刷。"小鬼认出老彭，牵了就走。这座桥就是从新县到墟沟的刷炭桥。老彭未死前，曾在酒店喝酒，碰见一位少年，一问之下知道他名叫祸害，活过了一千岁，看过黄河清。老彭没见过黄河清，死后几十年心仍不肯死，二郎神可怜他，带着他的心到黄河岸，不知等了几百年，黄河清时，老彭的心才化成一堆烂泥。

（四）粤南《桃花女、周公乾与彭祖》[①]

时间：1932 年

地点：粤南（吴玉成口述）

字数：约 1500 字

乡人传说周公乾最善鬻卦于市，有妇人前来问儿子的归期，周公乾算说："已在归途，但犯五雷符，煞死于途。"又安慰妇人，教她说："回家后，一直拿他衣服呼喊他名字，喊到有应，就可免祸。"妇人的儿子在途中遇到大风雨，躲在山坡深洞里，听闻有人呼喊他的名字，冒雨出洞打探究竟，山岩崩陷，其人免于祸。

一日，为仆人彭祖卜算，算出他寿命于近日将尽。彭祖深信不疑，连忙去访更精于卦法的桃花女。桃花女设法，说在某日某处有白发二老，一司生，一司死，就是北斗星公和南斗星公，乘二老下棋入神时，可进些酒食，有求必应。事情果然如桃花女所说，二老在寿命册见彭祖活六十四岁，加上八百，彭祖寿命就成为八百六十四岁。

及期周公见彭祖不死，竟是桃花女卜术比他更高明，大为愤怒，订"天煞、地煞、金鸡煞"煞日迎娶她为媳。桃花女已有应对之术，出阁时，素衣冠，像出丧似的。又以纸伞遮天，以席盖地，撒谷豆，终于免除一切邪煞。

---

① 吴玉成：《粤南神话研究》民俗丛书第 116 集，台北：东方文化出版社，1970 年，第 147—154 页。

（五） 福建《武夷山桃花女》①

时间：1983 年 5 月

地点：福建武夷山（刘希玲采录）

字数：约 1600 字

在桃花里修炼的桃花女，长得俊俏，手巧心更好，喜欢帮助村人，还耐心教村姑绣花、织布，碰上无赖欺侮人，她会使法术给他点颜色瞧。武夷山来了个千年柳树精，长得丑心更坏，常凭着千年法力，抢女子成亲。一天村人娶媳妇，柳树精又去抢亲。桃花女经过，柳树精看桃花女长得美，便要抢桃花女，二人因此厮斗起来。正危急时，白（北？）帝祖师出来，送一颗黄印给桃花女破了柳树精妖术。桃花女回到伏羲洞，洞里看不见天光，没有办法绣花，桃花女便用绣花针在洞顶划破黑暗，从此伏羲洞大放光明，叫做一线天。

（六） 洛阳《桃花女成亲辟妖邪》②

时间：1990 年

地点：河南洛阳（宜哲采录）

字数：约 3200 字

相传很早以前，洛阳有棵千年老桃树，修炼成桃花仙女。不远处的山洞里，住着一条大黑蛇。这天，贪色的黑蛇又来纠缠桃花女，年轻的樵夫王小看见，拾起大斧照着大蛇砍去，黑蛇挨了一斧，窜回了山洞。桃花女欣赏王小的忠厚善良，愿意与他结为夫妻。可是想：一下说出自己是桃花仙子，岂不吓坏了王小？就学白娘子对许仙的办法，先哄着他，说自己是无家可归的人，愿意跟王小回去，为他烧锅做饭一辈子。早就盼望娶媳妇的王小，看见桃花女貌美如花，心里不觉热乎乎的，知道桃花

---

① 中国民间文艺出版社编：《中国地方风俗传说选》，北京：中国民间文艺出版社，1983 年，第 438—440 页。

② 郑土有、陈晓勤编：《中国仙话》，上海：上海文艺出版社，1990 年，第 434—438 页。

女不嫌他少吃没穿，就商议良辰吉日，准备拜堂成亲。

黑蛇精养好伤，听说桃花女要嫁给王小为妻，气得火冒三丈，传令众蛇精一起出动，要害死王、桃二人。桃花女成亲日子已到，天近中午，桃花女被搀扶走向花轿，红蛇精变成一块陨石砸下去，桃花女顶一块大红布遮挡，红蛇精败下阵来，被黑蛇精生气踢进土里成为蚯蚓。桃花女上了花轿，轮到黄蛇精出阵，花轿上扣了一个"千里眼"筛子，黄蛇精吓得发抖，被生气的黑蛇精踢进河里，成为黄鳝。轮到花蛇精，藏在路旁大石后边，准备推倒石头砸死桃花女。谁知道大石上贴了"花红盖之"四字，又听一声炮响，吓得花蛇魂失魄散，被黑蛇精骂笨蛋无用，花蛇就变成被人吃的菜蟒。花轿到了王小家门前，青蛇精正准备扑往轿里，两位厨子一人手执火草把，一人手执烧红的犁铧，烧得青蛇青一圈、红一圈，忙不迭地逃窜。桃花女下了轿，白蛇精作势要咬她，只听哗啦啦有人"撒草料"，谷草料中拌有花生、大枣、白果、梨膏糖，白蛇精只顾着吃，桃花女进了王小家。白蛇精又失败了。黑蛇精亲自出马。他化作一团黑气，钻在"天地桌"下边，刚一露形，就被"天地桌"上的大铜镜照住，现出原形。桃花女饶他不死，踢他一脚让他变成了乌梢蛇。

（七）云南《桃花仙女与鬼谷子》① （图 8-1）

时间：1993 年

地点：云南漫湾、后箐、忙怀彝族（王世雄采录）

字数：约 4400 字

沿澜沧江往下游走，有一座忙怀山，山中住着姓陶和姓谷的人家。据说都是桃花女和鬼谷子的后裔，而他们是一对冤家。忙怀山原来满山黄土松林，一年江水泛滥，仙人从天边背来一座石山堵江水，忽听鸡叫，仙

---

① 《桃花仙女与鬼谷子》，载李缵绪主编《山茶》总第 75 期，昆明：《山茶》杂志社，1993年，第 19—22 页。

人一慌，背索断了，一座石山回掉在忙怀，仙人羞于回天庭，就居住在忙怀山中，就是鬼谷子。

石山以北有个陶家村，有一老人家名陶大有，与女儿陶花二人相伴，谁知女儿十七岁生了一场大病，七天七夜昏睡不醒。四处求医没效果，最后，找上鬼谷子。鬼谷子掐指一算，知道陶花是桃花女转世，在昏睡中已有佛祖点化，日后有未卜先知的大本领，心中很不高兴，信口说：烧香盖庙病就好。鬼谷子虽能算出桃花女的来头，却理不清自己与她有甚关系，因此未用心对付她。七七四十九天后，陶花果真醒了。变得天仙般貌美，求婚的人挤破了门，可她谁也相不中。

图8-1 云南彝族口传故事《桃花仙女与鬼谷子》插图
载《山茶》1992年第2期。绘图：敏放。

村里寡妇的儿子叫石林方，往缅甸做生意流落他乡，石母思子心切，请鬼谷子占卜吉凶。鬼谷子一掐算，惊道："你儿子有大难，他属龙，生的那天属蛇，出门那天属马，辰、巳、午，必入土，你儿子已埋在土中了。"陶花知道了这件事，也掐算一回，说道："鬼谷子只知辰、巳、午，必入土，不知龙在水中不怕湿，蛇进洞中土不埋，马在他乡要还槽呢。你找一只大公鸡，半夜子时抱着到十字路口，把鸡拴在路中间，拍三下翅膀，对着你儿子出门的方向叫魂，叫过七天你儿子就回来了。"石母的儿子石林方，和几个伙伴睡在一个土洞里，听见母亲在叫他，于是稀里糊涂跑出洞，只听见轰隆一声，土洞塌下来，里面的人全被埋了。石林方白天乞讨，晚上梦中听见母亲呼唤，寻声而往，果真回到家中。

此后，陶花名声大振，来找她占卜的人很多，门庭若市。鬼谷子终日闷闷不乐，不由心生一计，决定向桃花女求婚。一日，鬼谷子邀了邻舍好友，说请喝定亲酒。一伙人挑着礼物和一坛米酒，从陶花家来。在陶大有家门外，有人打开酒坛，一时酒香四溢，忽然有个泼皮往坛里一舀，拿起来便喝，一口未喝完，大骂说："什么好酒，明明是水。"陶大有被请出来评理，接过鬼谷子的一碗酒，一口气喝下去，酒香滋润得肠胃熨熨帖帖。陶大有正纳闷，鬼谷子跪在地下，连说："岳父大人在上，小婿再敬你一碗。"陶大有中了吃礼酒的圈套，陶花只好答应婚事。她要父亲做些竹号，出嫁那天吹吹打打，请两个陪伴新娘的壮汉，暗佩腰刀，跟在轿后。出嫁日，鬼谷子作起法来，霎时间飞沙走石，妖魔鬼怪、虎豹豺狼一齐向陶花的轿子扑来。陶花击掌一声，长号、短号、大筒立即改变调式，吹得震天的响，破了妖术。这些乐器原来都是用金竹做成的，鬼怕竹，所以能破鬼谷子奸计。鬼谷子算出石山下那棵老桃树是陶花的元体，佩剑一举，桃树倒下，仅连着一丝树皮，陶花霎时人事不知。护轿人扶起被砍断的桃树，抓把牛屎糊上，桃树立即复活。陶花连遭两次暗算，已有提防。鬼谷子又施一法，向陶花飞去一道红光，陶花解下围腰带往轿后一扔，护轿人一阵乱砍，只见一棵羊角藤被剁成几截，鬼谷子一头栽倒绝了气，魂儿升上中天。

既行了婚礼，陶花就是鬼谷子的妻子，只好为他守节，日日上坟祭扫。这一天，见坟上长出一棵金色的谷穗，禁不住放进口中细嚼，一下滑入肚里受孕了。陶花生下一对双生子后，就闭目过世，和鬼谷子打没

210

完没了的官司去了。这对双生子被村民抚养，一名"谷生"，一名"陶生"，他们便是陶家和谷家的先祖。直到现在，忙怀山婚嫁，仍然要吹长号、短号、大筒，新郎要有陪郎，新娘要两个伴娘，陪郎不再拿刀，而是拿着五尺长的竹棍，用来扫除沿路的障碍物。

（八）云龙彝族《哭出嫁的来历》①

时间：1994 年

地点：云南禄劝县云龙一带彝族（鲁宗一搜录）

字数：约 4000 字

龙依地方住着一个老妈妈，她只有一个名叫惹达的独生儿子，母子俩相依为命。惹达背上几张兽皮去卖，去了好几天都没回来。听说布老讷剌会算吉凶，老妈妈就去占卜。布老讷剌说："你儿子上有土，下有土，现在已经死了！"阿妈一听，像是挨了棒打似的。妮娥硕咪安慰阿妈说："你儿子上有土，下有土，是住在一个土窑子里。"教阿妈拿儿子穿过的衣裳，蹬住门槛叫三遍名字，叫上三天，就会平安回来。三天后，惹达就跑回家了。

妮娥硕咪的事传到了布老讷剌耳里，他又恨又气，暗想陷害妮娥硕咪的毒计。过了几天，布老讷剌跑去找阿基酉长做媒，布老讷剌和阿基酉长就去妮娥硕咪家说亲。

妮娥硕咪不在家，阿妈开了门，喝了一碗甜米酒，吃了一块香麂子干，阿妈糊里糊涂点了头。妮娥硕咪气得哭了七天七夜。出嫁那一天，勾弄也弄为妹妹送亲，勾弄也弄比妹妹更聪明，只要把右手食指伸到耳边一听，就知道眼前的事是祸是福。迎亲的人马要出发了。

妮娥硕咪不肯走，山里回响着妮娥硕咪的哭声。

她伤心地且哭且唱：

---

① 钟宝良：《中国风物传说》，哈尔滨：黑龙江美术出版社，1994 年，第 244—250 页。

伤心伤心真伤心！

遥远的山那边，

大路白茫茫，

那是什么路？

阿基酉长答：

是布老讷剌家，

驮金驮银路。

勾弄也弄说：

是布老讷剌家，

驮麻栗果的路。

…………

这样唱了好几回，到了布老讷剌家门前，勾弄也弄把毒酒全泼在马鬃上，钻了另一个青棚，让讨亲的小伙子自己掉在陷阱里断了气。布老讷剌害兄妹的计谋都落了空，问阿基酉长妮娥硕咪是什么命，知道她属桃是桃命，就拿斧子砍断老桃树；勾弄也弄知道布老讷剌是门槛命，把门槛锯断，布老讷剌就死了。

嫁过人的姑娘不能再嫁，妮娥硕咪回家后，孤独又伤心，天天流眼泪。一天她变成了一只花斑老虎跑去看哥哥，看见勾弄也弄手里的神仙弓箭，唱着歌叫哥哥莫要射弓箭，向哥哥讨只绵羊吃。勾弄也弄拉出一只大肥羊，兄妹一起吃生肝，两人就此别离了。不知过了多少天，一个山坳里死了一只老虎，老虎夹肢窝下一件白布衣包着一只金镯头，勾弄也弄穿上衣服，戴上金镯，把老虎装入棺材埋了，又在坟前哭了三天三夜。

（九）浙东《金童与玉女》①

时间：1995 年

地点：浙东一带

①郭相时、邵文川：《中国乡俗故事》，台北：汉欣文化出版公司，1995 年，第 107—110 页。

字数：约 1400 字

真武大神在北方的两个小神是金童与玉女，在南方是周公与桃花女。周公卜卦很灵验，求他求吉问凶的人络绎不绝。桃花女也是善卜算的高人，一天去桑园采桑，碰见一位妇人哭个不停，原来她媳妇属龙，去年病死，儿子在浙东驾船三年未回，周公断言他犯水煞难以活命。桃花女再一算，安慰说："青龙哀白虎、虎鼠不结亲，青龙不在，儿子就不会死。"果真妇人儿子海难逃生，活着回来，使周公十分难堪。这样的事又发生好几次，周公名誉扫地，终于决心报复。

一天有位妇人拿张红帖儿，要桃花女算她侄儿的生辰八字，桃花女接来一看，才知道中计，是张提亲帖，按规矩，"接了帖，准备接"，桃花女知道这是周公的毒计，咬牙认了。周公将婚期定在黑道黑时，埋伏上轿煞，桃花女用芸香檀木暖轿，将红色嫁衣改成黄色嫁衣，胸怀里揣本经书避煞。内挂明镜并燃放鞭炮，结果整个迎娶过程都逢凶化吉，周公气得丢了算命摊子，再也不卜卦了。

（十）彰化《周公斗法桃花女》①

时间：1994 年

地点：台湾彰化市（叶素英讲述、翁丽卿采录）②

字数：约 6500 字

周公是乌龟精，桃花女是蛇精，他们是玄天上帝要升天时，在江边剖腹，胃肠流出来分别变成的。蛇和龟在洛阳江上作乱，把船打翻，将人吃掉。太白金星巡视后向玉皇大帝禀奏，派出兵将去抓龟蛇，去的兵将全被打败，由玄天上帝本人去收拾，不料也打不过。于是上帝公向吕洞宾借宝剑，吕洞宾剑不离身不肯借，上帝公使了个小计谋将剑骗到手，

① 胡万川主编：《彰化县民间文学集 5》"故事篇"（三），彰化：彰化县立文化中心，1995 年，第 94—125 页。

② 本则故事以闽南语讲述，以闽南语及国语记录。

再也不放手，所以现在吕洞宾身上背的只有剑鞘。上帝公收服龟蛇后，用符贴在柱子旁。一天上帝公生日，众仙劝他把龟蛇放了，龟与蛇于是投胎变成周公与桃花女。二人分别为人算命，周公算出彭剪三天内会死，桃花女让彭剪往东边走，二三更时准备时鲜果茶，给八个仙人吃，八仙每人给彭剪加一百岁，所以彭剪能活八百二十岁。今日神明桌上供奉的财、子、寿三位神明，寿指的就是彭祖（剪）。算起命来桃花女总是技高一筹，这是因为她的元神能隐形，让周公不知究竟。周公将彭剪吊起来打一顿，彭剪受不了痛，把桃花女救他的事告诉周公，周公下定决心要将桃花女置于死地，就向桃花女提亲，定三煞时、三煞日迎娶，无论如何桃花女都会死。桃花女准备了一棵竹子、一块猪肉、一个米筛，上轿时撒米、盐，一路逢凶化吉，令周公更是生气，就砍断桃花女的元神树。桃花女知道自己不免一死，在棺材里一手握桃枝，一手握剑，口喊杀，周公头立刻掉下来。两人都成了阴魂，仍然一直打来打去，玄天上帝便把龟蛇收服，踏在脚下，从此永远没有机会到凡间出世为人了。

二、周桃斗法故事群的趣味特征

以上流传于广东、福建、云台山、武夷山、河南洛阳、云南、台湾等地的多则周桃斗法故事，可以视为与杂剧、章回小说等书面传承产生对比的口传文学。按一般口传故事的传承路线，最普遍的方式有三。其一是血缘传承，这是最原始的文化传承方式，每个人的童蒙时期在饭桌及床边常听父母亲讲述故事；其二是行业传承，包括行业神、保护神及祖师爷传说等，在各行业间由师父讲授，以示尊祖敬业；其三是地缘传承，在同一生活文化圈内，感受相同的人文地理，乡人间相互传播有关当地风土人情及特有物产的传说等。[①]

① 月朗：《民间故事传承路线研究》，见《民间文学论坛》752 号，北京：中国民间文艺出版社，1988 年 3 月，第 46—52 页。

这些故事因形式包装及传承方式不同，有别于戏文与小说，形成不同的趣味特征，以下分就"篇幅的简省"、"浅白化与童趣化"、"形象典型化、箭垛化"、"大串联式结构的分解与重组"及"地方色彩"等五点加以阐述。

（一）篇幅的简省

桃花女口头传说经笔录后最长的是第十则的彰化《周公斗法桃花女》，约6500字，第一则《周公与桃花女》只得250字，远较文字书写的《桃花女阴阳斗传》小说为短。《周公斗法桃花女》稍长，是因为掺入吕洞宾情节之故，周桃斗法情节变化不大。内容变化最大的是云南彝族的《哭出嫁的来历》，篇幅较长是因抒情气氛浓厚，并留下山歌对唱的情节。此外，除了《石人头里的天书》，各则仍保留了桃花女故事"诓婚"、"强娶"、"斗法"等原始母题，却大量删减斗法时一来一往各路凶煞的名号，只有"丑脸煞神"、"三日三时煞"或"天煞、地煞、金鸡煞"等较简单笼统的描述，这不仅是因为周桃斗法堂堂阵容过于复杂抽象难以记忆，也与听故事人的年龄与程度有关。且既是口述，不通过阅读，解除了文字上的限制，所以一切铺排或静态细节的描述也都消失，只留下简要明快的冲突情节，紧紧抓住听者的注意力。

（二）浅白化与童趣化

口传的桃花女故事，出现"桃花公主"、"桃花仙子"等名称，又继玄天上帝传说中的龟、蛇之后，更多动物角色如蛛、蜂、狐狸、乌鱼精、黄鳝、菜蟒、黑蛇、红蛇、黄蛇、花蛇、青蛇、乌梢蛇、蚯蚓、老虎、牛、羊等纷纷登场。周公与桃花女的"阴阳斗"，转而成为各种物精的"力斗"，这固然是因为超自然法力"斗法"的故事类型，原本即含有"物形变化"的因子，也因为听众大半是童蒙，喜欢奇异变化之故。又民间故事常有许多对事物充满童心童趣的解释，如蚯蚓是红蛇变的、黄鳝是黄蛇变的、菜蟒是花蛇变的；而上帝公手拿剑、吕洞宾背剑鞘，以及彝族的虎崇拜等等，则显示民间故事往往是民族文化传承的第一线。台湾汉声文教出版社搜集的中国民间故事中，也有改编过的儿童版桃花女传说。此外，诸如"不到黄河心不死"、"祸害不死、活过千年"、"龙在水中不怕湿，蛇进洞中土不埋，马在他乡要还槽"、"老彭活到八百八，未见煤炭上水刷"、"接了帖，准备接"等谚语，也是令人印象深刻的生活语言。

（三）周公与桃花女形象典型化、箭垛化

民间文学主诉求是乡情奇趣，又兼有善福恶报的劝惩作用，如果在故事中描写过于深曲或复杂的性格，会比较难以判断是非对错，较不适合听者的期待。因此故事类型的演变，在造型美丑、性格善恶及结局成败上，都有趋于绝对化的倾向。桃花女美、善又多能，最初出现在元明戏剧中时，只是被动地禳救一二人，后来俨然成为对抗邪恶势力的地方女英雄，神圣的光圈越来越大。周公初期是自信好胜，仍保留了少许反省之心，继而成为褊狭狠毒，徒以法术逞其邪恶的负面人物，从神卜、国公最后退化为柳精、蛇精，彻底溃败，也透露出人们对蛇这种动物始终怀有负面感觉。有些故事倒置过来说桃花女是蛇精、周公是龟精，这是口述故事常常发生的讹变。在第三则《石人头里的天书》、第五则《武夷山桃花女》及第六则《桃花女成亲辟妖邪》已完全脱离原有情境、只剩下母题或名字的故事中，桃花女也成为标签式的仙女形象，这是民俗故事转变成神仙故事，随着文类在角色上所作的自然调整。

一旦某个人物在民间故事中成形，被社会大众所熟知，就会成为民族文化的一个内存，虽然时隐时显，仍然在不同的时代思潮及趣味中，展现其周而复始的变化与再生。

（四）大串联式结构的分解与重组

桃花女故事的结构，原是以解释婚俗仪式为主的组装故事，串联了

周公的好几次神算事件、玄帝的修道出身、喊名叫魂、彭祖长寿等故事单元。民间故事的串联式结构，原可分为小连锁式与大连锁式两种："小连锁式是将若干情节单元连串成为一个故事的结构模式，所连串的情节单元，大都比较稳定"；"大连锁式是将若干故事连串成一个较大的故事或成组故事的结构模式，被组合的故事，都具有较强的独立性，可以单独成篇"①，所以结构也较不稳定。桃花女故事结构属于后者，再加上口述故事原本就有较不稳定的叙事条件，叙述者常凭着自己的记忆及自由联想，将故事情节予以增减，所以前述十则口传故事中，多随讲故事人的兴味将某事件自行独立或加以合并。《石人头里的天书》以天书传奇为发挥重点，再加上动物报恩的情节；《武夷山桃花女》则以"仙凡联姻"及"巧女"类型包装地方风物传说；《桃花女成亲辟妖邪》维持原始母题，却改以卡通版的画面，以不同颜色的恶蛇将情节作再三的重复。

（五）因地制宜的地方色彩

口传故事常能发挥解释的功能，对地方风物、风俗仪式的源起等，以传奇性的想象结合人与自然，增加当地风土的人文色彩，对地方产生徽标作用。如武夷山一线天及新县到墟沟间刷炭桥的来历等等。刘万章及粤南口述故事反映广东一带新娘出阁时，有穿素衣冠、哭轿的习俗。河南洛阳一带，则以红布遮头，每当花轿经过大石、大树、三岔路口等冲撞之物，都要以红毡遮挡，并贴上红帖，入门时须撒花生、大枣、白果与糖果以求早生贵子，洛阳本是周桃斗法故事的发生地，这与当地风俗志中所载婚俗若合符节。浙江一带的婚嫁礼俗，是以檀香熏轿，新娘穿黄色嫁衣，并以一本经书揣在怀中伴嫁。彰化所采录的《周公斗法桃花女》则反映台湾以竹竿挑猪肉送嫁，新娘以米筛罩头，入门撒米与盐等婚俗。

为解释云南忙怀山陶姓与谷姓人家的来历，《桃花仙女与鬼谷子》很

---

① 祁连休、肖莉主编：《中国传说故事大辞典》，北京：中国文联出版社，1991年，第19—20页。

有巧思地将同样具有卜算天分的鬼谷子取代周公，当地求亲须喝定亲酒，婚嫁时将金竹做成的长号、短号吹得震天价响，伴郎则拿着竹棍沿路扫荡；禄劝一地的彝族更添上成婚时跋山涉水大段的山歌对唱，情境凄凉。哭嫁的风俗，不只见于广东、福建，而且是大陆中南、东南地区普遍流传的婚俗，据人类学的观点，女子离家远嫁犹如一次死亡事件，哭嫁就是将自己在娘家死亡的悲痛心情作戏剧性的演出，像哭嫁歌："唢呐就是催命鬼，旗子就是引魂幡，逼着奴家坐上轿，四人抬起像架丧。"哭骂越甚越能招来吉祥。以此同瑶族李天师图像、湘西苗族真武神大将军驱鬼咒等现象并观，不仅是彝族长期与汉族杂居，在婚俗与信仰上都受到汉族的影响，也反映道教对南方少数民族的深远影响。

三、结语——玄武神与周桃斗法故事的离合

针对民间故事的"变异性"，谭达先说：

> 不管什么艺术形式，只要在下层群众中一流传，就会产生变异；从语言、表现手法、人物形象，有时甚至包括主题在内，都会发生变化，往往是首先渐渐起量变，最后终至于到质变。[①]

在意义被建构同时也被解构的文化过程中，周桃斗法故事从解释婚俗的推原故事，衍而为谪仙归位故事、魔斗收妖故事，又分歧为二世姻缘及短小的天书传奇、抢婚故事、风物传说等等，量变及质变现象同时发生。然而回到叙事形态的比较角度来说，著名芬兰学者阿尔奈（Antti Aarne）指出注意事项的诸多要点之一，就是结尾部分的变化："截取另外故事里的东西来代替，特别是对于故事的结尾所显现的意义。"[②]这是故

---

① 谭达先：《中国民间文学概论》，台北：木铎出版社，1983年，第38页。

② 阿尔奈（Antti Aarne）：《民间故事概论》（*The Folk-Tales*），转引自大藤时彦《民间文学研究的方法论》，白希智译，载《民间文学论坛》1983年10月第7期，第78—83页。

事学中值得观察的项目之一。因为结尾的不同，故事在类型上便有出入，本章所收录十则周桃斗法的口传故事，根据结局略可分为两种形态：其一是桃花女取得最后的胜利，在人间完成一场快乐的婚礼；其二是周桃不分胜负，缠斗不休，由玄天上帝驯服，跻身于神仙世界做属将，这两种结局都算是圆满的喜剧式结局。事实上，祖本"周桃斗法"是中国源远流长的禳解文化背景下，风格特出的一则具有喜剧节奏的小人物狂想曲，所谓喜剧节奏，指的是生活中看起来危机四伏却一路化险为夷的轻快过程。当喜剧人物的均衡生活遭到冲击破坏后，凭借着自我保护的本能、机智与好运而转危为安，以鬼使神差的非非之想，达成人类夭而可寿、死而复生、凡而成仙的欲望，然而这一切由厄运反转为好运的斗法过程，都潜存着一种以内心的神取代传统的信仰体系，以抵抗巫术、反制巫术表达对父性宗教的愤慨。在社会各主要宗教中，男性处于绝对主导与优越的地位，妇女在传统宗教中被贬低的身体与形象，在周桃斗法中被颠覆，桃花女这股得天独厚的生命力，成为鳏寡无助的弱势分子的保护神，启发了《女仙外史》中的唐赛儿及《儿女英雄传》中十三妹等女性角色的出现，桃花女是位女性的哪吒、宜室宜家的樊梨花。

然而在整体中庸文化的环境里，很难塑造与现实全面决裂的革命女性，桃花女与周公对峙的态势，终究被中国人无处不在的和合哲学化解，所谓和合哲学，就是"阴与阳调和在太极中"的原理，也就是和事老原理、乡愿原理。"阴阳斗"最终结局是推出一位最高神祇玄天上帝做太极，收纳了一切阴阳元素，在所有神魔、善恶及邪正的对峙中，开拓出一个兼容并蓄的共存空间，一个驯化的神仙世界。所有玄武神出现的故事中，桃花女的人性与个性都萎弱不少，丧失了桃花女光耀的人文色彩。周桃斗法故事与玄天上帝此一角色的离合，我们不妨将其看做是中国文化中跃跃欲起的女性意识与传统和合意识相互争锋的指标。

参考文献

一、书 籍

1. 丁世良、赵放主编：《中国地方志民俗资料汇编·中南卷》，北京：书目文献出版社，1991 年。

2. 丁世良、赵放主编：《中国地方志民俗资料汇编·西南卷》，北京：书目文献出版社，1991 年。

3. 丁世良、赵放主编：《中国地方志民俗资料汇编·东北卷》，北京：书目文献出版社，1989 年。

4. 丁孟主编：《你应该知道的 200 件青铜器》，台北：艺术家出版社，2007 年。

5. 山西、陕西、河南、河北、山东艺术、戏剧研究所合编：《中国梆子戏剧目大辞典》，太原：山西人民出版社，1991 年。

6. 山鸥、李征康整理：《桃花洞》，武汉：长江文艺出版社，1984 年。

7. 干宝：《搜神记》，台北：鼎文书局，1978 年。

8. 中国民间文艺出版社编：《中国地方风物传说选》，北京：中国民间文艺出版社，1982 年。

9. 中国画像石全集编辑委员会编：《中国画像石全集 5 ·陕西、山西画像石》，济南：山东美术出版社，2000 年。

10. 仇德哉编著:《台湾之寺庙与神明》,台中:台湾省文献委员会,1983 年。

11. 孔广森：《大戴礼记补注》，《百部丛书集成》本，台北：艺文印书馆，1967年。

12. 方鼎、朱升元：《晋江县志》，台北：成文出版社，1967年。

13. 王小盾：《中国早期思想与符号研究——关于四神的起源及其体系形成》，上海：上海人民出版社，2008年。

14. 王世贞辑：《列仙全传》，台北：中文出版社，1974年。

15. 王世祯：《中国神话》，台北：星光出版社，1982年。

16. 王充：《论衡》，《百部丛书集成》本，台北：艺文印书馆，1967年。

17. 王必昌：《重修台湾县志》，《台湾文献史料丛刊》本，台北：大通书局，1984年。

18. 王圻、王思义编集：《三才图会》，上海：上海古籍出版社，1988年。

19. 王政：《战国前考古学文化谱系与类型的艺术美学研究》，合肥：安徽大学出版社，2006年。

20. 王秋桂：《绘图三教源流搜神大全》，台北：联经出版事业股份有限公司，1980年。

21. 王从仁：《玄武》，台北：世界书局，1995年。

22. 王嘉：《拾遗记》，《百部丛书集成》本，台北：艺文印书馆，1967年。

23. 王钟陵：《中国前期文化—心理研究》，重庆：重庆出版社，1991年。

24. 卡西勒（Ernst Cassirer）：《神话思维》（*Mythical Thought*），黄龙保、周振选译，北京：中国社会科学出版社，1992年。

25. 卡西勒（Ernst Cassirer）：《国家的神话》（*The Myth of the State*），黄汉青、陈卫平译，台北：成均出版社，1983年。

26. 卡西勒（Ernst Cassirer）：《语言与神话》（*Language and Myth*），于晓译，台北：久大文化股份有限公司，1990年。

27. 台湾银行经济研究室编：《天妃显圣录》，南投：台湾省文献委员会，1996年。

28. 布莱恩·莫里斯（Brian Morris）：《宗教人类学导读》（*Anthropo-logicalStudies of Religion：an Introductory Text*），张慧瑞译，台北："国立"编译馆，1996 年。

29. 永瑢主编：《四库全书总目》，台北：艺文印书馆，1964 年。

30. 白川静：《中国神话》，王孝廉译，台北：长安出版社，1983 年。

31. 石启贵：《湘西苗族实地调查报告》，长沙：湖南人民出版社，1986 年。

32. 伊利亚德（Mircea Eliade）：《圣与俗：宗教的本质》（*The Sacred andthe Profane：the Nature of Religion*），杨素娥译，台北：桂冠图书公司，2000 年。

33. 任法融：《周易参同契释义》，北京：东方出版社，2009 年。

34. 台湾寺庙整编委员会编：《全国佛刹道观总览——玄天上帝》上、中、下册。台北：桦林出版社，1987 年。

35. 列维－斯特劳斯（Lucien Levy-Bruhl，1857—1939）：《结构人类学》，陆晓禾、黄锡光等译，北京：文化艺术出版社，1989 年。

36. 印顺法师：《中国古代民族神话与文化之研究》，台北：华岗出版有限公司，1975 年。

37. 托马斯·卡莱尔（Thomas Carlyle）：《英雄与英雄崇拜》（*On Hero, Hero-worship and the Heroic in History*），何欣译，台北："国立"编译馆，1963 年。

38. 朱元璋：《御制西征记》，台北：艺文印书馆，1966 年。

39. 朱天顺：《中国古代宗教初探》，台北：谷风出版社，1986 年。

40. 朱熹：《四书集注》，台北：世界书局，1967 年。

41. 朱熹：《楚辞集注》，台北："国立中央"图书馆，1991 年。

42. 艾兰（Sarah Allan）：《龟之谜——商代神话、祭祀、艺术和宇宙观研究》（*The Shape of the Turtle：Myth, Art, and Cosmos in Early China*），

汪涛译，成都：四川人民出版社，1992 年。

43. 西谛：《中国文学中的小说传统》，台北：木铎出版社，1985 年。

44. 佛洛伊德（Sigmund Freud）：《梦的解析》（*The Interpretationof Dreams*），赖其万、符传孝译，台北：志文出版社，1977 年。

45. 何新：《中国远古神话与历史新探》，哈尔滨：黑龙江教育出版社，1988 年。

46. 何新：《诸神的起源——中国远古神话与历史》，北京：生活·读书·新知三联书店，1986 年。

47. 余象斗：《北游记玄帝出身传》，见《明清善本小说丛刊》第四辑，台北：天一出版社，1985 年。

48. 佚名：《三辅黄图》，《百部丛书集成》本，台北：艺文印书馆，1967 年。

49.《中国农民历》，2000 年。

50. 佚名：《周公卖卦》，粤剧第四○函，编号 021，微卷 113 号，台北："中央研究院"傅斯年图书馆。

51. 佚名：《桃花记》，鼓词第三函，微卷永和斋手抄本编号 096；鸿吉号手抄本编号 097。

52. 佚名：《阴阳斗》，福州词曲第十三函，编号 116，微卷 28，台北："中央研究院"傅斯年图书馆。

53. 冷德熙：《超越神话——纬书政治神话研究》，北京：东方出版社，1996 年。

54. 吴玉成：《粤南神话研究》民俗丛书第 116 集，台北：东方文化书局，1970 年。

55. 吴自牧：《梦粱录》，北京：文化艺术出版社，1998 年。

56. 吴承恩：《西游记》，台北：桂冠图书公司，1988 年。

57. 吴明一：《宜兰风水典故大解码》，台北《联合报》，1998年10月23日。

58. 吕宗力、栾保群编：《中国民间诸神》，台北：台湾学生书局，1991年。

59. 坎伯（Joseph Campbell）：《神话》，朱侃如译，台北：立绪文化事业有限公司，2004年。

60. 岑家梧：《图腾艺术史》，板桥：骆驼出版社，1987年。

61. 李亦园：《宗教与迷信》，台北：巨流图书公司，1978年。

62. 李亦园：《信仰与文化》，台北：巨流图书公司，1978年。

63. 李亦园主编，段艺撰：《中国神话》，台北：地球出版社，1977年。

64. 李攸：《宋朝事实》，《百部丛书集成》本，台北：艺文出版社，1967年。

65. 李征康选编：《伍家沟村民间故事集》，北京：中国民间文艺出版社，1989年。

66. 李添春原修、王世庆重修：《台湾省通志·人民志宗教篇》，南投：台湾省文献委员会，1971年。

67. 李乔：《中国行业神崇拜》，台北：云龙出版社，1996年。

68. 李泽厚：《美的历程》，台北：蒲公英出版社，1986年。

69. 李丰楙：《探求不死》，台北：久大文化股份有限公司，1987年。

70. 杜预注：《春秋经传集解》，台北：新兴书局，1954年。

71. 沙铭寿：《洞天福地——道教宫观胜地》，成都：四川人民出版社，1994年。

72. 沈括：《梦溪笔谈》，《丛书集成初编》本，北京：中华书局，1985年。

73. 阮昌锐：《中国民间宗教之研究》，台北：台湾省立博物馆出版部，1990年。

74. 周于仁：《澎湖志略》，台北：台湾银行经济研究室，1958年。

75. 周祖谟：《尔雅校笺》，江苏：江苏教育出版社，1984 年。

76. 孟瑶：《中国戏曲史》，台北：传记文学出版社，1979 年。

77. 宜兰县立文化中心主编：《台湾戏剧馆专辑——歌仔戏》，宜兰：宜兰县立文化中心，1993 年。

78. 宜兰县立文化中心主编：《宜兰地方戏曲系列专辑——傀儡戏》，宜兰：宜兰县立文化中心，1993 年。

79. 宜兰县立文化中心主编：《宜兰地方戏曲系列专辑——歌仔戏》，宜兰：宜兰县立文化中心，1993 年。

80. 屈万里：《诗经诠释》，台北：联经出版事业股份有限公司，1983 年。

81. 拉德米拉·莫阿卡宁（Radmila Moacanin）：《荣格心理学与西藏佛教——心理分析曼荼罗》，江亦丽、罗照辉译，台北：台湾商务印书馆，1992 年。

82. 林巳奈夫：《神与兽的纹样学—中国古代诸神》，常耀华等译，北京：生活·读书·新知三联书店，2009 年。

83. 林文龙：《台湾史迹丛论》，台中：国彰出版社，1987 年。

84. 林惠祥：《民俗学》，台北：台湾商务印书馆，1968 年。

85. 林衡道：《台湾地区神明的由来》，台中：台湾省文献委员会，1979 年。

86. 林兰编：《金田鸡》，台北：敦煌书局，1971 年。

87. 松柏岭受天宫管理委员会编：《受天宫概史》，南投：受天宫管理委员会，2000 年。

88. 金子荣一：《韦伯的比较社会学》，李永炽译，台北：水牛出版社，1988 年。

89. 姚诚：《花莲的寺庙与神明》，花莲：花莲县立文化中心，1999 年。

90. 施耐庵：《水浒传》，台北：三民书局，1969 年。

91. 段玉裁：《说文解字注》，台北：艺文印书馆，1966 年。

92. 洪兴祖：《楚辞补注》，台北：大安出版社，1995年。

93. 洪迈：《夷坚三志》，上海：上海古籍出版社，2000年。

94. 洪迈：《夷坚丙志》，《续修四库全书》1265子部，上海：上海古籍出版社，2000年。

95. 洪迈：《夷坚志支癸》，上海：上海古籍出版社，2000年。

96. 纪晓岚：《阅微草堂笔记》，台北：新兴书局，1956年。

97. 范咸：《重修台湾府志》，台湾：大通书局，1984年。

98. 倪志云：《美术考古与美术史研究文集》，济南：齐鲁书社，2006年。

99. 段成式：《酉阳杂俎》，《百部丛书集成》本，台北：艺文印书馆，1967年。

100. 埃利希·诺伊曼（Neumann, Erich）：《大母神——原型分析》（ *The Great Mother* ），李以洪译，北京：东方出版社，1998年。

101. 孙光宪：《北梦琐言》，载于朱易安等主编《全宋笔记》第一编，郑州：大象出版社，2003年。

102. 孙诒让：《周礼正义》，北京：中华书局，1987年。

103. 浮白主人：《雅谑》，见《中国古代寓言大观》，济南：明天出版社，1991年。

104. 乌丙安：《中国民间信仰》，上海：上海人民出版社，1996年。

105. 班固：《白虎通》，《百部丛书集成》本，台北：艺文印书馆，1968年。

106. 班固：《汉武帝内传》，见《笔记小说大观》三编第八册，台北：新兴书局，1974年。

107. 荀况：《荀子》，《百部丛书集成》本，台北：艺文印书馆，1967年。

108. 袁珂：《山海经校注》，台北：里仁书局，1981年。

109. 祁连休、肖莉：《中国传说故事大辞典》，北京：中国文联出版社，1991年。

110. 马令：《南唐书》《丛书集成初编》本，北京：中华书局，1991 年。

111. 马承源：《中国古代青铜器》，上海：上海人民出版社，1982 年。

112. 马凌诺斯基（Bronislaw Malinowski）：《巫术、科学与宗教》（*Magic, Science and Religion*），朱岑楼译，台北：协志工业丛书出版股份有限公司，1978 年。

113. 马冀、宋文坤编：《民间俗神》，山西：北岳文艺出版社，1994 年。

114. 高岱：《鸿猷录》，《百部丛书集成》本，台北：艺文印书馆，1967 年。

115. 高承：《事物纪原》，《百部丛书集成》本。台北，艺文印书馆，1967 年。

116. 高国藩：《中国民俗探微——敦煌古俗与民俗流变》，南京：河海大学出版社，1989 年。

117. 高丽珍：《台湾民俗宗教之空间活动——以玄天上帝祭祀活动为例》，台湾师范大学地理研究所硕士论文，1988 年。

118. 基辛：（R. Keesing）：《当代文化人类学》（*Cultural Anthropology: a Contemporary Perspective*），于嘉云、张恭启译，陈其南校订，台北：巨流图书公司，1981 年。

119. 宿白：《西安地区唐墓壁画的布局和内容》，见陕西历史博物馆编：《唐墓壁画研究文集》，西安：三秦出版社，2001 年。

120. 张弘昌：《联合报》第 19 版，鹿谷报道，1998 年 5 月 26 日，台北。

121. 张光直：《中国青铜时代》，台北：联经出版事业股份有限公司，1983 年。

122. 张光直：《中国青铜时代·第二集》，台北：联经出版事业股份有限公司，1990 年。

123. 张光直：《美术、神话与祭祀》，台北：稻乡出版社，1993。

124. 张君房：《云笈七签》，上海：上海古籍出版社，1989 年。

125. 张廷玉等撰：《明史》，台北：鼎文书局，1985 年。

126. 张岱：《陶庵梦忆》，《百部丛书集成》本，台北：艺文印书馆，1968年。

127. 张庚、郭汉城：《中国戏曲通史》，台北：丹青图书公司，1985年。

128. 张振犁等编：《中原神话专题资料》，耿如林讲述，耿瑞、张振犁记录，郑州：河南省民间文艺家协会，1987年。

129. 张端义：《贵耳集》，《百部丛书集成》本，台北：艺文印书馆，1967年。

130. 梁沛锦：《粤剧剧目初编》，九龙：学津书店，1979年。

131. 庄永明：《台湾纪事》，台北：时报文化出版企业股份有限公司，1989年。

132. 许秋垞：《闻见异辞》，见《笔记小说大观》正编四，台北：新兴书局，1972年。

133. 许道龄：《中国民间诸神》，台北：台湾学生书局，1991年。

134. 郭相时、邵文川：《中国乡俗故事》，台北：汉欣文化出版公司，1995年。

135. 郭净：《中国面具文化》，上海：上海人民出版社，1992年。

136. 郭嗣汾：《细说锦绣中华》，台北：地球出版社，1975年。

137. 郭庆藩编：《庄子集释》，台北：木铎出版社，1988年。

138. 郭璞撰：《山海经图赞》，北京：中华书局，1991年。

139. 陈千武：《密林诗抄》，台北：现代文学社，1974年。

140. 陈千武：《鹿野》，台北：田园书局，1969年。

141. 陈邦瞻：《宋史纪事本末》，台北：鼎文书局，1978年。

142. 陈益源：《台湾民间文学采录》，台北：里仁书局，1999年。

143. 陈淑均：《噶玛兰厅志》，《台湾文献史料丛刊》本，台北：大通书局，1984年。

144. 陈胜福：《明华园》1995年2月号刊，台北：明华园杂志社，1995年。

145. 陈寿：《三国志·吴书》，台北：鼎文书局，1985 年。

146. 陈寿：《三国志·魏志》，台北：鼎文书局，1990 年。

147. 陈澔：《礼记集说》，台北：世界书局，1967 年。

148. 陶君起：《平剧剧目初探》，台北：明文书局，1982 年。

149. 陶希圣：《生命礼俗研讨会发言》，见《生命礼俗研讨会论文集》，台北：中华文化复兴运动推行委员会，1984 年。

150. 陶宗仪：《南村辍耕录》，台北：木铎出版社，1982 年。

151. 傅维鳞：《明书》，台北：华正书局，1974 年。

152. 凯伦·阿姆斯特朗（Karen Armstrong）：《神的历史》（*A History of God*），台北：立绪文化事业有限公司，1996 年。

153. 彭文勤等纂辑：《元始无量度人上品经法》，台北：考政出版社，1971 年。

154. 彭瑞金主编：《陈千武集》，台北：前卫出版社，1991 年。

155. 曾永义：《说俗文学》，台北：联经出版事业股份有限公司，1980 年。

156. 曾白融主编：《京剧剧目辞典》，北京：中国戏剧出版社，1989 年。

157. 焦循：《剧说》，见《中国古典戏曲论著集成》第八册，北京：中国戏剧出版社，1959 年。

158. 程灵凡：《符咒研究》，台北：龙吟文化出版公司，1983 年。

159. 黄斐默：《集说诠真》，台北：台湾学生书局，1989 年。

160. 杨志烈等撰：《秦腔剧目初考》，西安：陕西人民出版社，1984 年。

161. 杨金鼎主编：《中国文化史大词典·天文历法》，台北：远流出版事业股份有限公司，1989 年。

162. 杨思谦：《泉州府志》，台北：成文出版社，1967 年。

163. 杨家骆主编：《宋史》，台北：鼎文书局，1978 年。

164. 杨家骆主编：《全元杂剧》，台北：世界书局，1968 年。

165. 叶·莫·梅列金斯基（Eleazar Moiseyevich Meleminskii）：《神话的诗学》（*Myth poetics*），魏庆征译，北京：商务印书馆，1990年。

166. 葛洪：《中国神仙传记文献初编》，台北：捷幼出版社，1992年。

167. 葛洪：《西京杂记》，《百部丛书集成》本，台北：艺文印书馆，1967年。

168. 董芳苑：《台湾民间宗教信仰》，台北：长青文化公司，1975年。

169. 董芳苑：《探讨台湾民间信仰》，台北：常民文化出版社，1996年。

170. 裕应泰：《明史纪事本末》，台北：华世出版社，1976年。

171. 詹·乔·弗雷泽（James George Frazer）：《金枝》（*The Golden Bough*），徐育新、汪培基、张泽石译，北京：中国民间文艺出版社，1987年。

172. 梦花主人：《桃花女斗法》，见《中国近代小说史料汇编》，台北：广文书局，1980年。

173. 玛丽·道格拉斯：《污染象征秩序》，见 Leffrey C. Alexander、Steven Seidman 主编，吴潜诚总编校：《文化与社会》，台北：立绪文化事业有限公司，1997年。

174. 臧晋叔：《元曲选》，台北：中华书局，1972年。

175. 蒲慕州：《墓葬与生死——中国古代宗教之省思》，台北：联经出版事业股份有限公司，1993年。

176. 赵彦卫：《云麓漫钞》，《百部丛书集成》本，台北：艺文印书馆，1967年。

177. 赵景深：《目连故事的演变》，见王秋桂编：《中国民间传说论集》，台北：联经出版事业股份有限公司，1980年。

178. 赵琦美：《脉望馆杂剧》，见杨家骆主编：《全元杂剧》第十六册，台北：世界书局，1968年。

179. 刘向：《说苑》，台北：台湾商务印书馆，1977年。

180. 刘安：《淮南子》，台北：新文丰出版公司，1978 年。

181. 刘良璧：《重修台湾府志》，台中：台湾省文献委员会，1977 年。

182. 刘枝万：《台湾民间信仰论集》，台北：联经出版事业股份有限公司，1983 年。

183. 刘若愚：《酌中志》，《百部丛书集成》本，台北：艺文印书馆，1968 年。

184. 刘逸生：《神魔国探奇》，台北：远流出版事业股份有限公司，1989 年。

185. 潘立夫：《排湾文明初探》，屏东：屏东县立文化中心，1996 年。

186. 蒋瑞藻：《小说考证》，上海：商务印书馆，1927 年。

187. 蔡相辉：《台湾的祠祀与宗教》，台北：台原出版社，1989 年。

188. 蔡相辉：《复兴基地台湾之宗教信仰》，台北：正中书局，1989 年。

189. 蔡相辉编撰：《北港朝天宫志》，云林：财团法人北港朝天宫董事会，1989 年。

190. 卫惠林、何联奎：《台湾风土志》，台北：中华书局，1989 年。

191. 郑土有、陈晓勤编：《中国仙话》，上海：上海文艺出版社，1990 年。

192. 郑元者：《图腾美学与现代人类》，上海：学林出版社，1992 年。

193. 郑玄注：《周礼》，《百部丛书集成》本，台北：艺文印书馆，1967 年。

194. 郑振铎：《西谛书目》，台北：文物出版社，1963 年。

195. 鲁迅：《祝福》，见《鲁迅》，台北：海风出版社，1989 年。

196. 鲁迅：《古小说钩沉》，台北：长歌出版社，1975 年。

197. 鲁道夫·奥托（Rudolf Otto）：《论神圣》（*Idea of the Holy*），成穷、周邦宪译，成都：四川人民出版社，1995 年。

198. 黎靖德编：《朱子语类》，北京：中华书局，1988 年。

199. 萧登福：《南北斗经今注今译》，台北：行天宫文教基金会，1999 年。

200. 泷川龟太郎：《史记会注考证》，台北：中新书局，1977 年。

201. 应劭：《风俗通义》，台北：台湾商务印书馆，1966年。

202. 钟华操：《台湾地区神明的由来》，台中：台湾省文献委员会，1979年。

203. 钟宝良：《中国风物传说》，哈尔滨：黑龙江美术出版社，1994年。

204. 罗锦堂：《元杂剧本事考》，台北：顺先出版公司，1976年。

205. 谭达先：《中国民间文学概论》，台北：木铎出版社，1983年。

206. 严敦易：《元剧斟疑》，北京：中华书局，1961年。

207. 饶宗颐：《关圣与盐》，见李福清：《关公传说与三国演义》，台北：汉忠文化事业股份有限公司，1997年。

二、论　文

1. lh1041：《考古、盗墓和风水（四）——上古墓葬》，术数纵横（www. fengshui-chinese. com2005－8－21）

2. 方光珞：《桃花女中的生死斗——元人杂剧现代观》，载《中外文学》1967年2月第4卷第9期。

3. 王顺隆：《闽南歌仔册书目曲目》，载《台湾文献》1994年第45卷第3期。

4. 月朗：《民间故事传承路线研究》，载《民间文学论坛》1988年3月 第752号。

5. 阮昌锐：《从中外婚礼的比较谈婚礼的意义》，见《生命礼俗研讨会论文集》，台北：中华文化复兴运动推行委员会，1984年。

6. 何定栋：《湖北名胜选辑》（一），载《湖北文献》1980年1月第54期。

7. 李济：《安阳遗址出土之狩猎卜辞、动物遗骸与装饰文样》，载《考古人类学刊》1957年第9、10期合刊。

8. 车锡伦：《江苏靖江的讲经》，载《民间文艺季刊》1988年第3期。

9. 卓克华：《台南市北极殿创建沿革考》，载《台湾文献》1996 第 47 卷第 4 期。

10. 林锋雄：《台湾悬丝傀儡戏桃花女探研》，载《汉学研究》1990 年 6 月第 8 卷第 1 期。

11. 阿尔奈（Antti Aarne）：《民间故事概论》（*The Folk-Tales*），载《民间文学论坛》1983 年 10 月第 7 期。

12. 胡永良：《新见海盐文书抄本述略》，载《民间文艺季刊》1989 年第 2 期。

13. 孙作云：《敦煌画中的神怪画》，载《考古》1960 年第 6 期。

14. 施博尔：《五百旧本歌仔册目录》，载《台湾风物》1965 年 10 月第 15 卷第 4 期。

15. 容肇祖：《占卜的源流》，见《迷信与传说》，台北：东方文化出版社，1970 年。

16. 郭静云：《由礼器纹饰、神话记载及文字论夏商双嘴龙神信仰》，载《汉学研究》1997 年第 25 卷第 2 期。

17. 郭静云：《夏商神龙佑王的信仰以及圣王神子观念》，载《殷都学刊》2008 年第 1 期。

18. 陈器文：《一出禁忌系统的婚姻类型剧——桃花女破法嫁周公》，见《文学与社会》，台北：台湾学生书局，1990 年。

19. 陈器文：《就结构主义论民间故事的"成三"现象——民间故事叙事美学探讨之一》，见《通俗文学与雅正文学学术研讨会论文集》，台中：中兴大学中国文学系，2000 年。

20. 陶希圣：《生命礼俗研讨会讨论发言》，见《生命礼俗研讨会论文集》，台北：中华文化复兴推行运动委员会，1984 年。

21. 曾永义：《台湾歌仔戏的发展与变迁》，载《中外文学》1988 年 3

月第 16 卷，第 10 期。

22. 黄美英：《香火与女人——妈祖信仰与仪式的性别意涵》，见汉学研究中心主编：《寺庙与民间文化研讨会论文集》，台北：天恩出版社，1995 年。

23. 冯义坚：《广西蒙山县的习俗与迷信》，见林炎成编著：《中国民俗搜奇》，台北：金文书局，1977 年。

24. 刘志伟：《大族阴影下的民间神祭祀——沙湾的北帝崇拜》，见汉学研究中心编辑：《寺庙与民间文化研讨会论文集》，台北：天恩出版社，1995 年。

25. 刘万章：《周公桃花娘故事》，见《粤南神话研究》民俗丛书第 116 集，台北：东方文化出版社，1970 年。

26. 郑志明：《台湾神庙的信仰文化初论》，见汉学研究中心主编：《寺庙与民间文化研讨会论文集》，台北：天恩出版社，1995 年。

27. 郑骞：《元人杂剧的结构》，见《中国古典文学论文精选丛刊》，台北：幼狮出版社，1980 年。

28. 顾希佳：《骚子歌初探》，载《民间文学论坛》1983 年第 3 期。